变革中的危机

——袁世凯集团与清末新政

楚双志 著

九州出版社
JIUZHOUPRESS

图书在版编目（CIP）数据

变革中的危机：袁世凯集团与清末新政/楚双志著.
—北京：九州出版社，2008.10
ISBN 978-7-80195-889-1

Ⅰ.变… Ⅱ.楚… Ⅲ.①袁世凯（1859～1916）—生平事迹②中国—近代史—清后期 Ⅳ.K252 K827=52

中国版本图书馆CIP数据核字（2008）第168624号

变革中的危机——袁世凯集团与清末新政

作　　者　楚双志 著
出版发行　九州出版社
出 版 人　徐尚定
地　　址　北京市西城区阜外大街甲35号（100037）
发行电话　（010）68992190/2/3/5/6
网　　址　www.jiuzhoupress.com
电子信箱　jiuzhou@jiuzhoupress.com
印　　刷　北京振兴源印务有限公司
开　　本　720×970毫米　1/16
印　　张　14
字　　数　220千字
版　　次　2008年10月第1版
印　　次　2008年10月第1版　第1次印刷
书　　号　ISBN 978-7-80195-889-1/K·148
定　　价　28.00元

前 言

20 世纪初的 10 年（1901—1911 年），是清末新政的 10 年，也是清王朝的最后 10 年。在这 10 年中，希望与幻灭并存，出路与绝望并存。清廷指望通过这次改革与调整，一方面重振民心，渡过所存在的严重的统治危机；一方面为国家寻找出一条出路，使国家达到富裕强大的境地。但由于清廷没有能力来领导这样一场“前不见古人”的改革运动，加上当时整个国家行政官僚机构的极端腐败与混乱无序，结果，这场自上而下的几乎涉及国家政治、经济、文化教育、社会生活等各个领域的近代化运动失败了。

清末新政是以清朝统治集团为政治主体进行的一次政治改革，是中国早期近代化过程中一项重要内容，它给予近代中国社会的历史进程以深刻的影响。在这一促进中国近代社会各方面迅速发生实质性变化的过程中，袁世凯集团在其中发挥了一定程度的推动与加速作用。以袁世凯为首的袁世凯集团，为了领导当时的潮流，壮大自己的势力，在清末新政中，对于各项新政措施，不遗余力，积极推行，成效显著。在清末新政中，军事、警政、教育、宪政、实业等方面的巨大变革都与袁世凯集团的努力密不可分。袁世凯集团举办的新政以直隶、东三省等地区为主。尤其是直隶新政，影响更为巨大，可以说是在各方面开风气之先。袁世凯集团助推新政的成功，使袁世凯一时如日中天，为天下所瞩望。这为辛亥革命时期，袁世凯集团乘机倾覆清室，实现从地方走向中央的目标奠定了坚实的基础。

进行改革，寻找出路，对于清廷来说，本来是一件再正确不过的事情，但改革造就了袁世凯集团这一异己势力，则是清廷推行新政时始料未及的。变政不但没能挽救自身，反而加速了自己灭亡的步伐。新政改革中已潜伏着清王朝灭亡的巨大危机。

本书选择袁世凯集团与清末新政之间的关系作为研究的对象，主要原因有三：

（一）新政使袁世凯集团如日中天，这是清廷与袁世凯集团权力此消彼长的一个关键。

袁世凯集团是指在清末承传湘、淮集团发展而来，利用清廷拙于应付内外危机的时机，在甲午战争后逐渐形成并在新政这一合法条件下迅速膨胀起来的一个以袁世凯为首的军事官僚团体。

清末新政前夕，袁世凯集团已经经由小站练兵时期、戊戌变法时期、山东执政时期这三个发展阶段，迅速发展成为一个军事、官僚二者相结合的团体。不仅是继李鸿章淮系势力衰败之后重新崛起的一个新的军事政治集团，而且成为清廷愈来愈依之为柱石的地方实力派集团。

到清末新政时期，袁世凯集团将军事、经济、教育、洋务、巡警等事业办得轰轰烈烈，有声有色。这一集团在清末新政中发展之快、力量之大、取得的成就之巨，是同一时间内的其他地方实力派集团瞠乎其后、望尘莫及的。它的出现与膨胀，破坏了清王朝政治结构的正常运作，蛀蚀了清王朝的统治之柱，加剧了中央权威资源的流失，打破了中央和地方关系的均衡，使清政权迅速进入了最后阶段，即灭亡阶段。这一现象的出现，与清末新政有着很大的关系，以之为视角来研究清末政治史，不失为一个很好的视点。

（二）清末新政是袁世凯集团在中国近代历史上写下的非常精彩的一笔，值得研究。

袁世凯集团虽然在新政中取得了巨大的成绩，但由于这一集团在民国初年对国家、民族带来的巨大消极性，长期以来，学术界对之重视不够。直到20世纪80年代尤其是90年代，这一问题才逐渐引起了人们的关注，开始在各个领域谈及。但是，对于袁世凯集团与清末新政的关系的直接研究、探讨还很不全面、系统与深入，还留有很大的研究余地，无论是资料的发掘或是研究的深入，都可以在吸收他人成果的基础上进一步有所开拓和前进。

（三）袁世凯集团在新政期间的活动是清末新政的一个缩影。

在清末新政中，成就、影响最大的主要集中在直隶、湖北、东三省三个地区。除了湖北地区的新政由张之洞集团负责推行外，直隶、东三省的新政则全部由袁世凯集团来负责推行。因此，袁世凯集团所推行的新政构成了清末新政的主要组成部分。探讨、研究清楚袁世凯集团和清末新政的关系，实际上就可以窥斑见豹，达到洞察清末新政的本质、总结其成功与失败原因的目的。这是非常必要的，因为历史上的许多东西，往往对现实有着至关重要的鉴示。

本书宗旨不是专门研究袁世凯集团的发展历史，也不是专题考察整个清末新政的基本情况。本书所侧重的是社会角色与社会变化之间的互动关系，即把袁世凯集团作为一个社会角色，将其置于清末新政之中，既探讨其对清末近代化的作用，又力图说明其对清末政局及清廷权力变动的影响，力图揭示清末中央和地方权力此消彼长的变化根源及其来龙去脉。

全书共分五章，主要解决如下问题：

第一章是对新政前夕袁世凯集团创生的机缘及其发展的基本线索的阐释，重在揭示袁世凯集团响应清廷上谕的过程和原因，并且总结袁世凯集团关于新政的观点和主张，这是了解袁世凯集团在清末新政中所作所为的关键。

第二章是对新政期间袁世凯集团在直隶主要作为的总结。本章从袁世凯对人才延揽，对吏治的整顿，从军事、警政、经济、教育等方面的变革来分论袁世凯集团在直隶新政中的表现和作用。军事方面，重在从练新军与办军校两个方面来探讨袁世凯集团在新政时期的军事扩张情况。警政方面，袁世凯集团在直隶和京师的巡警建设方面都有所建树。经济方面，论述了新政时期袁世凯集团在直隶省的工业、农业、商业、金融业和交通运输业等领域的主要活动情况。教育方面，袁世凯集团在废除科举制度、兴办新式学堂、派遣官员出国考察和留学、造就新式人才等方面，都起到了一定的积极作用。

第三章专门论述袁世凯集团与清末东三省新政的关系，揭示袁世凯集团在清末东三省近代化过程中的地位和作用。

第四章从预备立宪的角度集中探讨袁世凯集团在清末政治近代化进程中的表现与作用。

第五章从动态角度来研究和探讨清廷、袁世凯集团与清末新政三者之间的互动关系，力图说明清末新政对清廷与袁世凯集团权力消长的影响，从而揭示清末最后10年政局动荡的根源及清王朝覆亡的原因以及民国初年政局走向的历史必然性。

目 录

第一章 袁世凯集团扩张的契机

一、袁世凯集团的兴起

袁世凯集团的兴起是清末一件重大的历史事件。

吴虬在《北洋派之起源及其崩溃》一文中说：袁世凯集团“惟自创生以迄溃败，亘延二十余年，决非偶然事实……但物竞天择，惟适者存，北洋派之兴，必有适于生存之环境，北洋派之败，必有不适于生存之环境”。[1] 此言一语中的。

从光绪二十一至二十七年（1895—1901 年），短短 7 年间，袁世凯集团何以能强有力地崛起，并迅速成为清廷赖为存在的柱石？其原因纷繁复杂，但可以肯定的就是它的崛起绝不是偶然的。大致说来，决定这一集团产生与发展的原因有六：（1）西方列强的侵略和太平天国的打击，导致清王朝的经制之师——八旗兵和绿营兵的没落。（2）在安内攘外的过程中，曾国藩、李鸿章和汉人地方集团迅速崛起，改变了大清王朝 200 余年的基本政治结构，中央与地方的平衡被打破，军事政治权力下移到地方，“千古变局”出现，王权危机陡增。（3）在甲午战争中，淮军瓦解，中国需要一支新的武装力量来维护清王朝的统治。（4）甲午战争后，淮军失势，李鸿章病逝，淮系军事政治集团支撑清王朝大厦的时

[1] 吴虬：《北洋派之起源及其崩溃》，《近代稗海》（六），四川人民出版社 1987 年版，第 282 页。

代结束。清朝政治出现了一个相对的真空，需要新的政治势力来填充。（5）清末官场腐败，掌权人物腐化，给袁世凯集团发展私人势力提供了契机。（6）在淮系崩溃以后，以袁世凯为领袖的袁世凯集团崛起，而不是以其他什么人为领袖的什么集团崛起，是与袁世凯自身的才干和作用密不可分的。读袁世凯的奏疏、信札和有关袁世凯的传记，给人这样一种强烈的感觉，即袁世凯的抱负和雄心很大。对袁世凯十分了解的荣禄就曾指出："此人有大志，吾在，尚可驾驭之，然异日终当出头地。"[1]正因为袁世凯有这样的抱负和雄心，他才能在以后的新政中，率领袁世凯集团在山东、直隶与东三省做出很大的成绩，从而为袁世凯集团迅速从地方走向中央、利用辛亥革命之机走向国家政治舞台的中心奠定了坚实的基础。

（一）创生的机缘

袁世凯集团在新政前夕的迅速崛起，是鸦片战争以来国内各派政治力量的消长变化、中央与地方关系中的各种矛盾积累发展的必然结果。主要表现在：

1. *袁世凯集团是承传湘、淮集团自然发展而来的。*著名学者罗尔纲先生说："近世北洋军阀的起源，追溯起来，实始自湘军兵为将有的制度。"[2]19世纪五六十年代，为了镇压轰轰烈烈的太平天国革命运动，清廷下令各地在籍大臣，连省督办团防。曾国藩采用新的方法，在湘将分散的地方团练合并，形成了独立的正规武装——湘军。在镇压太平天国的过程中，这支军队发展壮大成为一个震慑朝野的湘军集团。在湘军集团内，曾国藩利用同乡、门生、故吏等地缘、血缘、师生的封建关系来形成军队的主干，并由这些主干自行在家招募士兵，这样便形成了从士兵到将领直至曾国藩为中心的层层隶属网络。军队所信仰、效忠的，便不仅是国家，更直接的是曾国藩个人了。湘军的这个特点，奠定了它在近代中国半私人军队先驱的地位。

在镇压太平天国的军事进程中，湘军很快就取代了绿营兵而成为主

[1] 郭则沄：《南屋述闻》，章伯锋等：《落日残照紫禁城》，四川人民出版社1999年版，第189页。
[2] 罗尔纲：《湘军兵志》，中华书局1984年版，第3页。

力。曾国藩湘军领袖的地位，随着湘军集团的发展也不断上升，成为威慑一方的封疆大吏。他们在军事方面，用兵为将有代替了兵归国有、募兵制度代替了世兵制度；在政治方面，用督、抚专权代替了清室专权。湘军兴起以后，以曾国藩为首的汉族地主开始掌握地方实权，从此打破了满洲贵族一统天下的局面。同治以后，湘军将领中有 13 人做了总督，13 人做了巡抚，如江忠源、李续宾、严树森、刘长佑等都官至督抚，而李鸿章、左宗棠更是权倾朝野。“内轻外重”的局面遂告形成。正如范文澜所说：“曾国藩为首的湘军，挽救了满清，同时客观上也削弱了满清，满汉统治者之间，势力起着显著的变化，从此满清政权，逐渐向汉族军阀转移。”[1]

在太平天国被镇压之后，为了减轻朝廷的疑忌心理，曾国藩大量裁撤湘军，湘系的军事地位下降，淮军则上升为清王朝所依靠的最强大的一支武装力量，淮系集团乘势而起。

淮军是继湘军以后，汉族地主建立的另一支地方武装。淮军集团实际上是从湘军集团中分离出来的。它的领袖李鸿章本来就是曾国藩的重要幕僚。咸丰十年（1860 年）四月，太平天国攻破江南大营，长江下游尽为太平军所有。为了防止上海陷入太平军之手，咸丰皇帝命令曾国藩率领湘军开赴长江下游。但是曾国藩不愿离开自己苦心经营的长江中上游地盘，为了执行朝廷的命令，他于同治元年（1862 年）初命其亲信李鸿章回家乡合肥招募淮勇五营。同时曾国藩又拨湘军数营给李鸿章，并派湘军名将程学启、郭松林帮助李鸿章按湘军营制训练淮勇。在朝廷方面，曾国藩又竭力举荐李鸿章署理江苏巡抚，担任江苏战场上镇压太平军的主帅。自此，李鸿章的淮军迅速发展，在镇压太平军、捻军过程中发展成一个势力强大的军事集团。同治十年（1871 年），李鸿章就任直隶总督兼北洋大臣，权倾一时，在军事、经济、外交等方面渗透经营 20 余年，门生故吏遍及各地，造成了一个舍他之外，清廷无其他兵力可倚、无其他能员担任外交的局面。时人奏参李鸿章兄弟一门：“以功名显，其亲党交游，能自树立。文员自监司以上，武职自提镇以下，实

[1] 范文澜：《中国近代史》（上），人民出版社 1955 年版，第 432 页。

不乏人……惟勋伐既高，依附者众。当时随从立功，身致富贵者，又各有其亲友。展转依附，实繁有徒。久之倚势妄为，官司碍难处置。”[1]就是这样一个清廷赖为依靠的地方实力派集团，在光绪二十一年（1895年）中日战争中却一败涂地，从此一蹶不振。

中央集权制度及其现存法规，既然在很大程度上被地方分权所破坏和取代，这就必然埋伏下了日后中央与地方、满与汉新的一轮权力斗争的祸根。继淮系而起的袁世凯集团，正是承传了湘、淮集团这样的基因，并最终形成了后来夺取中央政权的最大政治资源。

湘、淮集团开创的局面为袁世凯集团所享有，这是袁世凯集团得以顺利发展、急剧膨胀的重要条件。近代著名军事家蒋方震说过：“湘军自咸丰二年办团练始，迄光绪六年左宗棠大定回疆，为时盖三十年。自是以还，湘军之事业无闻焉。淮军自同治四年曾国藩陈湘军暮气不可用，荐李鸿章自代，遂以李节制各军，迄于光绪二十年甲午之败，为时亦三十年，自是以还，淮军之事业无闻焉。小站练兵始于光绪二十一年，五年而小成，十年而大成，今功名之盛，较湘淮军有过之无不及也。明乎递嬗之迹，以其时考之则可矣。”[2]曾国藩集团——李鸿章集团——袁世凯集团构成了晚清历史上导致中央政权结构不断削弱并最终被打破的一个不可分割的链条。正是这个链条，最终束缚并绞杀了清王朝。

2. *袁世凯集团是甲午战争后清廷企图加强中央集权，从李鸿章等地方实力派手中收回军事权力的产物。*在甲午战争中，“湘淮同悲”，清廷致力30余年的自强运动在丧师失地、割地赔款中宣告破产。淮军在甲午战争中覆灭，淮系失去了自己的军事后盾，从此为清廷所冷落。一个国家不能没有军队，甲午中日战争中军事上的失败，刺激着社会重文轻武的风气发生改变，到处发出整军经武的呼声。清廷失去了淮军的支撑，也极力想早日建成一支属于自己的新的武装力量。在此背景之下，袁世凯、张之洞等洋务派开始注意以西方军队的训练方法、管理方法来改造

[1]《奉旨查办事件大概情形折》，《左宗棠全集》，奏稿，卷五十八，第11册，上海书店1986年版，第9117～9118页。
[2]蒋方震：《中国五十年来军事变迁史》，来新夏：《北洋军阀》（一），上海人民出版社1988年版，第1041页。

现有的军队，这就开始了清末新式陆军的编练。于是，北洋军崛起，袁世凯集团遂继淮军集团之后迅速崛起。

光绪二十至二十一年（1894—1895年）的中日甲午战争，以李鸿章苦心经营20年的淮军溃败、北洋海军全军覆灭而告终。这个事件，给中国近代社会带来了划时代的影响，也给中央和地方关系的重新调整创造了新的机会。甲午战争后期，清廷成立了以荣禄为中心的“督办军务处”，试图编练中央控制下的新军以取代地方的勇营，重建中央集权的军事支柱，这是从地方实力派手中夺回从太平天国时期就流失到地方督抚手中的军事大权的一种努力和尝试。“这次要旨，是想培植一个像汉人军阀一样的能控制整个大局的满洲亲贵。结果承继李鸿章军阀的，不是满洲亲贵而是袁世凯。”[1]清朝中央政府这场旨在从李鸿章等地方实力派手中收回兵柄的措施，“正是袁世凯绝大幸运的照临，也就是北洋军阀基础确定的第一步”[2]。

由于荣禄深受慈禧太后的赏识，且对军事素具雄心，“欲借机培养自己实力”，袁世凯便趋承意旨，代为谋划。因之“世凯之得在小站练兵，完全由于荣禄所提挈”。[3]小站练兵使袁世凯获得了发展私人势力的机遇。袁世凯一到小站，立即网罗私党，抓紧建立自己的骨干班底，袁世凯集团由此产生。

让袁世凯练兵，并不等于把新军的领导权交给他。在派袁世凯督练新军的同时，又委派满人荫昌挑选八旗精壮子弟附入天津武备学堂，“预储他日将才之用”。清廷此举，意味深长。编练新军，本来就是想扶植一个能像李鸿章那样的能够控制整个大局的满族亲贵，但是遍观当时朝野，能担此重任者无人。因此，清廷一面让袁世凯练兵，一面让满人少壮亲贵荫昌选将，“实与袁世凯督练陆军互相表里，且同在天津，相距

[1] 张国淦：《北洋军阀的起源》，杜春和、林斌生、丘权政：《北洋军阀史料选辑》（上），中国社会科学出版社1981年版，第14页。
[2] 李剑农：《戊戌以后三十年中国政治史》，中华书局1965年版，第34页。
[3] 张国淦：《北洋军阀的起源》，杜春和、林斌生、丘权政：《北洋军阀史料选辑》（上），中国社会科学出版社1981年版，第13页。

不过数十里”[1]，既可起到监视袁的效果，又可随时将新建陆军抓到自己的手中。清廷这番心事可谓巧妙之至了。但是，一方面由于袁世凯对荣禄曾极下工夫，博得了荣禄的赏识和信任；另一方面，荣禄为人工心计、善权谋，他认识到要想培养出满洲贵族自己的新的军事力量，加强中央集权，只有先笼络、利用像袁世凯这样有才能无根基的汉族官僚才有可能，加之他在奉旨查办袁世凯问题赴小站后，亲见新建陆军军容严整，装备精良，早存俟新军练成揽为已有之心，因而极力保袁。袁世凯在荣禄的庇护下，不仅能在天津小站顺利地建立自己的最初集团班底，而且还于光绪二十三年（1897 年）被擢升为直隶按察使，光绪二十四年（1898 年），又由于投机维新运动而得到一个候补侍郎的头衔。在多次风潮中，袁世凯都是借了荣禄之力，才避过了朝中亲贵的冲击，因而，袁世凯就更加依附荣禄。戊戌政变后，袁世凯立即向荣禄献策，以京畿地区五大军合编为武卫全军：“以宋庆为武卫左军，以袁世凯为武卫右军，以聂士成为武卫前军，以董福祥为武卫后军，其中军则荣相自领之，兼总统武卫全军。”[2]袁主动将新建陆军并入武卫军，既可摆脱孤立无援的局面以避风险，又可得到荣禄的翼护，巩固自己的地位，尤可以满足清廷“集权中央”，“将主帅统辖的权力付与满人”[3]的做法。而荣禄也“乐其推戴，且可弋取统属文武之名也，德项城甚，有相逢恨晚之感”[4]，不久又保袁升为工部右侍郎兼管钱法堂事务，仍令之专统率武卫右军，所部增至 1 万人。

光绪二十五年（1899 年），山东爆发了反对洋教为主旨的义和团运动。由于山东巡抚毓贤没有能力处理好这个事件，结果，义和团运动在山东境内迅速燃成了燎原之势。面对山东的局势，袁世凯多次向荣禄陈述自己的看法和解决山东问题的意见。荣禄认为袁不仅是自己的人，而且有魄力，是一个解决棘手问题的能手，因此就竭力保荐袁去山东任职。

---

[1] 沈祖宪、吴闿生：《容庵弟子记》卷二，来新夏：《北洋军阀》（五），上海人民出版社 1993 年版，第 35 页。

[2]《小站练兵缘起》，《凌霄一士随笔》（三），山西古籍出版社 1997 年版，第 1032 页。

[3] 张国淦：《北洋军阀的起源》，杜春和、林斌生、丘权政：《北洋军阀史料选辑》（上），中国社会科学出版社 1981 年版，第 27 页。

[4]《小站练兵缘起》，《凌霄一士随笔》（三），山西古籍出版社 1997 年版，第 1032 页。

这样，十一月初四（12月6日），清廷发布了派袁世凯接替毓贤，署理山东巡抚的上谕。袁世凯抚东，是袁世凯集团发展的一个重要转折点，从此，袁世凯集团开始由一个单纯的军事团体迅速发展成为一个地方性的军事政治集团。

光绪二十六年十二月初十（1901年1月29日），清廷在西安行在宣布实施新政，从此掀开了清末新政的帷幕。但是，清廷自仓皇西逃回銮后，对于庚子事变中东南督抚的行为，心中自然不无芥蒂。当时，东南督抚们联合一气竟然不执行朝廷命令，对中央的呼救置之不理却与列强各国达成默契，宣布东南互保，使东南地方保持既不倾向政府又不倾向列强的中立，隐与中央相抗衡。特别是光绪二十七年（1901年）后地方督抚对朝局影响力的加强，就更使朝廷寝食不安。因此，剥夺地方督抚权力，加强中央集权就成为光绪二十七年（1901年）以后的急务，也成为光绪二十七年（1901年）以后新政过程中的核心问题。

六月初二（7月17日），清廷谕令："江南自强一军，著刘坤一饬调前往山东，交袁世凯酌量分布，督饬训练，务成劲旅。"[1]清廷此举，用意深远。甲午战争后，清廷好不容易经营起来的武卫军，在与八国联军的战斗中损失殆尽，只有袁世凯训练的武卫右军与张之洞建立的江南自强军因没有参战而完好无损地保存了下来。因此，夺取并扩充这两支新式军队就成为清廷在新政期间收回兵权的第一着棋。但是，老于世故的慈禧太后，知道外重内轻之势已成，并不直接去剥夺张之洞、刘坤一等东南督抚的兵权，而是不着痕迹地将自强一军调归山东巡抚袁世凯，美其名曰："江南自强一军，素练洋操，本系备调之队，现在山东武卫右军调派三千人赴京弹压地方，该省未免空虚。"[2]因为此任务如此重要，才要调派这支军队。这样做不仅脱去了清廷急于剥夺东南督抚兵权的嫌疑，而且，不久调袁世凯为直隶总督后，这两支当时中国最强的军队就自然而然地承担起了护卫清廷的任务，成为清朝中央政府的主要军事支柱。

[1]《请收回督练自强军成命折》，《袁世凯奏议》（上），天津古籍出版社1987年版，第293页。
[2] 来新夏：《北洋军阀》（一），上海人民出版社1988年版，第349页。

事实表明，袁世凯集团是甲午战争后清廷企图收回散落在地方的军政权力、努力集权中央的产物，因而清廷一开始就力图加强对这支新式军队的控制，并且准备时刻收归己有。至于这支军队成为袁氏建立自己私人集团的张本，袁世凯以此为资本迅速发展成为一个新的地方实力派，这则是清廷与荣禄在组建新建陆军时都未能估计到的。

由此可见，新政前夕袁世凯集团的兴起，正是清廷为挽救危机，企图加强与巩固皇权统治而导致权力异化的产物。

3. 袁世凯集团的兴起与清末存在的阶级矛盾与阶级斗争也有着十分密切的关系。清末十余年间，中国农村经济十分残破，民族资本主义发展艰难。农民占农村人口的90%，而大部分土地却掌握在地主阶级手中。地主、官僚、富商、高利贷者，纷纷大肆兼并土地，地主阶级对农民的封建压榨，也达到了骇人听闻的程度。清廷为了偿付对外赔款和加强搜刮，不断加赋加捐，全部负担最后都落在了农民身上。农民负担漕粮、地丁、耗羡之外，有粮捐，有亩捐，有串票捐，田亩所出之物，谷米上市有捐，豆蔬瓜果入城有捐，一身而七八捐，因而力不能胜、弃田潜逃者比比皆是。封建地主阶级和清廷的残酷榨取，以及帝国主义的疯狂掠夺，造成了清末农村经济的严重残破。在这种情况下，广大农民不外只剩下了三种出路：当兵；背井离乡；揭竿起义。这种情况，给以袁世凯为首的袁世凯集团的发展造成了一定的可乘之机。表现在：（1）由于农村经济的残破，整个社会的动荡不安，当兵，在当时已成为农民比较理想的谋生之路。这就为袁世凯在河北、河南、山东、安徽等省招募合格的士兵，发展袁世凯集团的军事势力，提供了有利的时机。（2）镇压农民起义，成了袁世凯发展壮大自己集团力量的堂而皇之的借口与机缘。袁世凯集团正是在镇压义和团与景廷宾广宗起义中迅速膨胀起来的。袁世凯之所以能高官得坐，扶摇直上，从某种意义上讲，是用义和团和广宗起义农民的鲜血染红顶戴的。

另一方面，从19世纪70年代起，中国出现了民族资本主义经济。在当时的历史条件下，民族资本主义经济是一种新的生产方式，它代表着一种新的社会力量。随着民族资本主义经济的产生和发展，中国民族资产阶级力量也开始逐渐走上政治舞台。中国民族资本主义经济一开始就受到国内封建势力和外国资本主义的严重摧残，举步维艰。甲午战争以后，中国民族资本主义确实得到了一定的发展，民族资产阶级力量也开始逐渐壮大起来。但由于帝国主义和封建主义的压迫和束缚，却又使它的发展遇到了极大的阻碍。中国民族资本主义和资产阶级在经济上同帝国主义、封建主义之间所存在的这些矛盾，正是资产阶级改良与革命——戊戌变法、清末立宪之争与辛亥革命爆发的经济根源。

由于民族资本主义代表着中国新的发展方向，因此，中国民族资产阶级的每一次政治主张、要求以至行动都不能不在国内外产生重大的政治影响。善于做政治投机生意的袁世凯，为了博取时望，也乐于参与其中，因而袁世凯集团在清末发展的每一重大关键步骤也无不与中国资产阶级改良与革命的行动有着千丝万缕的联系。在戊戌变法中，光绪二十一年（1895年），康有为在京师筹设强学会，袁世凯不仅闻讯应和，而且设法提倡。对于康、梁发起的维新变法运动，袁世凯与徐世昌是支持的，而且也曾经置身其中。但到帝后两党最后摊牌之际，袁考虑再三，最后舍康、梁而就后党，向荣禄告密而出卖了维新派。袁的做法使袁世凯集团在生成期内没有遭到夭折，反而打通了与中央上层的联系，从而为该集团日后发展打下了基础。

可以说，以袁世凯为首的袁世凯集团占尽了清末资产阶级改良与革命运动的光华，是在封建专制主义与民族资产阶级改良与革命的矛盾与斗争的缝隙中孳生、长大的，在清末每一次民族资产阶级改良与革命的行动中，袁世凯无不置身其中，博取时望，捞取了雄厚的政治本钱。离开了清末阶级矛盾与阶级斗争这一重大的历史背景，要认真考察清楚袁世凯集团形成期中的一些规律性的问题显然也是不可能的。

4. 清末袁世凯集团的崛起与列强的支持与扶植也有着很大的关系。袁世凯早年屡试不第，弃文从武，追随吴长庆东驻朝鲜十余年。在这十余年中，他在处理朝鲜一些关键事务上显出身手，因政绩而为李鸿章赏识提拔，一直升到了“总理交涉通商大臣”。在朝鲜出仕中，袁不仅积累了丰富的外交、政治、军事经验，而且还与英国拉上了关系。在处理朝鲜事务问题上得到了英国的有力支持。当时英俄矛盾尖锐，英国唯恐沙俄夺取朝鲜，危及它在远东的利益，遂极力怂恿清廷维持其“宗主”的地位，借以抵制沙俄。为了表示尊重中国的“宗主权”，英国仅派领事入驻汉城，直接由驻北京公使领导。英国历任朝鲜总领事贝德禄（E.C.Baber）、禧在明（W.C.Hillien）、倭尔特（T.Watters）等，都对袁的言行非常欣赏，而且极尽怂恿之能事。后来，在清末长期任中国公使的朱尔典（J.N.Jordan）就是在英国驻朝鲜领事馆任职时与袁认识并交上朋友的。但这时袁世凯资历尚浅，地位不重，还不足以为列强所看中。列强逐渐瞩目袁世凯，是从他编练新建陆军开始的。

新建陆军决策的形成，说来与列强有着很大的关系。甲午战争后，不少在华洋人纷纷向清廷建议编练新军，德人汉纳根就是其中的一个。当时，清廷的外交顾问福士达（J.W.Foster）还向清廷上了一个《整顿中国条陈》，其中第一条就是“中国目前急务，须先整顿陆军”。英国驻华公使欧格纳（N.R.O.Coner）也劝清廷选“忠廉有才略大臣”，练成一支劲旅。这些列强在华代表之所以鼓动清廷改用西法练兵，大致说来，其目的不外乎是想推销军火、控制中国军队以及镇压中国人民日益高涨的反抗运动，以保护他们的在华权益。他们告诫清廷说，中国败于日本，启叛民玩视之心，华人必有心怀反侧而蔑视皇权者，战后较日军进犯时要危险10倍。福士达在《整顿中国条陈》中还说：“陆军未成，则不能使人遵守国家纪律。”[1] 袁世凯编练的新建陆军从某种意义上讲正是适应了侵华列强的这种政治需要，因而才得到了列强的大力支持。它实际上是列强侵华政策的产物。

光绪二十五年（1899年）夏，山东各地爆发了反对外国教会势力的义和团运动，山东巡抚毓贤处置不力，一时山东成了反帝风暴的中心，这就引起列强的极大恐慌。一时，形势紧张起来。德国以出兵相恐吓，美国驻北京公使康格公然要求清廷撤换毓贤，派一个能干的人代替他的职位，并说假如没有足够武力的话，可把天津操练得很好的军队调

[1] 福士达：《整顿中国条陈》，中国史学会：《戊戌变法》（三），上海人民出版社1961年版，第269页。

去协助。从而成为列强推荐袁世凯抚东的第一人。四月底，荣禄命令袁世凯率领新军八营前往山东德州，明为演习行军操法，实为“隐寓钤制之术”[1]。此时的袁世凯血气方刚，甚至跃跃欲试，想与德军决一雌雄。但他经过在德州一段时间的观察后，便改变了主意，他认为“整军察吏、防海治河，与夫清内匪以安民生，慎外交以敦睦谊”[2]，才是保全发展自己的上策。在列强的怂恿与荣禄的保荐下，十一月初四(12月6日)，袁躥升“署理山东巡抚”,并于二十四日(26日)率领新建陆军到达济南，开始进行用军事控制山东政治局势的尝试。为此，十一月初五(12月7日)康格在给美国国务卿海约翰的报告中说：我高兴地报告您，昨天武卫军袁世凯将军受命代理山东巡抚；他是一个能干勇敢的人，和外人交游甚广，相信皇上给予适当的谕旨以后，则扰乱即可停止，秩序即可恢复，我们希望如此。

在山东，袁世凯也确实没有辜负列强对他的期望。接任后，他立即保教剿拳，不仅把山东义和团运动镇压下去，“教士等之归自中国者，莫不颂述其恩”[3]，而且还在清廷向列强宣战后，又致电上海英国代总领事华伦(P.M.Warren)，表示愿与李鸿章、刘坤一、张之洞采取一致坚定立场，维护和平。他以山东防务吃紧，“内制伏莽，外备强敌，地广兵少，勉敷分布”[4]为由，拒绝了慈禧太后命令他火速带兵北上应援的旨令。庚子事变中，八国联军兵至山东境界时也由于袁及其团体的表现未再进入山东。袁世凯在山东时期和庚子事变中的表现，赢得了列强的普遍好感。光绪二十七年(1901年)李鸿章死后，列强一致要求清廷用袁代李，升任直隶总督兼北洋大臣，来保全他们在华的权益。因为列强深知，直隶总督握有军权，控制京畿形势，足以对清廷的政策产生莫大影响。德国公使穆默为此还专程跑到武汉，敦促张之洞上奏清廷，说明各国“众口一词”，希望袁世凯代李出任直隶总督兼北洋大臣。

[1]《强敌构衅侵权亟宜防范折》,《袁世凯奏议》(上)，天津古籍出版社1987年版，第33页。
[2]《恭报抵东接署抚篆折》,《袁世凯奏议》(上)，天津古籍出版社1987年版，第39页。
[3] 黄远庸:《袁总统此后巡回之径路》,《远生遗著》卷一，上海商务印书馆1920年版，第40页。
[4]《遵旨拣派总兵孙金彪等带兵北上折》,《袁世凯奏议》(上)，天津古籍出版社1987年版，第139页。

事实表明，袁世凯及袁世凯集团的兴起与发展，与列强支持与扶植有着极大的关系，正是在列强的扶植下，袁世凯集团才能够从无到有，从小到大，最终发展成为一个能够决定国家全局事务的军事政治集团。

（二）发展的脉络

袁世凯集团发轫于光绪二十一年（1895 年）的天津小站练兵时期，开始发展于光绪二十四年（1898 年）的戊戌变法时期，到光绪二十五年（1899 年）袁世凯任山东巡抚时期，袁世凯集团已经逐渐发展成为一个比较完善、较成体系的军事、政治集团，这是袁世凯集团能够在光绪二十七年（1901 年）以后的清末新政中取得重大成就的张本和根据。清末新政中袁世凯集团之所以能够做得轰轰烈烈，其基本原因即在于此。

1. 小站时期核心班底的形成。中日甲午战争以后，清廷“鉴淮军不足恃，改练新军”[1]，任命原广西按察使胡燏棻在天津小站编练新式武装，取名“定武军”。袁世凯立即抓住清廷急于“整军经武”的这一机会，组织幕友，撰译兵书，主张仿效西方军制，编练新军，遍送当朝权贵，一时博得了“知兵”之名。经各王公大臣的推荐，袁于光绪二十一年（1895 年）底接替胡燏棻，主持天津小站的练兵事宜，袁世凯集团由此产生。

袁世凯训练新军，虽然也主张“全盘西化”，参照德国陆军范式，但更重要的是继承了曾国藩、李鸿章的衣钵，以封建宗法关系勒束属下，将新建陆军训练成一支“兵为将有”，绝对服从自己命令的自属队伍。所以袁世凯一到小站，第一件事就是网罗一批私党，抓紧建立自己的骨干班底。

袁氏筹建自己最初的班底，是颇费了一番心思的。这个班底组成的条件，大致不外乎这样几项：（1）袁氏自己在长期阅历中所认识交结的一批志同道合者，如徐世昌、唐绍仪等。（2）袁氏前辈与之有直接间接关系者，如姜桂题、任永清等。（3）长期追随袁氏已表现出其忠诚与才干者，如吴长纯、吴凤岭、刘永庆等。（4）上级或有地位影响的人推荐

[1] 陈夔龙：《梦蕉亭杂记》卷二，《近代稗海》（一），四川人民出版社 1985 年版，第 373 页。

而来者，如王士珍、段祺瑞、冯国璋等人。这些人都由袁个人招募而来，官禄的予夺实际上全由袁的喜怒而定。这样，他们随着时间的推移，对朝廷的忠心就很自然地转移到了袁的身上，一切以他的意志为转移，形成所谓“半私人性质”的军队。他们和袁世凯之间的关系不能简单地理解成为一般公务上的，而是带有严重的人身依附性质。并且，随着时间的推移，这种依附关系大都越来越深。以后，在袁世凯权力膨胀的过程中，他们大都青云直上，取得了高官厚禄。

在袁世凯的小站班底中，最早和袁结下深厚情谊的有徐世昌、唐绍仪、阮忠枢三人，他们在小站集团组合之前，就和袁私交甚笃，过从甚密。

徐世昌，字卜五，号菊人，又号弢斋，原籍天津，咸丰五年（1855年）生于河南汲县。幼年进私塾读书，成年后，做过沁阳、太康、淮宁各县署文书和家馆教师。光绪五年（1879年）在淮宁认识袁世凯，“互相倾服，遂定交”[1]，结拜为兄弟。“徐比袁长四岁，经常在一起游玩，相处甚得，为总角之交。”[2]“徐公无力入都应试，公助以川资，始克成行。”[3]徐于光绪八年（1882年）中举，光绪十二年（1886年）中进士，当上翰林院庶吉士，光绪十五年（1889年）散馆，授职编修，曾任过国史馆编修、武英殿编修。光绪二十一年（1895年）袁世凯获得组建“新建陆军”大权，在天津小站筹建班底，自然不能忘了他的这位曾使自己倾心的盟兄，而此时徐为七品京官，囊中羞涩，生活清苦，愿意降格外放。故光绪二十三年（1897年），袁世凯奏请清廷，派徐世昌以翰林兼“新建陆军”参谋营务处总办，往来京津之间，赞襄戎幕。当时重文轻武，以翰林而当营务处者稀有。“徐因与袁系总角之交，而袁用西法练兵，又与自己的识见相同，且借此可以增加收入，遂降格以相从。”[4]从此，徐成为袁的重要谋士。天津历史博物馆藏袁世凯朋僚函电几十件几乎全是写给徐的，由此可见二人关系之一斑。

[1] 沈祖宪、吴闿生：《容庵弟子记》卷一，来新夏：《北洋军阀》（五），上海人民出版社1993年版，第7页。
[2] 张达骧：《我所知道的徐世昌》，中国文史出版社《文史资料选辑》第48辑，第217页。
[3] 沈祖宪、吴闿生：《容庵弟子记》卷一，来新夏：《北洋军阀》（五），上海人民出版社1993年版，第7页。
[4] 张达骧：《我所知道的徐世昌》，中国文史出版社《文史资料选辑》第48辑，第218页。

袁世凯和徐世昌结识并加深友谊的同时，还与唐绍仪定下了金兰之交。唐绍仪，字少川，广东香山人。其父唐巨川是一个长期从事茶叶出口的商人，其族叔唐廷枢当过英商怡和洋行的买办，后来随李鸿章办洋务，经营和创办了著名的上海轮船招商局、开平矿务局，深为李鸿章所器重。唐绍仪不仅从小受家庭的熏陶，更重要的是他12岁就远涉重洋，到当时资本主义发展最快的美国留学，进入著名的耶鲁大学学习自然科学知识和社会科学知识，光绪七年（1881年）被召回国，入天津水师附设的洋务学堂读书。次年，他作为帮办朝鲜海关事务前驻天津德国领事穆麟德的秘书被派往朝鲜。在甲申政变中，他因其突出的表现为袁赏识。“袁世凯与唐绍仪相识后，互相爱慕，两人感情极为融洽，结为盟友，彼此帮助，共求上进。”[1]甲申政变后，袁世凯被任命为驻朝鲜总理交涉通商大臣，赴任之时，他首先选择了唐绍仪做自己的西文翻译兼洋务委员，实际上是作为袁这一时期在朝鲜的副手。

袁世凯在唐绍仪的协助下，声名鹊起，深得清廷与李鸿章的赏识和信赖，在朝鲜连任10年，唐绍仪以袁的主要助手的身份，获得了与袁同步升官的机遇。袁世凯由知府、候补道，而实任道员、二品顶戴；而唐氏则由候补县令而直隶州州牧，再到候补知府，三品顶戴，其升迁速度之快异乎寻常。二人的关系也在合作共事中不断升温和发展。

光绪十七年(1891年),袁嗣母牛氏病重,请假回籍,在代理人问题上,他认为唐绍仪,优智略,明机宜,确有应变才而荐唐代职。他说唐绍仪“忠直明敏,胆识兼优,熟悉韩情,请委令代理”[2]。光绪二十年（1894年),中日甲午战争爆发前夕，袁世凯无法在韩继续执行使命，要求内渡，并再次请唐自代。唐绍仪临危受命，毫无怨言，并积极电告国内，助袁成行，使袁死里逃生，安全回到大陆。袁、唐在朝鲜患难与共，结下了深厚情谊。唐绍仪这种临危不苟的行为，无论是公益还是私情，都毫无疑问地使袁世凯非常感激。唐的忠诚与才干在袁氏心中留下了很深的印象。

---

[1] 张联棻:《小站练兵与北洋六镇》,《八十三天皇帝梦》，文史资料出版社1985年版，第184页。
[2] 沈祖宪、吴闿生:《容庵弟子记》卷一，来新夏:《北洋军阀》（五），上海人民出版社1993年版，第26页。

光绪二十一年（1895年）末，袁世凯正式接任在小站编练新军。他没有忘记唐绍仪这个患难之交，恳请他来军协助徐世昌负责营务处，继续发挥他外语与外交方面的特长。

在袁世凯早期生涯中，与他结交的还有另外一位重要人物，他就是阮忠枢。此人后来成为袁世凯集团的一支笔，袁氏幕府的总文案。阮忠枢，字斗瞻，安徽合肥人。出身于淮军将领家庭，光绪十五年（1889年）中举，受到李鸿章的器重，先后派他做过北洋水师学堂的汉文教习和北洋军械局总文案。袁、阮二人由相识到相交，中间还有一段比较复杂的插曲，也带有很大程度上的偶然性。早在袁世凯由上海前往山东投奔庆军统领吴长庆的路上，无意间在旅途中遇见阮忠枢。由于他们同行同宿了几天，因此互相结识。通过交谈，袁世凯知道阮忠枢将进京会试。他也将自己的家世和现在的情况详细地告诉了阮忠枢，阮又资助了他，然后才依依作别。二人从此相识相交，颇有相见恨晚的情势。甲午战争结束后，袁世凯到北京打关节，走门路，又恰恰地遇上了阮忠枢，并且是阮帮了他的大忙。因为这时候，袁世凯正在努力争取训练新军的事。他在京办这个差事的时候，深深地知道：当时官场中的惯例，仅有朝中大员对他推荐是不够的，更重要的是走内线。恰巧他从前在旅途中结识的阮忠枢，这时正在李莲英的弟弟家里处馆。这个李莲英弟弟的家，实际上也就是李莲英的家。袁世凯也就是通过这个关系和李莲英拉上了交情。不但如此，袁又通过李莲英，结交上了当时的权臣荣禄。这样，等到醇王、庆王会同军机大臣保举他来训练新军的时候，慈禧太后很快地就批准了。这件事，李莲英是起了很大的作用的。[1]袁世凯在此期间与其兄袁世敦的书信中也曾云："正在侘傺无聊时，忽遇契友阮君斗瞻（忠枢）愿做曹邱生，劝弟投其居停李总管（莲英）门下，得其承介晋谒荣中堂。"[2]据此，袁世凯进身荣禄，是经由阮忠枢做媒介的。光绪二十一年（1895年）底，阮忠枢由李鸿章推荐入袁幕。"入幕未几，大倚任之。时中国

[1] 袁静雪：《我的父亲袁世凯》，《八十三天皇帝梦》，文史资料出版社1985年版，第8页。
[2] 张国淦：《北洋军阀的起源》，《北洋军阀史料选辑》（上），中国社会科学出版社1981年版，第11页。

初创新军，规划闳远，多为常智所不及。君独深思眇虑，洞烛其所以然，军制饷章文牍机务咸出其手"，"幕府所赖唯君一人"，[1]袁保举他的考语是"才长心细，学博识优，平日留心时务，遇事义理自持"[2]。阮氏从此成为袁世凯集团一名核心成员。

袁世凯到小站筹建新建陆军的时候，鉴于他对新式建军也缺乏知识与经验，他请求李鸿章、宋庆和聂士成以及时任北洋武备学堂总办荫昌等重要淮军将领推荐了一些淮军"人才"。王士珍、段祺瑞、冯国璋等人就是通过这条道路与袁走到一起的。当时，新建陆军的将官大多出自天津武备学堂与淮军营伍。经李鸿章提携于前，袁世凯罗致选拔于后，故时将才称盛。据前所道：如姜桂题、杨荣泰、龚友元、吴长纯、徐邦杰、任永清、王士珍、段祺瑞、冯国璋、梁华殿诸将都隶麾下。如陈光远、王占元、张怀芝、何宗莲、马龙标、雷震春、王英楷、吴凤岭、赵国贤、田中玉、孟恩远、陆建章、曹锟、张勋、段芝贵等其时仅补偏裨，后都成大将。而其中姜桂题、王士珍、段祺瑞、冯国璋四人，尤为闻名于时，王士珍、段祺瑞、冯国璋三人，还被称为"北洋三杰"。

以小站练兵为纽带，袁世凯和上述人物结合到了一起，这对袁世凯集团的形成和袁氏以后权力的角逐具有重要的意义。当然，袁世凯不可能料定自己的前程，更不可能确定他们将来会成为自己的"臣下"。不过有一点是可以确定的，袁世凯和这些人物在小站时期以练兵为机缘建立起来的联系，已经超越了一般的人际关系。他们在以后的复杂艰险的时局变动中，在"北洋"的发达过程中同甘共苦，患难相依，相互信赖，情谊弥深。一旦时局发生动荡，有机可乘，他们就会拥袁进取，发挥集团班子的骨干作用。即使在与对手交争不利的情况下，他们也能以袁为旗帜，紧紧抱成一团。正是在这个意义上，他们成了袁世凯最初的集团班底。

2. 山东时期骨干成员的扩大。袁世凯是一个有野心的人，他当然

[1] 吴闿生：《北江先生集》第九卷，中国社会科学院近代史研究所图书馆藏，第32页。
[2]《道员阮忠枢请留直隶补用并免缴留省银两片》，《袁世凯奏议》(中)，天津古籍出版社1987年版，第554页。

不甘心局限于小站一隅，而是时刻想着出任封疆大吏，以便鹏翔九霄，龙归大泽，施展自己的政治“抱负”。这样的机会终于降临了，而且来得不早不晚，恰恰是袁世凯新建陆军筹建工作告一段落，袁世凯集团框架刚刚搭成的情况下。光绪二十五年(1899年)夏，多年积累的中外矛盾、内部矛盾不可调解，义和团运动终于在山东爆发。由于山东巡抚毓贤没有能力处理好这个事件，结果，义和团运动在山东境内迅速燃成了燎原之势，几乎每个村庄都建起了拳场。面对山东动荡的局势，袁世凯多次向李鸿章、荣禄、慈禧太后陈述自己的看法和解决山东问题的意见。荣禄认为袁有魄力，是一个解决棘手问题的能手，也竭力保荐袁到山东去。因此，清廷于十一月初四（12月6日）发布了派袁世凯接替毓贤，署理山东巡抚的上谕。二十四日（26日），袁世凯率领其新建的军队到达济南，开始实现他发展自己的更大愿望。

对于袁世凯和袁世凯集团来说，光绪二十五年（1899年）十一月，是一个值得纪念的月份。这是因为：（1）在此之前，袁氏仅仅是一个军人，袁世凯集团也仅仅是一个初具雏形的军事团体。这之后，袁同时成为一个封疆大吏，袁世凯集团也由一个军事团体开始发展成为一个军事政治团体。在此之前，袁世凯集团仅仅局限于小站一隅，之后成为山东一省的主人，有了一块不小的根据地和势力范围，这对于袁世凯集团的发展来说是非常重要的。（2）袁世凯及新建陆军开赴山东，直接使袁世凯集团在不久发生的庚子事变中躲过了一场危及本集团生存与命运的危机。因为，此时袁世凯及所部如果还在天津小站，那么庚子年八国联军向中国开战，首当其冲之地便是天津与直隶。袁如果不与洋人开战，就是奉旨不遵，不但官运没了，就是脑袋能不能保得住还是个问题；如果奉慈禧太后之命与联军开战，则不但胜利没有把握，就是好不容易积攒下来的一点政治本钱也会在这场战争中损耗殆尽。况且即使自己没有战死，辛丑议和后自己还不是充当清廷一个替罪羊而被押上断头台吗？由此看来，袁能于光绪二十五年（1899年）督抚山东，不仅是袁世凯集团开始发展的一步，更使这一集团躲过了一场即将到来的灭顶灾祸。从这一点上说，袁世凯及袁世凯集团是多么幸运了。李剑农在评价这一事件对袁世凯及袁世凯集团的发展影响时说："庚子五月二十一日，袁曾奉旨调新建陆军入都，这是袁与北洋军阀存亡的一个大关头。西太后的意思，是要他入京帮助义民的；荣禄的意思，或者是要他去解散义民，或者是要他去保驾，不甚明了；东南各督抚，也有主张'袁慰帅即由山东提兵由保定进京，以清君侧、护两宫为要义'的；但是袁将所部军队一部分开到直、鲁接境各处，却不前进了。假使袁果提兵北上，一定是那些义民的大敌；联军到了，恐怕也不认得他罢！他还是打义民呢？还是打联军呢？所以他带兵出抚山东，与此次顿兵不进，又是幸运照临他的一点。"[1]蒋方震在《中国五十年来军事变迁史》一书中也认为："光绪二十五年，荣禄练武卫军，以聂士成、马玉昆、董福祥、袁世凯为前后左右四军，拳匪之乱，聂军死于难……董福祥以附拳乱被黜；马犹保其地位，然无地盘；独袁世凯率其军以入山东，不惟免于难，且因之成大功焉。"[2]单就袁世凯及袁世凯集团的发展存亡来讲，李、蒋二氏的看法都是有着一定道理的。正因为袁世凯及其团体及时离开了当时政局的是非之地天津，才使他于此时在两难境地、复杂局势面前能够从容考虑与应变，做到慈禧太后与列强两边都不得罪，从而为日后他的官星高照与袁世凯集团的发展在万难境地中争取到了一片生存空间。单就这一点来说，袁世凯及袁世凯集团的发展实际上也不是如常人认为那样来之容易的。

袁世凯抚东后，在山东起用了大批文武官员。这些官员对于扩大袁氏的半私人性质的武装和官僚团体，相互调补，关系密切，迅速成为袁世凯集团努力发展的新动力。

袁世凯在山东起用笼络的成员主要有：

（1）文职人员

张人骏，山东布政使，光绪二十六年十月四日（1900年11月25日）授漕运总督，袁世凯接直隶总督北洋大臣后，张回山东任巡抚。

---

[1] 李剑农：《戊戌以后三十年中国政治史》，中华书局1965年版，第36页。
[2] 蒋方震：《中国五十年来军事变迁史》，来新夏：《北洋军阀》（一），上海人民出版社1988年版，第1047页。

尚其亨，三游河工督粮道。

胡廷干，光绪二十六年（1900 年）十月接张人骏，为山东布政使。

潘延祖，候补道，管理山东机器局，光绪二十六年（1900 年）十月，经袁推荐，署理山东按察使。光绪二十七年（1901 年）十月又连委山东省洋务局一差。

尹铭绶，山东学政（小站时期，袁世凯的机要文案）。

吉灿升，前山东机器局总办，督粮道，曾署山东按察使；实职济东泰武临道，总办河务局务；且曾统兵剿拳。

吴承恩（候补道），管理河工下段工程，且统兵剿拳，后调省，不久病故。

徐世光（候补知府），河工提调。

吴煜（候补道），管理河工中游下段工程，接吴承恩缺。

荫昌（记名副都统），办理对德交涉（有事来山东办理，无事回北京。从严格意义上讲，荫昌不是袁世凯集团的成员。但山东时期的经历，使得他与袁世凯集团关系从此十分密切起来）。

唐绍仪（候选知府），协办商务与对外交涉。

达斌（试用道），与袁世凯在督办军务处同事，先送部引见，于光绪二十七年（1901 年）四月接尚其亨为督粮道。

丁达意（降调道员），原以候补道统领镇武步队五营，袁世凯调丁统领抽练河防各营。

赫士（美国人），充大学堂总教习（与袁世凯集团关系密切的外国人员）。

洪用舟（东昌府知府），剿拳运粮有绩效，调省。

丁镗，先补东昌府，后补曹州府。

沈廷杞，主持善后总局，与吉灿升、朱钟琪并案请奖，交军机处记名。

丰伸泰，监运使。

刘恩驻（补用知府），协办山东机器局。

杨晟（工部候补员外郎），调山东协办对德交涉，原同文馆德文学生。

马廷亮（分省补用道），同文馆德文学生，办对德交涉；后调直任畿辅学堂总办。

宋书升（翰林院庶吉士），在济南任教，袁特保。

孙葆田（翰林院庶吉士），袁特保。

刘含芳（登莱青道），病故。

虞昌诒，济南知府。

朱钟琪（山东试用道），唐绍仪调北洋后，接办山东省商务局。

山东时期，受袁重用保奖的文职人员还有：定成（知府）、何藩瀛、何澍（候补知府）、李恩祥、杨蓉元、李光华、刘思诚（知州）、徐丰、王鸿陆、王世仁、柳堂、向植、刘鼎至、管得泉 、陆安清、李加寿、刘延璋、祝嗣隆、郑观光、张锡嘏 、赵寿彭、李洪琨（知县或候补知县）等。

袁世凯在山东保荐东省贤才折内，特保：徐世昌（翰林院编修）、柯邵忞（翰林院编修）、李希杰（山东登莱青道）、孙宝琦（直隶候补道）、毛庆蕃（候选道）五人，请清廷破格擢用，因才器使，而使彼等官运亨通，扶摇直上。

袁世凯在山东巡抚任职一年八个月，更换任用知县甚多，皆为自己的重要文职官员，主要有：陈公亮（蓝山县知县，以讲究洋务被毓贤劾革，开复原官）、余则达（代理郯城县知县，因曾随使出洋，被毓贤劾革，开复原官）、胡建枢（阳谷县知县）、豫咸（茌平县知县）、庄洪烈（诸成县知县）、李光华（东阿县知县）、叶大可（兰山县知县）、何业健（乐陵县知县）、李于锴（蓬莱县知县）、李兆兰（商河县知县）、许叶珍（郓城县知县）、郑德立（馆陶县知县）、沈祖宪、杨承泽、管德泉（调补山东郯城县知县）、徐寿彭（调补山东单县知县）、孙颍（候补知县、同知衔）、何兰芬（候补知县、同知衔）、陈毓崧（候补知县、同知衔）、陈燕昌、江开泰、徐懋昭、景启、言敦源等人。

（2）武职人员

田恩来，兖州镇总兵；龙殿扬，曹州镇总兵；张大鹏，临清营副将；印格，寿张营游击；孟标，台庄营参将；吕奎，即墨营参将；王朝清（改名朝勋）兖州右营守备；雷振乾，即墨营守备；刘安邦，濮州营守备；王福官，曹州中军守备；宋寀庆，抚标守备；黄占元，曹州营游击；吴全发，登州营都司；于相平，抚标右营守备；周桂林，临清营都司。

以上为实缺各镇武职人员。

周鸿书、吴耀远（副将加总兵衔）、董德成（副将）、陈朝发（参将加副将衔）、张凤仪（参将）、邱道元、张居仁（参将）、刘福新（参将）、张明德、花凤魁（游击）、汪正和、王春高、张振基、马成功、孟继夏、王明（游击）、何其昌（守备）、顾相魁、李毓德、吴金喜、王春才、曲辅廷（都司）、邱镇荣、赵启清、邢得芳、郑彦仪、张向明、徐德富（都司）、郭成、吴志宏、刘振兴（副将加总兵衔）、朱康仁（参将）、陈贵安（都司）、马清林、刘福元（守备）、刘文德、王启荣、吴英杰、金大泰、朱维发、龚得九、张长清、丁得腾、张孝忠（补用守备）。

以上是无实缺的部分武职人员，其中可能有一些是服役于武卫右军先锋队之内，他们部分因参加河工而得保奖。

（3）河工受奖文武人员

光绪二十七年（1901 年）夏，山东河工正吃紧之时，河堤决口 180 丈。袁世凯亲赴工地督工，且使用武卫右军工程营的最新工具与炸药救急，与武卫右军先锋队多营兵工（步队），均能及时抢救，九月二十八日（11 月 8 日）保奖人员一批，其名单如下：

文职：李继纲（以道员分省补用）；蒋浚启、陆嘉谷（候补知州）、阮忠枢（分省试用同知）、朱猛（皆以知府补用）；萧凤文、车保成、何澍（皆以知州补用）；秦鼎、汪寿熙、邹英麟（皆以知县补用）；丁达意（工程总办降调道员，继续总办工程）。

武职：吴志宏（总兵记名简放）、郭成（副将赏戴花翎）、朱康仁（副将，加总兵衔）、张勋（副将）、张士造、黑鸿甲、陈贵安（游击，加副将衔）、王得坪、聂汝清、卢永祥、束兆瑛（都司，加游击衔）、唐天喜、张永成、曹锟（补用都司）、李得顺、朱家余、朱长安、张在祥（补用守备、加都司衔）、裴家兴（千总、加守备衔）。

以上文武职人员，多是武卫右军与武卫右军先锋队现职人员，袁世凯对他们颇具厚望，故尽量给他们立功保奖的机会。

（4）江南自强军的重要将领

袁世凯任山东巡抚的时候，扩充武卫军并不是他增加自己权力和为将来准备机会的唯一办法。他在这一时期中的军事妙计，还包括取得张之洞的自强军的指挥权。六月初二（7月17日），朝廷上谕："江南自强一军，著刘坤一饬调前往山东，交袁世凯酌量分布，督饬训练，务成劲旅。"对于这一举动，张之洞颇感诧异与表示不满，他曾致电刘坤一，询问调动的原因。刘也奏折朝廷提出异议，表示不同意把已训练渐有成效的自强军调走。袁世凯也装模作样地上奏要求取消此议，说什么自己"材与力均有不逮，与其贻误于日后，曷若直陈于事前"。但朝廷坚持未允，批其"勿庸固辞"[1]。显然，"尽管袁氏提出异议，但如果事先没有得到认可，把这样精锐的部队调给他指挥是不太可信的。事实上，这件事必然早就由他撺掇好了。也可能他觉得他的地位已经足够巩固，因此敢于去踩长江流域那个强有力的总督的脚指头。"此时自强军步、马、炮队十一营，约有3000人，由全军统带兼第八营管带、记名总兵张腾蛟与全军营务处兼第一营管带、记名总兵卢国泰统率带至山东，交给袁世凯，归入袁世凯集团行列。此军后随袁世凯入直，曾随段祺瑞、倪嗣冲在冀南剿拳。驻保定之时，光绪二十八年（1902年），张腾蛟、卢国泰先后病故。袁世凯调武卫右军记兵总兵、自己心腹赵国贤接充。光绪二十九年（1903年）赵调宿卫营统带，袁世凯再派自己十分信任的武卫右军右翼第三营统带、新授正定镇总兵徐邦杰接任。至此，此军将士已完全与武卫右军混成一体，成为袁世凯集团的一个重要组成部分，并于光绪三十一年（1905年）在南苑正式改编为北洋军的第六镇。江南自强军移交给袁世凯这件事表明，光绪二十七年（1901年）秋，"中国最优秀的三支军事部队中已有两支在袁的控制之下。两者虽然都比较小，但是却可以成为一支大部队的有价值的核心。"[2]袁在山东时期所接纳的这些成员与军事力量，为他不久在新政中迅速扩张私人集团的势力奠定了雄厚的基础。

[1]《请收回督练自强军成命折》,《袁世凯奏议》(上)，天津古籍出版社1987年版，第293、294页。
[2][美]拉尔夫·尔·鲍威尔著，陈泽宪、陈霞飞译：《1895—1912年中国军事力量的兴起》，中国社会科学出版社1979年版，第112、113页。

二、一个千载难逢的机遇

（一）清廷新政上谕的颁布

光绪二十六年十二月初十（1901 年 1 月 29 日），在流亡途中，慈禧太后在经过颠沛流离之苦后，痛定思痛，经过慎重考虑后，终于以光绪皇帝的名义发布了一道力求振作的上谕。这道上谕的发表，标志着清末新政的开始。

其谕曰："世有万祺不易之常经，无一成不变之治法。穷变通久，见于大易；损益可知，著于论语。盖不易者三纲五常，昭然如日星之照世。而可变者令甲令乙，不妨如琴瑟之改弦。伊古以来，代有兴革。当我朝列祖列宗因时立制，屡有异同。入关以后已殊沈阳之时。嘉庆、道光以来，渐变雍正、乾隆之旧。大抵法积则敝，法敝则更，惟归于强国利民而已。自播迁以来，皇太后宵旰焦劳，朕尤痛自苛责。深念近数十年积敝相仍，因循粉饰，以致酿成大衅，现正议和。一切政事，尤须切实整顿，以期渐致富强。懿训以为取外国之长，乃可去中国之短；惩前事之失，乃可作后事之师。自丁戊以还，伪辩纵横，妄分新旧。康逆之祸，殆更甚于红巾。迄今海外逋逃，尚以富有贵为等票诱人谋逆，更借保皇保种之奸谋，为离间宫廷之计。殊不知康逆之讲新法，乃乱法也，非变法也。该逆等乘朕躬不豫，潛谋不轨。朕吁恳皇太后训政，乃得救朕于濒危，而锄奸于一旦，实则剪除叛逆。皇太后何尝不许更新损益科条？朕何尝概行除旧？酌中以御，择善而从。母子一心，臣民共睹。今者恭承慈命，一意振兴，严祛新旧之名，浑融中外之迹。中国之弱在于习气太深，文法太密，庸俗之吏多，豪杰之士少。文法者庸人借为藏身之固，而胥吏恃为牟利之符。公私以文牍相往来，而毫无实际；人才以资格相限制，而日见消磨。误国家者在一私字；祸天下者在一例字。晚近之学西法者，语言文字制造器械而已，此西艺之皮毛，而非西政之本源也。居上宽，临下简；言必信，行必果。服往圣之遗训，即西人富强之始基。中国不此之务，徒学其一言一话一技一能，而佐以瞻徇情面，肥利身家之积习。舍其本源而不学，学其皮毛而又不精，天下安得富强耶？总之，法令不更，锢习不破，欲求振作，须议更张。著军机大臣大学士六部九卿出使各国大臣各省督抚，各就现在情弊，参酌中西政治，举凡朝章国政吏治民生学校科举军制财政，当因当革，当省当并，如何而国势始兴？如何而人才始盛？如何而度支始裕？如何而武备始精？各举所知，各抒所见，通限两个月内悉条议以闻，再行上禀慈谟，斟酌尽善，切实施行。至西幸太原，下诏求言，封章屡见。而今之言者率出两途：一则袭报馆之文章；一则拘书生之浅见。指其病未究其根，尚囿于偏私不化；睹其利未睹其害，悉归于窒碍难行。新进讲富强，往往自迷始末；迂儒谈正学，又往往不达事情。尔中外臣工，当鉴斯二者，酌中发论，通变达权，务极精微，以便甄择。特是有治法尤贵有治人。苟无其法，敝政何从而补救；苟失其人，徒法不能以自行。使不分别人有百短，人有一长，以拘牵文义为守经；以奉行故事为合例。举宜兴宜革之事，皆潜废于无形；旅进旅退之员，遂酿成不治之病。欲去此弊，慎始尤在慎终；欲竟其功，实心更宜实力。是又宜改弦更张以祛积弊，简任贤能，上下交儆者也。朕与皇太后久蓄于中。物穷则变，转弱为强，全系于斯。倘再蹈因循敷衍之故辙，空言塞责，遇事偷安，宪典具在，决不宽贷。将此通谕知之。”

这篇上谕表明：(1）经过庚子事变后，清廷在反思之余，态度发生了一个比较彻底的转变，这就是从原来的顽固守旧开始转向维新图强。上谕中虽然仍宣布康、梁为逆党，斥责康、梁变法为“乱法”，但并没有反对变法从新的意图，反而说：“所有一切自强新政，胥关国计民生，不特已行者亟应实力举行，即尚未兴办者亦当次第推广。”慈禧的这种做法主要是想将自己即将举行的新政与戊戌变法区别开来，其变法自强的愿望与主张是坚定的。(2)清廷终于敢于走出祖宗之法不可变的怪圈，不再拘泥于祖宗的成法。认识到了“法积则敝，法敝则更，惟归于强国利民而已”的正确性和重要性。(3)在总结过去洋务运动成败的基础上，进一步提出了向西方学习的主张。这道上谕希望突破洋务运动的藩篱，指出了“晚近之学西法者，语言文字、制造器械而已，此西艺之皮毛，而非西政之本源也……舍其本源而不学，学其皮毛而又不精，天下安得富强耶?”因此，富强之路、振兴之望在于必须舍西政之皮毛，而求西政之本源。(4) 如何举办新政才能富强，清廷并没有十分成熟的主张。因而下谕要求军机大臣、大学士、六部九卿、出使各国大臣、各省督抚“各举所知，各抒己见，通限两个月内详悉条议以闻，再行上禀慈谟，斟酌尽善，切实施行”。可见，从文本的内容来看，这道上谕无论从哪个方面而言都应该算是清末新政的一个纲领性的文件。实行新政是清廷针对庚子事变前后各方面压力重新寻找出路的一种自发行为。

上谕发布后的几个月内，并没有引起社会上积极的回应。朝廷从各级官员收到的有关变法的奏议为数甚少。整个社会，从王公权贵到各级官僚，从地方大员到庶民百姓，对清廷变法诏令的反应除袁世凯、张之洞、刘坤一等人之外基本上均表现得相当冷淡。造成这种冷淡的局面是有原因的。首先，清廷在戊戌变法期间及其以后的顽固表现，使各地官员、封疆大吏对其变法的真实意图和贯彻的决心表示怀疑。其次，当时朝廷偏安西北，各地兵荒马乱，局势动荡，谁还有心思多去考虑一些在当时看来还捉摸不定的问题?这种冷淡的态度，确曾使慈禧太后颇为不安。为此，光绪二十七年三月初三(1901 年 4 月 21 日)，清廷再次下谕，决定设立督办政务处，作为办理新政的“统汇之区”，派庆亲王奕劻，大学士李鸿章、崑冈、荣禄、王文韶、户部尚书鹿传霖为督办政务大臣，两江总督刘坤一、湖广总督张之洞“遥为参预”。同时特意催促各省督抚“迅速汇议具奏，勿稍迟延观望，将此通谕知之”[1]。

清廷新政上谕的发布与办理新政中央统汇机构督办政务处的成立，表明了清廷新政的纲领和决心。庚子事变以后的清朝最高统治者，自鸦片战争以来，终于开始真正认真地考虑通过进行体制创新与变革来实现富强的目标的问题。它揭开了清末新政的帷幕，为袁世凯集团的急剧发达提供了新的机遇。

[1] 朱寿朋:《光绪朝东华录》(四)，中华书局 1958 年版，总第 4601 ～ 4602、4655 页。

（二）袁世凯集团的回应

对于这次新政，许多官吏鉴于戊戌变法失败的教训，都表现得不太积极。然而，袁世凯集团首领袁世凯却敏锐地察觉到，王朝衰微，人民民主运动日益高涨，如不谋求新的对策，很难再继续维持其统治。只有抓住时机，努力推进各方面的革新，才是他攫取更大权力的最佳办法。正因为这样，袁世凯不仅在山东时期就积极联络当时负有声望的地方督抚刘坤一、张之洞等人努力促成清廷推行新政，而且在整个新政期间，他还以“急进改革者”的面孔出现，不仅为推行新政出谋划策，并且身体力行，卓有成效。

早在新政上谕颁布之前，袁世凯即告诉张之洞，“不日将有明谕，举行新政”[1]。新政上谕颁布后，袁世凯即与幕僚积极努力，起草出了上奏的10项条陈。光绪二十七年正月二十九日（1901年3月19日），袁世凯在给刘坤一、张之洞的电报中说：“行在诸人来书，谓内盼复奏。因勉拟十条，皆浅近易行，谆谆以慎始图终为请。昨日始成初稿，尚须修饰，俟定稿寄请诲政此文，以同为贵，可见公论。但原旨有各举所知、各抒所见等语，未知宜联奏否？请两帅裁示。”[2]从这篇电文中可以看出：（1）袁世凯对新政早有了自己的成见，并且已经拟出了后来上奏的10条主张和建议。（2）为了造成更大的声势，使朝廷接受自己的新政方案，表达了希望与张之洞、刘坤一“联奏”的愿望。

为了寻求支持的力量，二月十五日（4月2日），袁世凯在给张之洞的电报中认为张之洞的“变法一议，节节中肯”，自己所拟疏稿“多与鄂议同”，并将自己的10条主张电寄刘坤一、张之洞，希望他们“采择汇奏”，再次表达了他的“附衔名”愿望。[3]

二月二十三日（11日），袁世凯曾电催刘坤一、张之洞抓紧上奏，催促清廷在回銮以前“先行新政”。袁世凯认为，不这样做，有大可虑者二：

---

[1]《郑孝胥日记》第二册，中华书局1993年版，第782页。

[2]《辛丑正月二十九日济南袁抚台来电》，《张之洞存各处来电》第44函，中国社会科学院近代史研究所藏，档甲182—146。

[3]《辛丑二月十五日济南袁抚台来电》，《张之洞存各处来电》第45函，中国社会科学院近代史研究所藏，档甲182—147。

"各国以现之政府守旧顽固，倘回銮后各国要挟以更换执政，拒之不足，国体安在？可虑一；各国皆盼我变法，倘回銮后各国缕列多款，要挟照行，执政不敌，允则干预。可虑者二。"袁世凯告诉刘坤一、张之洞，他"前已切函枢要，久无下文。拟请两帅或联名电枢，或会衔电奏，如能将兴学堂、改科举等事先行数件，则各国耳目一新，保全甚多，其弛张横议之流，亦可稍敛"[1]。其关于新政的主张和要求在此也可以窥见一斑。

三月初三（4月21日），清廷谕令设立督办政务处，刘坤一、张之洞"遥为参预"大臣。要求各地"迅速条议具奏，勿再延逾观望"，"请仍各举所知，勿联衔上"。由于情况有了新的变化，袁世凯不再主张联衔，在与张之洞、刘坤一商量后，初七（25日），袁世凯奏上了他的著名的《遵旨敬抒管见上备甄择折》条陈。

三、新政实践的时空轮廓

（一）袁世凯集团关于新政的指导思想

《遵旨敬抒管见上备甄择折》不能仅仅简单地把它看做是袁世凯集团对清廷上谕的响应与服从，实际上，它成为袁世凯集团后来在清末新政中的指导性文件和纲领。袁世凯移督北洋所行新政基本上就是按着这一奏议的思路进行的。

袁世凯认为："全局至重，庶政弥繁。当积重难返之秋，为改弦更张之计，因革损益，各有所宜。现或苦于人材之不敷，或绌于财力之不足，而又有浮议挠之，痼习蔽之，虽有良法美意，未易一概施行。臣权衡轻重缓急，通盘筹划，其骤难兴举者，贵乎循序渐进，不可操切以图；其亟须变更者，又贵乎明断力行，不为庞言所动。核其要在于熟审治法，能慎始乃能图终。探其本在于广植众材，能得人乃能行政。其余理财讲武，

[1]《辛丑四月十一日济南袁抚台来电》，《张之洞存各处来电》第47函，中国社会科学院近代史研究所藏，档甲182—149。

以次递施，因时制宜，兴利剔弊，而成效乃可得而言也。”正是在这种思想的指导下，袁世凯向朝廷提出了他的关于新政实施方法的 10 条意见。

1. 慎号令。袁世凯针对戊戌变法到庚子前后朝廷朝令夕改的情况，指出：“号令者，国之大权，臣民之所钦仰也。必精审详度，计天下实可遵行者，而后毅然出之，决无反汗，期在必为，始可风动四方，日臻上理。倘不慎之于始，或发一号而窒碍多端，势将半途中辍。或施一令而流弊丛出，又将易辙而行。甚或破除积习，不便贪庸，群起撼摇，多方阻格。持之不坚，终将废置。迨号令频更，众情疑惑，遇有善政，亦且相率观望，视若具文，不肯力行，安能收效。”袁世凯认为，要想真正取得新政变法的成功，一定要慎重号令，一旦“择定施行，便成万钧不移之势，无论如何为难，亦必坚持定见，始终不渝”，只有这样，才能取得新政的成功。袁世凯移督北洋后的行动事实，便是对这一政治主张的最好注释。

2. 教官吏。袁世凯认为，要想取得新政的成功，就必须改变过去那种行政人才“用非所学，类多娴于文艺、拙于政事。又自咸同军兴而后，保举捐纳，阶进日多，流品益杂”的现象。所有官吏必须懂得“一切西政、西史”，或“派令出洋游历”，或“分设课吏馆，专就吏治、时务、交涉等项，择要辑书”，发令官员学习。今后录取官员的标准，“必广求兼通古今中外之人”。只有这样，才能使官吏阶层既无“废弃之忧”，又能“鼓舞奋兴”。“济急之方，莫先于此。”

3. 崇实学。袁世凯指出：“百年之计，莫如树人。古今立国，得人则昌。作养人材，实为图治根本。查五洲各国，其富强最著者，学校必广，人材必多。中国情见势绌，亟思变计，兴学储材，洵刻不容缓矣。”要想造就新式人才，就必须让各行省“多设学堂，或仿照各国学校章程，区分等次，以次推广。务使僻壤穷乡，皆有庠序。择中外有裨实用之各项书籍及各国著有成效之各种学术，延师讲授，分门肄习”。当务之急一在于翻译西书，二在于酌聘洋员作为教习。只有这样，才能使新式人才迅速蔚兴，新政才不至于流于形式。

4. 增实科。袁世凯认为，要想造就新政人才，就必须渐废科举，相应增加实际应用学科。“其旧科中额，每次递减二成，实科递增二成，以六成为度。使士子知所趋向，争自濯磨，皆渐勉为有用之材，以求奋于功名之路。迨三科之后，学堂中多成材之士，考官中亦多实学之人，即将旧科所留四成帖括中额概行废止，一并按照实科章程办理。”袁世凯认为，如各省真正能够如此“一律举行”，则风气不难丕变，新政不难举行，博达时务之人才不难出现矣。

5. 开民智。袁世凯认为，中国腹省风气未开，士民多囿于一隅，孤陋寡闻，民智未开，不了解西洋、西学，隔膜甚深，这是新政施行的最大障碍。要改变这种状况，就必须多开报馆，介绍西洋“各国新政近事以及农工商矿各种学术”,“专以启发民智为主”,以收“可益民商生计”。

6. 重游历。袁世凯认为,应该广派官员分赴外洋各国,考究各国政治、学术、风土、人情，广泛学习和了解西洋各国，濡染日久，智慧必生。这是“知时局”、“识洋情”、“成材捷速”，办理新政必不可少的条件。

7. 定使例。即重视办理交涉人员与出使人员。袁世凯认为，出使外交人员，不仅有“重译交涉”之务，而且有“重习商务”之责。处理好这一问题，是办理好新政不可或缺的重要条件。只有做到这一点，才能够使“内外情通，洋务娴熟，交际之间，应付咸宜，而本国利益，在在均占先著”。

8. 辨名实。袁世凯认为，办理新政，必须杜绝官吏的贪污中饱，从根本上解决官吏的贪污腐败问题。而实现这一方案之道即在于：“各官廉俸，从优厘定，计足以资事畜。又量差缺之优绌烦简，酌定经费以资办公。其散职冗员，无所事事者，分别裁并，节其薪俸以供挹注。而经手理财人员，不妨格外从优以杜侵蚀。此外凡财赋厘税所入，涓滴之微，锱铢之细，亦必列为公帑，不准稍有损耗。盖明予之千金有所不吝，而暗取之丝毫在所必严。有坐赃者尽法痛惩不贷。果能事事核实，不但赋税可期倍增，即将来仿行各国兴利致富诸法，亦可期有成效。综核名实之道，必当以此为先务。而理财得失，关键亦即系于此。”

9. 裕度支。袁世凯认为：“各国财政，途径纷繁。大要在采矿产、造铁路、兴商务、通货币及一切生财之道。凡可以利国利民者，靡不竭力经营，官吏提倡之、保护之，而又昭示大信、历久不渝。故上下交孚而利源日辟。”办理新政，首先在于“亟兴商务，以保利权而厚民生”。必须使“办理商务者扫除在官习气，使官商一体，情意相通”，“遇事联络声势，通力合作，以与洋商相角逐。有害则官为除之，有利则官为倡之。其有抑制凌轹者官为保护之，其有财力不逮者官为助成之。办理商务人员，又须常历各口，随时接见诸商，讨论中外商务情形，访询利病，相机兴革。又须与出洋人员，互通声息，协筹合谋，始可日有起色”。袁世凯还认为，要想度支充裕，还必须访查各国税章，“择其裕国而不病民，可以推行中国者”，“各就地方情形、会议增减，以期行之无弊”。只有这样才可使“利源日拓，库帑日充，然后因富求强，势自顺而事自易矣”。

10. 修武备。袁世凯认为，各国士农工商兵，均有专学，而兵学尤重。“中国兵事，本无专学，应试士子，向取弓、矢、刀、石。用之今日，既非所宜，而营兵之执持枪炮者，又多不知运用理法。将弁半起家卒武，但凭血气，绝少谋略，斯其所以弱也。”改变之法，首在于废止武试旧科，多设新式武备学堂；次在于裁撤旧军，训练新军；三在于自力更生，自造军火器械。“自强之要，不外是矣”。

以上10条建议，充分地表述了以袁世凯为首的袁世凯集团关于新政的主张及思路。袁世凯认为，这些主张虽“皆卑无高论”，然而却“切而易施”，只要“兢业一心，恢张百度，行之以渐，不责近功，持之以恒，不摇定见”，就必然能够取得新政的成功。[1]历史表明，后来袁世凯集团在新政中的所作所为，基本上没有超出这10条主张的范围。至于光绪三十一年（1905年）以后袁世凯的新政主张中又增加了要求实行立宪政体一条，那是既有国内立宪派与袁世凯集团内部人士的推动，又有袁世凯从光绪二十七至三十一年（1901—1905年）办理新政中进一步得出的关于出路问题探讨的结果，当然也应当算作袁世凯集团在清末新政中行动纲领的一部分。前十条加上后一条，构成了以袁世凯为首的袁

[1]《遵旨敬抒管见上备甄择折》，《袁世凯奏议》（上），天津古籍出版社1987年版，第268～269、270～271、270、271、272、273、274、274～275、276～277、277页。

世凯集团在清末新政中的指导思想和行动纲领，袁世凯集团在新政中所以能够做得轰轰烈烈，办理新政成为各省的楷模，究其根源实与袁世凯提出的这些政治主张及行动措施有着十分重要的关系。

（二）袁世凯集团举办新政的地区范围

袁世凯集团举办新政的地区主要集中在山东、直隶以及东三省地区。

1. 山东地区。光绪二十五年（1899），袁世凯在荣禄的帮助下，率领他的武卫右军前往山东就任巡抚。短短两年中，他就将此地经营成了他的巩固的后方。事实上，早在新政上谕颁布之前，袁世凯已经在山东地区倡议推行起来。光绪二十六年（1900年）冬，袁世凯即先后给张之洞、刘坤一去电建议举办新政。他说："前数日曾致电行在，谓和议将成，赔款甚巨，此后愈贫愈弱，势难自立，如蹈常习故，直无办法。宜请旨饬内外臣工各陈富强之策，以备采施。"他还说，由于"承乏疆寄，未便畅言"，特请盛宣怀电请朝廷，说明"运筹在枢臣，奉行在疆臣，枢疆合谋，始可补救"。他还认为："自强无望，势难立国。"他怕孤掌难鸣，请刘坤一、张之洞联合行动，不断上奏。张之洞、刘坤一赞同袁世凯的看法。张说："枢疆合力补救，扼要得法，此入手一定步骤"。并说"此时不言新政，但言化新旧之见而已……众情如此，或有振作之机"。[1]袁世凯复电表示赞同张之洞的"化新旧之见"的见解，并请他以此意撰稿，"约诸达人列衔，相机上陈"。[2]这说明，袁世凯是清末新政的最早发起者和推动者。而所有这一切，都是在山东时期进行的。

在新政实践方面，袁世凯在山东时期的成就主要表现在以下几个方面：

（1）建立武卫右军先锋队。光绪二十六年（1900年）三月，袁世凯以"山东为海疆要地，关系最重"为由，将"东省现有各营，汰疲去冗，分别裁调，集成新兵二十营，增立一军，仿照武卫各军营制，另订饷章，认真训练"，名为武卫右军先锋队。[3]

---

[1]《致江宁刘制台济南袁抚台上海盛大臣》，《张文襄公电稿》第44卷，第17页。

[2]《庚子十一月二十五日济南袁抚台来电》，《张之洞存各处来电》第43函，中国社会科学院近代史研究所藏，档甲182—145。

[3]《划拨东省旧营底饷接济新军折》，《袁世凯奏议》（上），天津古籍出版社1987年版，第112页。

（2）创办山东大学堂。光绪二十七年（1901年），清廷根据袁世凯和其他督抚的奏请，于八月初一（9月13日）发布上谕说："人才为政事之本。作育人才，端在修明学术。"[1]命令各省设立大学堂，府、厅、直隶州各设中学堂，州、县设立小学堂，并多设蒙养学堂（幼儿园）。这是清廷大肆开办新式学堂的开始。对此，袁世凯反应最为迅速。不久，他即于济南设立山东大学堂，参考国外的教育章程，拟订了详细的试办章程、条规、课程、经费等方案。由于学制必须是小学升中学，中学升大学的阶梯结构，但中、小学正在筹办，难以短期骤成，在学制不备的情况下，袁世凯采取临时过渡措施，决定这所大学先办附属的小学和中学，并附设译书局，翻译各科西方和日本教材。学堂经费为6万银元，从税契收入中支拨。委任周学熙为大学堂总办，聘请在登州办理基督教的理文学馆的美国人赫士为总教习。该校于是年冬正式招生开学。与此同时，他命令山东各府、州、县次第开办中小学堂。

（3）创办商会。光绪二十四年（1898年），刘坤一在江苏设立商务局即商会，华商之有近代性的整体商会自此开始。光绪二十七年（1901年）九月，袁世凯根据新政要求，于济南设立山东商务局即商会。它的宗旨是"以培生计而维利权"。袁世凯认为："富国裕民之道，农、工、商三者，实相为表里。中国农学、工艺，向少讲求。而自各口互市以来，风气开通，人渐知注意商务。各省亦间有商务局之设。然卒难与西商颉颃者，则以官商势隔，上下情睽，倡导之术不宏，而扶持维护之责未尽也。"而且，"中国商人力薄资微，智短虑浅。官吏复轻为市侩，斥为末民，平时则听其自为懋迁，遇事辄不免多方抑勒。故良商畏避官吏几如虎狼，自保弗暇，奚暇远谋。而奸商则恃无稽察，挟诈营私，影射诳骗，甚至依附洋商，走私漏税，弊端百出，官吏转无如之何，坐使洋商专利，华商受困。若不亟图整顿，恐中国商利外溢，将益重江河日下之忧"。袁世凯痛感如此，特设此局，以图官商沟通，便利工商业的发展。他的上述看法，切中时弊，确是中国当时微弱的新兴的工商界所面临的难题。为了解决这些问

[1] 朱寿朋：《光绪朝东华录》（四），中华书局1958年版，总第4719页。

题，他决定创设商务局进行补救，“以培生计而维利权”[1]。

商务局具有发展工商业，保障利权，不依赖洋商并与之竞争等方面的职能，这在其章程中，均有明确的规定。比如，在会商家，急需资金周转，可向商务局申请贷借，俟货物行销后，即行归还；商家兴办大宗贸易如需资本过巨，无力筹措者，可禀请商务局审查，确系有益于商务者，可以酌给资助；评议了结商界财产讼案；土棍、吏役、官员凌压商民者由商务局查明，禀告地方官与巡抚查办；以低劣货物假冒名牌者，由局查明惩处；鼓励自办商业学堂；刊印商务报以广见智，并翻译西方商学、商法及理财富国之书刊；调查本省货物，以供商民参考之信息；鼓励精工巧匠，家传专门艺术和新法产品，可以抵抗洋货者，查明请巡抚授予奖牌并给予专利权若干年；鼓励抵制洋货，并由官妥为保护；凡创设公司，扩充商业，振兴工艺，借以开通风气，由商务局考核其动用资本多寡，收回利权之大小，由巡抚分别给奖，以为通商惠工者劝；设立巡勇，用于保卫商民，等等。商务局总办由袁世凯的得力伙伴唐绍仪担任，“以专责成”，并委富绅孟继笙、萧应椿为会办。商务局虽然是官办，但官民结合，它成立虽晚于江苏，但为其他各省之先。它为袁世凯后来创办直隶商会，光绪三十年（1904年）商部通令成立商会提供了经验，打下了基础。

（4）整顿吏治方面。袁世凯就任山东巡抚以后，注意整顿吏治。当时山东候补官员达1000多人。这些官员终日无所事事，或征逐酒肉，或奔走钻营，对于兵、民、刑、钱、谷诸事，茫无所知。这样，如果一旦担任实缺，不得不假手幕僚和胥役，病民蠹国。袁世凯充分认识到这一点。为了整饬吏治，他创办了课吏馆，拟定章程，购置书籍，分别有重点地对候补官员进行短期培训，使候补官员讲求经济，砥砺学行，成为可用之才。不仅如此，在创办课吏馆的同时，袁世凯又开办了校士馆，招收举人、贡生、生员、监生入学。学习分两大类，一是中国政事、史论，一是外国史鉴、政治、艺学，使这些学员开阔见闻，渐窥西学门径，由

[1]《创设东省商务局拟定试办章程折》，《袁世凯奏议》（上），天津古籍出版社1987年版，第342页。

粗及深。袁世凯的上述措施，无论就其学馆本身或今后发展的方向，都是有益无损的好事。它为袁世凯督直时期对吏治的整顿提供了经验，奠定了基础。

总的看来，山东时期是袁世凯为首的袁世凯集团推行新政的开始时期。这些新政措施虽然还很不完善，但它足以说明山东是袁世凯集团推行新政的一个地区。袁世凯在山东对新政的推行，不仅为山东日后推行的新政打开了局面，奠定了基础，而且还为不久袁世凯在直隶地区推行的新政提供了经验与模式。袁世凯在山东期间推行的新政对国内其他省份也产生了一定的影响，这在光绪二十八年二月初二（1902年3月11日）的上谕中可以得到充分的说明。上谕说："前经通饬各省开办学堂，并因经费难筹，复谕令仿照山东所拟章程，先行举办。迄今数月，各该省如何办理，多未奏复。即间有奏到，亦未能详细切实。该督抚等身膺重寄，目击时艰，当知变法求才，实为当今急务。其各懔遵迭次谕旨，妥速筹划，实力奉行，即将开办情形，详悉具奏。"[1]它说明，山东新政不仅位于各省之先，而且也被清廷列为新政的楷模推广于各地。

2. 直隶地区。光绪二十七年九月二十七日（1901 年 11 月 7 日），直隶总督兼北洋大臣李鸿章在北京病故。当天，清廷发布命令，任命袁世凯署理直隶总督兼北洋大臣。次年五月实授。光绪二十七年十一月十八日（1901 年 12 月 28 日），慈禧太后以袁世凯等共保东南疆土……均属卓著功勋，特授予太子太保。从此，袁世凯位列疆臣之首，并且有了当时只有极少数人才有的"宫保"称号，开始登上了宦途的最高界。袁世凯就任直隶总督兼北洋大臣之时，正是直隶经过八国联军和庚子事变的洗劫，百废待举之日。社会凋敝，生产萎缩，商品缺乏，盗贼蜂起。为了安定社会，更为了袁世凯集团的发展，袁世凯努力在直隶推行新政，从各方面进行大规模的改革，取得了极大的成绩。军事方面，袁世凯在原有武卫右军的基础上大力扩建新军，到光绪三十一年（1905 年）建成了北洋六镇。警察方面，袁世凯一方面在直隶大规模地建立巡警，一方面极力插手京师巡警事务，把巡警部的实权基本上抓到了袁世凯集团

[1] 朱寿朋：《光绪朝东华录》（五），中华书局 1958 年版，总第 4833 页。

人物的手中。经济方面，袁世凯命令周学熙等建立北洋实业；命令毛庆蕃等整顿与建立金融机构；命令唐绍仪等接受和管理关内外铁路；命令杨士琦等管理从盛宣怀手中夺来的电政企业，在经济方面取得了在全国同时期领先于其他各省的巨大成绩。教育方面，袁世凯注重发展近代教育，为此采取了许多重大的措施。他任命严修等人主管与兴办教育，取得了一定的成绩。自治方面，袁世凯以天津为试点，实行地方自治也取得了巨大的成功。立宪方面，袁世凯主张设立责任内阁，建立君主立宪制度。整顿吏治方面，袁世凯也获得了很大的成功。一时间直隶成为中国的模范省，“论维新者，莫不奉天津为圭臬焉”。[1]直隶新政是袁世凯集团在新政方面的最辉煌点。在此期间，袁世凯集团高度发展，积累了雄厚的人才、政治、军事与经济资本，并且开始左右朝政，从而为该集团从地方走向中央积累了经验，打下了基础。

3. 东三省地区。光绪三十二至三十三年（1906—1907年），袁世凯在官制改革中的责任内阁制主张遭到失败。以此为契机，满族亲贵开始剥夺袁世凯及袁世凯集团的兵权和其他方面的权力。袁世凯及袁世凯集团的发展受到严重挫折。为了以退为进，袁世凯决定转移北洋势力于东三省。光绪三十三年（1907年），袁世凯集团借地方官制改革、东三省设立行省的时机，经过运动，最终形成了以袁世凯集团第二号人物徐世昌为首的督理东三省的人选。徐世昌到达东北后，将北洋大批人物调往东三省担任重要职务，从光绪三十三年至宣统元年（1907—1909年）在东三省进行大规模的改革，世人称之为“东三省新政时期”。袁世凯集团在清末东北新政中的主要作为集中在大力发展农、工、商、交、金融诸业；整顿吏治；改革行政体制；发展教育事业；注重招徕移民开发边疆以及整顿军事防务，加强国防力量等方面。徐世昌东三省新政是袁世凯集团大规模推行新政的尾声。从此，以慈禧太后、光绪皇帝死后载沣摄政为转机，袁世凯集团进入了与满亲贵族争夺权力的矛盾高度尖锐阶段，即清朝灭亡的最后阶段。

[1] 沈祖宪、吴闿生：《容庵弟子记》卷三，来新夏：《北洋军阀》（五），上海人民出版社1993年版，第59页。

（三）袁世凯集团推行新政的阶段划分

如何划分袁世凯集团在新政中的活动阶段，这在史学界还是一个崭新的问题。本人认为，大致可以采取以下办法：

1. *根据新政的内容采取的划分法*。根据事物的活动内容来考察一个事物或现象发展的基本过程，这是划分该事物或现象发展阶段的基本方法。从袁世凯集团推行新政的内容来看，光绪二十七至三十一年（1901—1905年），北洋新政主要集中在经济领域，虽然也有举办新军、警察、学务等方面的社会活动，但其改革内容并没有涉及国家的根本政治体制的关键问题，改革还主要集中在学习西方军事、科技、经济、教育等较浅层面，从这个意义上讲，这一时期可以作为袁世凯集团推行新政的第一阶段。从光绪三十一年（1905年）袁世凯实行天津地方自治、投身立宪运动到宣统元年（1909年）袁世凯被黜回乡止，袁世凯集团在新政中的活动开始涉及改革国家的根本政治体制问题。这一时期改革的内容主要表现在开办天津地方自治与要求设立责任内阁等问题上面。这个时期可以看做是袁世凯集团推行新政的第二阶段。

2. *根据新政举办地区不同而采取的划分法*。袁世凯集团推行新政的地区主要集中在山东、直隶、东三省三个地区。山东时期是袁世凯集团推行新政的开始阶段。既然是开始阶段，各方面情况还都不熟悉，处于探索时期，存在不足是很正常的。事实上，早在清廷关于新政的上谕发布之前，袁世凯为首的袁世凯集团已经在山东开始筹划和推行一些新政的措施了。直隶时期是袁世凯集团推行新政取得成就最大的阶段。这一时期袁世凯身兼直隶总督及八大臣之职，位高权重，意气风发，在直隶地区进行全方位的改革，袁世凯集团的人才优势至此充分表现出来，取得的成绩也最为令世人所刮目。东三省时期是袁世凯集团推行新政的结尾阶段。虽然只有短短的两年时间，但取得的成就却很可观，对清末民初的东北历史也产生了深远的影响。

3. *根据举办人不同而采取的划分法*。北洋新政从光绪二十七年（1901年）开始到宣统元年（1909年）基本上结束这是没有问题的。问题在于，这一新政在不同的地区，由不同的领导人主持之间有没有什么细微的差别，能不能够区别开来。问题的答案是肯定的。如果从领导人的划分来看，由于各人的性格、气质、领导作风及方法等方面的差异，取得的成绩必然有所差异，不同领导人在位时期也可以作为袁世凯集团推行新政的划分标准。从光绪二十七至三十三年（1901—1907年），山东地区和直隶地区的新政全部由袁世凯来主持推行。袁世凯是袁世凯集团无可争议的领袖人物，其能力和气魄在本集团的领导人物中也无与伦比，罕与其匹。这一时期，他支持推行的新政自然成绩最大。袁世凯调京后，他举荐的直隶总督继承人是杨士骧。杨为科举出身，原为李鸿章的重要幕僚，投奔袁世凯后很受袁世凯赏识和提拔，曾先后保荐他为山东巡抚与直隶总督。杨士骧继任直隶总督兼北洋大臣后，率由旧章，凡袁之设施，毫不敢改，唯袁之规是循，唯袁之矩是蹈。“一蹑故迹，不少变，内外晏然，不知帅之易者”[1]，彻底成了袁世凯离任后的一个守成者。宣统元年（1909年）五月，杨士骧去世，端方继任直隶总督兼北洋大臣。端与袁世凯比较亲近，虽然不属于袁世凯集团的成员，但也可以视为袁世凯集团的同盟者。他的短期继任也基本上是继续贯彻袁世凯在直隶推行的政策，基本上没有什么作为。同年十月，端方去任后由陈夔龙继任直隶总督，不到一年辛亥革命便发生了，陈在任上基本上也没有什么作为。宣统三年（1911年），张镇芳又署理直隶总督兼北洋大臣，但他的作用就是为袁世凯看家护院，稳定直隶形势，根本谈不上有什么作为。因此，从严格意义上说，袁世凯集团推行的直隶新政在宣统元年（1909年）五月杨士骧病死后即已结束。至于光绪三十三年至宣统元年（1907—1909年）徐世昌在东三省举办的新政当然也算作袁世凯集团在清末推行新政的一个部分。徐世昌是袁世凯集团领袖中的二号人物，他长袖善舞，脑筋极活，将袁世凯集团大批得力人物及其军队带往

[1]《诰授光禄大夫直隶总督兼北洋大臣赠太子少保文敬杨公行状》，《北江先生集》卷三，中国社会科学院近代史所图书馆藏，第22页。

东北，推行的新政成绩也很斐然。

上述的划分方法也许是不科学不完全的，但它起码可以对袁世凯集团在清末新政中的活动过程作一个量化的分析和处理，对于考察袁世凯集团在新政中的活动与作用提供一个观察的视角。这一问题还值得作进一步的研究和探讨。

第二章 直隶新政

一、袁世凯的用人路数

（一）袁世凯重用人才的思路及其特点

袁世凯是清末民初的一位重要历史人物。清末时期，他作为一个强大的军事政治集团的首领，自有一套援引和使用人才的思路。但是，就目前搜集到的材料来看，还没有见到袁世凯的具体而见于记载的人才政策。本书根据所搜集到的史料对之试作一归纳、探讨。

1. *兼收并蓄、范围广泛*。兼收并蓄、范围广泛是袁世凯援引人才的一个显著特点。袁世凯集团如果从小站练兵算起，到袁世凯调京任外务部尚书，时间不过10年左右，如果算到辛亥革命发生，也只有15年左右的时间，在如此短而迅速的时间内，袁世凯集团即由地方走向中央，袁世凯也由一个不出名的道员而一跃取代清廷的权威，其中一个重要因素恐怕就不能不从其人才的广泛性与能力强弱等角度来进行探讨了。事实上，袁世凯任命的官员是十分广泛的，军事上有王士珍、冯国璋、段祺瑞等人；行政上有徐世昌、唐绍仪、赵秉钧、杨士琦等人；经济上有张镇芳、毛庆蕃、周学熙、梁士诒、王锡彤等人。行政、军政、警察、财政、外交、教育等人才无所不包，袁世凯网罗人才几乎涉及这个集团的各个方面。袁世凯有一个重要特点，即爱才，并特别善于笼络人才。

袁世凯笼络人才，为己所用的手段主要可以归纳为这样几点：舍得投资；以礼相待；只要有才干，即提拔重用，不问资历、出身。这些特点是从浩如烟海的史籍记载中总结出来的。

袁世凯任用人才之所以范围广泛是与其人有大志及当时社会客观环境的需要有关。袁世凯看到自己祖父袁甲三办团练，日后高官得做，荫及子孙；曾国藩创建湘军，使自己成为一代名臣；李鸿章缔造了淮军，使自己成为清王朝中一个权势显赫的人物。所以，他从青年时代起，就盼望能组织和统率一支军队，拥有一个以自己为核心的政治军事集团，成为曾国藩、李鸿章那样的人物。正因为有这样的抱负和雄心，他才能在以后几十年中，广泛搜罗人才，逐渐建设和扩大自己的人才队伍。无疑，这一点对于袁世凯集团的崛起是极为重要的。它与曾国藩网罗人才的做法相近似。

袁世凯之所以广泛搜罗和任用人才还与自己所处的地位和客观环境有很大的关系。如果说，小站时期，袁世凯所需要的主要是懂军事的人才，那么，他就任山东巡抚与直隶总督，成为一方封疆大吏后，他所需要的人才就不能不广泛与全面了。袁世凯的目标不仅仅是拥有一支军队的控制权力，他的野心是没有边际的。这样，袁世凯集团的组成，就离不开各种形形色色的人物。“黄、绿、赤、橙、青、蓝、紫”各种色彩的人物都需要，而且是来者不拒，这一点，袁世凯也确实做得比较出色。袁世凯结纳人才，网罗人才是敢于花钱下本的。只要是人才，能为己所用，多花些钱他是不在乎的。从这一点说明袁世凯是一个干大事、有魄力的人物。有阮忠枢者，曾在李鸿章幕下效力，李认为此人，“武阀能久”，“极加器重”。光绪二十一年（1895 年），李推荐阮入袁幕。袁认为阮“才长心细，学博识优”，故也十分重视。后阮被简放顺天府尹，尽管职务高了，但是收入却下降了。他在致袁世凯的信中抱怨说：“在府尹任上，一岁所入五百两，仅抵幕中一月薪金。”袁于是便极力劝慰他，并继续照常给他寄送幕金。对此，阮忠枢当然感恩戴德。后来的很长一段时间，阮尽管不直接在袁身边工作，但仍为袁的重要高参，终生为袁出谋划策。

袁世凯广泛结交，待人亲善和蔼，这在晚清官场上也是极为少见的。

曾在袁世凯身边任幕僚多年，后又任民国总统府秘书长的张一麐评论说：其虚怀下士，有不可及者。其精力过人，两目奕奕有神，凡未见者俱以为异。与人言，煦煦和易，人人皆如其意而去。与一般官僚高高在上，态度粗暴，不知寒暖者相较，像袁世凯这样能礼贤下士者，当然人们更乐意接近、结交和为其所用。

袁世凯用人，重才干。赵秉钧、段芝贵都系袁世凯手下级别很低的官员。后来，他们都是花钱才买下了道员头衔。尽管如此，袁世凯认为此二人才能出众，于是通过奕劻关系，先后使之成为独领一省的封疆大吏。反之，如无才，即使亲戚也不用。张一麐介绍说，袁世凯"所用无私人，族戚来求食者，悉以己俸食给月廪，不假事权"。

正因为袁世凯有野心，爱才，能够礼贤下士，悉心提携人才，帮助人才，接济人才，所以，投奔其门，甘愿供其驱策者不在少数。"各方人才奔走于其门者如过江之鲫。"[1]袁世凯对人才的兼收并蓄，广泛运用，这一点成为袁世凯集团发展和膨胀的一个重要因素。

2. 注重吸收新式人才。在袁世凯集团的形成与发展过程中，袁世凯在广泛吸收人才、大胆地任用人才的基础上，还特别注重人才的质量。袁世凯任用官吏，比较注重新派，注意罗致懂得时务的新式人才。这是因为，在晚清社会转型，人们的社会意识迅速变化的潮流下，传统的治国安邦的那一套已经不能再适应社会与生存发展的需要了。这一点，就连当朝的慈禧太后、光绪皇帝也已经认识和接受。光绪二十六年十二月初十（1901年1月29日），经慈禧太后指示，光绪皇帝发布上谕，说明政府的统治方法应顺应时势加以改革。上谕认为："中国之弱在于习气太深，文法太密，庸俗之吏多，豪杰之士少。文法者庸人借为藏身之固，而胥吏恃为牟利之符。公私以文牍相往来，而毫无实际；人才以资格相限制，而日见消磨。误国家者在一私字；祸天下者在一例字。"[2]可见，袁世凯注重吸收和选拔懂时务的新式人才是形势使然。光绪二十七年三月初七（1901年4月25日），袁世凯在《遵旨敬抒管见上备甄择折》中，

[1] 张一麐：《心太平室集》卷八，中国社会科学院近代史所图书馆藏，第37页。
[2] 朱寿朋：《光绪朝东华录》(四)，中华书局1958年版，总第4601页。

充分表述了他的新式人才思想。袁世凯所认定的新式人才，其标准不外是懂得本国史学、掌故、政治、律例和西政、西史以及各国约章公法。其急需的人才主要集中在“吏治、时务、交涉”等项上。

3. *兼备德才、严惩庸员*。光绪三十三年（1907年）八月，袁世凯调升军机大臣兼外务部尚书，入枢值班办公。同时，慈禧也将张之洞从湖北调京入驻军机。在一次闲谈中张之洞向袁世凯讨教练兵的秘诀。袁世凯说：“练兵的事情，看起来似乎很复杂，其实也很简单，主要的是练成‘绝对服从命令’。我们一手拿着官和钱，一手拿着刀，服从就有官有钱，不从就吃刀。”绝对服从，“不从就吃刀”确也从一个方面反映出了袁世凯选拔人才的标准，这就是要求绝对效忠，凡是加入北洋团体的人员，必须具备这样的思想：“他是大家的衣食父母，只有听命于他，才能升官发财。”[1]否则，不仅官做不成，小命也难保。这就是袁世凯要求的所谓的“德”。另一方面袁是一个想有所作为、野心很大的人物，绝不仅仅希望北洋团体圈里的官员都只是唯唯诺诺的奴才，还要求他们成为辅助他实现权力野心的有能力的人才。这就是袁世凯要求北洋官员所谓的“才”。

袁世凯认为，一个合格的官吏、将领，最起码应该具备如下基本素质：（1）“智信仁勇严。”他说：“古人论将，责备綦严。孙子曰：将者，智信仁勇严”。（2）“植品节而矢忠诚。”他说：“盖为将者，首在植品节而矢忠诚。任国家之事权，当思所以称职；受朝廷之禄位，当思所以图报。惟时时以尽瘁为心，事事以奉公为念。艰危弗避，劳怨弗辞，利钝弗计，其存于中者，智勇沉雄而罔懈，其见乎外者，光明坦坦而不欺，而后其下化之，亦莫不激发天良，明晓大义，尊尊而亲上，乐事而劝功，上率以忠诚，斯下应以忠义。理所固然也。”他又说：“惟夫忠义之勇，历久不渝，上戴国恩，感激驰驱……大勇自生，仡仡桓桓，干城可寄矣。”（3）“宽严相济。”他说：“治兵之道，宽与严而已。”（4）不任用私人。他说：“又其甚者，引用私人，以瞻徇而成姑息，多行不义，以内愧而示包容，辄沾沾焉自鸣为宽。私心

[1] 袁静雪：《我的父亲袁世凯》，《八十三天皇帝梦》，文史资料出版社1983年版，第8、9页。

自用，以刚愎而恶异己，任性蔑理，以乖戾而多迁怒，犹飘飘然自诩为严。此皆为将者所必惩，行军者所大忌。”

袁世凯还认为，下列11种人不能用：（1）狡诈者；（2）工舞弊浮华者；（3）鲜实心轻率者；（4）难于持重嚣张者；（5）难于持久贪吝者；（6）见小而遗大虚骄者；（7）夸远而蔽近犹豫者；（8）多疑而少决暗昧者；（9）执滞而难通不知爱民者；（10）不足与言公忠不知自爱者；（11）不足于励廉耻者。[1]

“德才兼备”是袁世凯对其部属的基本要求，是袁氏人才政策的一项重要方面。袁世凯亲自制定了选拔考核官员的五项标准：“一阅历（如曾办何事有无成绩等类）；二行止（如举动静躁及有无吸食鸦片等类）；三口才（如问对详略有无条理等类）；四批判（如公牍文字可观学识等类）；五律例（如新旧法律各国宪法等类）。”[2] 凡是丧德失才，有碍北洋团体发展的官员，袁世凯对之是决不心慈手软的，“随时惩治”作为“以儆效尤”[3] 的。实际上，任何一个集团的统治者无不希望他的部属能够效忠于己，听命于己而又颇具才气，辅助他完成自己的心愿，作为袁世凯集团领袖的袁世凯，当然也不能例外。

（二）袁世凯督直期间对人才的延揽

以袁世凯为领袖的袁世凯集团，在数量上有一个逐渐扩充的过程。到辛亥革命前夕，这一派系已经形成了一个庞大的集团群体。袁氏在早年发展过程中，一个深孚众望，能够为中央的慈禧太后，地方刘坤一、张之洞等大员接受，又能在新军中说了算的，权倾朝野、名扬中外的汉族地方集团领袖的地位于他，也许是件可望不可即的事情。但他逐步拥有权力，如执掌新建陆军和就任山东巡抚，并以此为资本不断扩大自己的声望，却是越来越明显的事实。随着权力的增长，面临着权力的巩固，特别是他接替李鸿章就任北洋大臣与直隶总督之后，物色助手与幕客，抓紧延揽人才，就成为袁氏之首要之务。

[1] 刘凤翰：《新建陆军》，台北中央研究院近代史研究所1967年编印发行，第184～186页。
[2]《督宪袁札委李守兆珍为考验处坐办文》，《北洋公牍类纂》卷三，吏治一，第8页。
[3]《特参都司张国栋等片》，《袁世凯奏议》（上），天津古籍出版社1987年版，第23页。

1. 袁世凯在当时广泛罗致人才，也具备了较为充分的条件。从他个人来说，(1)随着袁氏个人军事力量的不断增长与加强，特别是武卫军溃败不能成军、庚子之役以后，保卫镇抚京畿，护卫朝廷的任务已不可避免地、历史地落到袁世凯掌握的军事力量上面，因为这时清廷已经无兵可调、无军可用了。袁世凯已经成为清室不得不倚重的干城与柱石。(2)袁世凯在小站和山东的抚外表现赢得了列强的青睐与支持，这在当时对朝中任何一个想做大事的官僚来说，都是至关重要的。因为此时的清廷，已经成了一个洋人的朝廷，“量中华之物力，结与国之欢心”是慈禧太后金口玉牙道出来的圣旨。(3)经过小站练兵与山东巡抚期间的作为与“政绩”，袁世凯能员之名已经如日中天，渐渐为中外所瞻望。

光绪二十七年(1901年)李鸿章去世，对外朝廷顿失交涉之柱，对内已经走向衰落的淮军失去权威，出现了领袖真空。而袁世凯终究是淮系集团的一员，其发达的基础，仍是淮系集团旧人。淮系集团中或以外任何人继承李鸿章的地位与权力，在当时都不现实，都不合适，除了袁世凯，也确非异人任。这就为袁世凯接收李氏班底提供了最好的机缘。

庚子事变后，慈禧太后痛定思痛，决定实行新政，想在政治、军事、经济、教育等方面有所作为，以挽救已经病入膏肓的大清国，这为袁世凯延揽人才，迅速扩大袁世凯集团力量提供了一个重要的时机条件。

是年袁世凯继任直隶总督兼北洋大臣，直到兼取参预政务大臣、督办山海关内外铁路大臣、政务大臣、督办天津至镇江铁路大臣、督办商务大臣、督办邮政大臣、会办练兵八大臣的权位，所有这一切也都为他延揽人才提供了权力、财力上的保障。

2. 袁世凯就任直督后，就对罗致李鸿章的幕僚班子的工作抓得很紧，而且是当做首要的工作来进行的。这期间，为了表示“宏揽人才”，袁氏确实尽可能地做到了“虚怀下士”，每天腾出一段时间在督府接见来访的文武官员，而且谈话时“煦煦和易”、“人人皆如其意而去”。[1]他网罗的李鸿章旧部主要有：

杨士骧(1860—1909)，字莲府，安徽泗州人，进士出身，李鸿章

[1] 张一麐：《心太平室集》卷八，第37页，中国社会科学院近代史所图书馆藏。

的亲信幕僚。光绪二十六年（1900年）随李在北京与八国联军议和，奔走接洽，出力颇大。吴闿生说他“为人器宇深弘，能任大事，宽仁忠恕，智虑绝人”。李鸿章曾夸奖他说：“文字机变能应，卒莫如杨君者。”[1]是年，由李保荐补直隶通永道，次年擢直隶按察使。袁世凯督直后，杨向袁献策说：“曾文正首创湘军，其后能发扬广大者有两人，一为左湘阴（宗棠），一为李合肥（鸿章）。湘阴言大而不务实，故新回平定后，迁徙调革，即不能掌握兵柄，致纵横十八省之湘军，几成告朔饩羊，尽剩有一名词矣。合肥较能掌握淮军，频年多故，遂尚能维持因应于一时。今公继起，如能竭其全力，扩训新军，以掌握新军到底，则朝局重心，隐隐‘望岱’矣。他时应与曾李二公争一日之短长，南皮(张之洞)云乎哉！”这原也是袁之梦想，对此自然感到正合孤意，从此对杨“深依赖之”。袁曾对人说：“天下多不通之翰林，翰林真能通者，我眼中只有三个半人，张幼樵(佩纶)、徐菊人（世昌)、杨莲府，算三个全人，张季直（謇）算半个而矣。”[2]杨辅佐袁治理直隶，参与新政，为袁之左膀右臂。经袁保奏,杨先后任直隶布政使、山东巡抚。光绪三十三年(1907年）代袁为直隶总督。

杨士琦（1862—1918)，字杏城，杨士骧之弟。光绪八年（1882年）中举，后报捐道员，光绪十一年（1885年）捐直隶试用，后来总办关内外铁路事宜。光绪二十六年（1900年）曾上书袁世凯，请求“痛剿”义和团。翌年随李鸿章入京与八国联军议和，担任李和弈劻之间的联络人员。由于善于逢迎，得到李鸿章和奕劻的赏识。李死后，他投靠袁世凯，充当洋务总文案，献“运动权贵，掌握政权”的方策，又亲自把奕劻和袁世凯拉到一起。他富于机略权变，“工笔札，诡谲多智”[3]，“喜逸恶劳而多消息”，深得袁的信任，事罔洪纤，尽以咨商，素有“智囊”之称。仅在光绪二十九年（1903年）一年之中，袁就以“保”、“特保”、“密保”，三次向慈禧太后推荐他，认为他“志虑沉毅，操守谨严”，“筹

[1] 吴闿生：《北江先生集》卷三，中国社会科学院近代史所图书馆藏，第21、22页。
[2] 萧一山：《清代通史》（四)，中华书局1986年版，第2463页。
[3] 胡思敬：《国闻备乘》卷三，《近代稗海》（一)，四川人民出版社1985年版，第287页。

划精密，廉正自矢”，奉旨交军机处存记、引见。[1]袁世凯吞并盛宣怀控制的招商局与电报局后，派他驻沪总理招商局并参赞电政，随后又推荐为商部左丞、右丞、侍郎并主管沪招商局，袁组责任内阁时委为邮传部大臣。民国成立后，袁在南方的政治密探主要依靠他经手办理，是推动“洪宪帝制”的重要人物之一。

孙宝琦（1867—1931），字慕韩，浙江杭县人，他长期为李鸿章属吏，前后管理北洋银钱所、育才馆和开平武备学堂，光绪二十六年（1900年）为直隶候补道。袁世凯督直后，立即保奏他“才器开朗，奋发有为，向在北洋供差，历办银钱所、育才馆、武备学堂等事，皆区处精当，条理井然。而于各国政治条约，均能悉心讲求，亦不堕世俗趋末略本习气，堪称干济之才”[2]。奉旨军机处记名。光绪二十八年（1902年）以五品京堂派充驻法国大使。日俄战后，又以奏请立宪闻名，调为宪政编查馆提调。光绪三十二年（1906年）袁又保奏他“才识恢闳，志趣正大”，“熟习外交，研求政法”[3]。光绪三十三年（1907年），孙又出使德国，次年由其姻亲奕劻保，授山东巡抚。民国后，与袁结为姻亲，历任外交总长，代理国务总理等职。

赵秉钧（1859—1914），字智庵，河南汝州人。光绪四年（1878年）以文童投左宗棠所部“楚军”，后升为巡检。光绪十五年（1889年）到直隶，历任新乐典史、东明典史、天津北仓大使及直隶保甲局总办等官差。1901年初，经李鸿章委派淮军前敌营务处，兼统带巡捕三营。因在京畿各州县捕杀义和团首领多人，以“长于缉捕”名闻官场。赵秉钧心凶骨媚，深沉阴鸷。袁世凯“奇其才，诏有宰相才”，认为他“才长心细”，“智略兼优，长于缉捕”。[4]先后委任以保定、天津、直隶巡警总办。光绪三十一年（1905年）被推荐为巡警部右侍郎。他与杨士琦同称为袁的智囊，

[1]《特保道员杨士琦等请送部引见折》，《袁世凯奏折》（中），天津古籍出版社1987年版，第818页。

[2]《遵旨保荐编修徐世昌等以供任使折》，《袁世凯奏议》（上），天津古籍出版社1987年版，第284页。

[3]《候补京堂孙宝琦请旨派充帮办津镇铁路大臣片》，《袁世凯奏议》（下），天津古籍出版社1987年版，第1327页。

[4]《道员赵秉钧请饬交军机处存记片》，《袁世凯奏议》（下），天津古籍出版社1987年版，第1193页。

是袁世凯得心应手的策划专家，特务头子，在政治上成为袁嫡系中第一流主要人物。袁任责任内阁大臣时，赵为民政大臣。袁任民国总统时，赵又先后任民政大臣、国务总理、直隶都督。袁世凯出山组阁、议和、逼清室退位，刺杀宋教仁，赵都是主要谋士。

于式枚（1859—1915），字晦若，《清史稿》中有传。据载，于式枚以庶吉士散馆用兵部主事，李鸿章疏调北洋差遣，历十余年，奏牍多出其手。于式枚为李鸿章劳诸幕府，筹划帷幄，是李氏去世前幕内总文案。李死后，为袁挽留进入袁幕任职，曾与梁士诒在督署同居一室，于后脱离袁世凯集团而加盟岑春煊集团。

此外，还有陈壁（字佩苍，福建闽县人），胡惟德（字馨吾，浙江吴县人）、吴重熹（字仲怡，山东海丰人），朱家宝（字经田，云南华宁人），以及齐耀琳、李兆珍、恒泰、戚朝卿、唐则瑀、罗正钧、王林、毛庆蕃等，或主动趋赴投靠，或被延揽招纳，都转入了袁世凯的袁世凯集团行列之中。

光绪二十八年六月二十一日（1902 年 7 月 25 日），袁世凯上奏，希望破格擢用朱家宝、齐耀琳二人。奏折中说："臣随时留心考察，其中才品尤为迈众者，厥有二人。查调署滦州知州正任平乡县知县朱家宝，器识远大，体用兼赅，听断极其廉明，缉捕尤能勤敏，凡地方应办之事，应行之政，靡不措理裕如，以故所至有声，民情爱戴。又曲周县知县齐耀琳，识力坚定，才略优长，既能洁己奉公，复能结实办事，艰险弗避，劳怨不辞，吏畏民怀，颂声翔洽 。以上二员，皆由庶吉士散馆出而试吏，其志趣本超越乎流俗，而又能精究吏治，奋发有为，绝非迂儒不达事情者可比。上年奉旨嘉奖，该二员感激知遇，益加奋勉。臣留意体察，深喜其励志上进，而博稽舆论，佥谓该二员官声政绩，为通省牧令之冠，如充其所至，将不止为循良之选，并不仅为百里之才。"[1]

十一月二十五日 (12 月 24 日),袁世凯又上奏推荐毛庆蕃。他在《代办户部银行请派道员毛庆蕃来津开办折》中说："查有江苏补用道毛庆

[1]《特保知县朱家宝等请破格擢用片》，《袁世凯奏议》（中），天津古籍出版社 1987 年版，第 564 页。

蕃，心思缜细，器局闳深，曾任户部司官，在北档房多年，综核之才为时推重，且夙究心经世，志气忠纯。兹当银行创办之初，若令其专力通筹，必能规划周详，考求精善。该员现办理上海制造局，亦系要差，惟银行之举，国家财政大计所关，开办之初，又中外官商所瞩目，近来财政纷纭，斡旋之机，首争此著，其重要情形，非寻常局所可比。合无仰恳天恩，俯念银行创办需人，准将该员毛庆蕃改归直隶补用，并免交离省银两之处，出自鸿慈逾格。如蒙俞允，应请饬下南洋大臣令该员迅即束装来津，速筹开办，以免要政久悬。”[1]言之凿凿，袁氏对李幕人才的重用与提擢由此可见一斑。

这些淮系官僚们有着丰富的政治经验与仕途关系，他们转而为袁世凯效力，这是袁世凯集团势力能够在新政时期迅速膨胀的重要因素之一。

3. *开始发展自己的水师力量，留心延揽水师方面的人才。*袁世凯督直前，袁世凯集团还没有自己的水师队伍。袁世凯督直以后，接受了李鸿章遗留下来的北洋海军的破烂摊子，开始注意发展自己的水师力量，留心延揽水师方面的人才。袁世凯认为：“窃维中国今日大势，论练兵则陆师视水师为急，论求将则水师视陆师更难。盖今之水师，重在海军，非徒驰骋于长江内河者所可同日语也。我自甲午一役，海军歼焉。然大东沟一战，胜负相当，以视陆路诸军，犹有生色。近年以来，海军将才，日少一日，即使从新募练，而成就尚复需时。幸遇一二已成之才，可不为国珍惜之乎？”[2]这一时期，他收用延揽了一些比较重要的水师人才，来作为北洋海军的职掌，其主要人物有：叶祖珪，补用总兵，北洋海军统领。袁世凯认为该员“系由福州船政学堂出身，曾经游历外洋，娴习驾驶，谙练洋务，自奉派统领海军各船，力求整顿”[3]，要求“准将该提督仍留北洋差遣，俾臣得资臂助”[4]。萨镇冰，总兵衔补用参将，

[1]《代办户部银行请派道员毛庆蕃来津开办折》,《袁世凯奏议》(中),天津古籍出版社 1987 年版，第 679 ～ 680 页。

[2]《特保参将萨镇冰恳恩破格擢用折》，《袁世凯奏议》（中），天津古籍出版社 1987 年版，第 771 页。

[3]《新授温州镇总兵叶祖珪请暂缓赴任片》，《袁世凯奏议》（中），天津古籍出版社 1987 年版，第 815 页。

[4]《新授广东水师提督叶祖珪请仍留北洋差遣片》，《袁世凯奏议》（中），天津古籍出版社 1987 年版，第 976 页。

福建船政学堂出身，曾经游历外洋。袁世凯认为他“学问优长，驾驶娴熟，志趣刚正，操守洁清，胆略过人，能任艰巨”，“实为海军中杰出之将才”[1]。光绪三十一年（1905年）七月，叶祖珪去世后，特檄饬其代统北洋海军，并且“总理南北洋海军事宜”[2]。

蓝建枢，北洋海军署精练右营游击后军中营都司。

何品璋，北洋海军前署左翼中营游击本营都司。

程璧光，北洋海军前三品衔补用守备。

林文彬，北洋海军前调署后军中营都司右翼左营都司。

严道洪，北洋海军前借补提标中军参将山东题奏道。

以上五员，因威海一役失败而革职留营。袁督直后，以“水师人才最为难得”为由，启奏将他们开复原官，除严道洪留东省补用外，其余四员，“均留直隶补用”。[3]

另外，在袁世凯督直后重用的水师人才主要还有刘冠雄（海天兵舰舰长）、吴纫礼（海圻舰舰长）、何永盛、郑国汉、黄星海、季鸿山、徐献廷等人。这些人以后大都成为袁世凯集团的海军中的主要领导人物。

4. 在北洋时期，袁世凯还网罗了一批经营实业、懂得金融与理财的能员干将。其中主要有周学熙、孙多森、梁士诒、张镇芳、孙多鑫、毛庆蕃、汪瑞高、陆嘉谷等。

周学熙（1864—1947），字缉之，号止庵，又号松云居士。安徽建德（今东至县）人。16岁随父亲往天津，在当时名流李慈铭名下受业。1893年，乡试中举，后入京屡试不第。他在待试期间，深受“中学为体，西学为用”的思想影响，遂决心放弃科举道路，开始投身实业。光绪二十三年（1897年），周学熙七弟学渊的岳父张燕谋，当时为开平矿务局会办，派周学熙任驻上海分局监察。光绪二十四年（1898年）七月周报捐候补道，八月由北洋大臣裕禄札委为开平矿务局会办，九月升

[1]《特保参将萨镇冰恳恩破格擢用折》，《袁世凯奏议》（中），天津古籍出版社1987年版，第771页。

[2]《提督叶祖珪病故遗缺请旨简放并派总兵萨镇冰接统海军折》，《袁世凯奏议》（下），天津古籍出版社1987年版，第1177页。

[3]《请开复蓝建枢何品璋等员片》，《袁世凯奏议》（中），天津古籍出版社1987年版，第772页。

总办。这是周学熙接触新式工业的开始。光绪二十七年（1901年），周学熙又利用姻亲关系（周学熙同父异母的八妹，嫁给袁世凯的八子袁克轸），投奔山东巡抚袁世凯，被袁委任为山东大学堂督办。不久袁世凯由山东巡抚升署直隶总督兼北洋大臣，又调周学熙为天津候补道，并委其兼办银元局。周学熙在厂房、机器、资金和工匠等一无所有的条件下，大显身手，“凡七十日而成功开铸”，铸出当时铜元150万枚，袁世凯大为赞赏，“诧其神速，推为当代奇才，谓吾祖可以集事，嗣后以一切工业建设相委”。[1]从此，凡当时北洋新政的工业建设，均出自周学熙之手。

孙多森（1867—1919），字荫庭，安徽寿州人。其祖父孙家鼐曾与翁同和同为光绪皇帝的老师。其父孙传樾为李鸿章大哥李瀚章的女婿，曾中进士。最初，孙多森从事盐务经营。他于1893年，由寿州迁居扬州，依仗祖父孙家鼐、外祖父李瀚章、外叔祖李鸿章的势力，自扬州贩盐至汉口、安庆、芜湖等地销售，从中获取厚利，家资巨万，富甲一方。光绪二十六年（1900年），他在对中国进出口贸易状况尤其是面粉行业的详细调查研究基础上，建成投产了近代中国第一家大型的机器面粉厂——上海阜丰面粉厂，以其先进的经营管理方法大量赢利。孙的企业家才干，为世人所瞩目，也引起了袁世凯的注意。光绪三十三年（1907年），孙多森应袁世凯之召赴天津，开始与周学熙共同筹建北洋实业。先后担任启新洋灰公司、滦州矿务公司、北京自来水公司协理、直隶劝业道总办等职。在此期间，孙多森协助周学熙为创建北洋实业做了大量的工作，成为北洋实业的实际主持人。

梁士诒（1869—1933），字翼夫，号燕孙，广东三水人。光绪十五年（1889年）考中举人，光绪二十年（1894年）考中进士，翌年授翰林院编修。梁士诒思路敏锐，尤具应付之才。光绪二十九年（1903年）应经济特科考试第一名。同年，袁世凯慕梁之名，致意津海关道唐绍仪为介，聘至天津，任北洋编书局总办。梁、袁于是结交。袁世凯认为他“心

[1] 周小鹏：《周学熙传记资料汇编》，甘肃文化出版社1997年版，第125～126页。

精力果，学识兼优”[1]，把当时铁路、交通事宜基本上全交由他负责办理。

张镇芳（1863—1933），字馨庵，河南顶城人。袁世凯的二哥袁世敦的妻弟。他于光绪十八年（1892年）中进士，为户部主事。光绪二十九年（1903年）由京至津投靠袁世凯。袁先后让他担任总办永七盐务、粮饷局总办、行营营务处总办、禁烟局总办、长芦盐运使、天津道等职。袁世凯认为他能“规划精详，实心任事”，“沉毅有为，廉能卓著，允为济时之选”。[2]把筹集军政用款的重任交给了他，让他担任筹款局总办，从此成为袁的聚敛能臣。

另外，袁督直期间，起用的其他财经方面的人物主要还有：

孙多鑫，安徽寿州人。袁世凯以其“长于理财，精于计学，公家之利，知无不为，洵足为济艰令器”[3]为由，于光绪三十一年（1905年），檄调来直，派委督理天津银号，总办造币北分厂，会办唐山洋灰公司等差。

汪瑞高，直隶候补道。袁世凯以其“学优操洁，心细才长，在直多年，情形熟悉”[4]，督直以后，先后委其办支应、筹款、善后各局务，甚能使袁满意。

陆嘉谷，二品衔留直补用道。袁世凯认为他“才长心细，操洁品端，历试艰烦，百端就理”，“实心任事”，[5]而将其奏调来直，“畀以筹款之任”，经营综核，岁收达80万两之多，经袁奏保，署授长节盐运使一差。

5. 大量起用翰林、进士、举人以及留学生来充当他的幕僚与部属。袁世凯不是科举出身，而且小站时期军事骨干力量已成经络，因此，在他督直后，就大量起用翰林、进士、举人以及留学生来充当他的幕僚与部属，借以在“文”的方面提高他的声望。除了前面提到的外，被袁重任者还有张一麟、杨度、蔡廷干、傅增湘、金邦平、富士英、汪荣宝、黎渊、李士伟、曹汝霖、严修等人。

张一麟(1867—1941)，初字峥角，号公绂，别署曰民佣，曰大圜居士。

[1] 凤冈及门弟子：《山水梁燕孙先生年谱》（上），1939年铅印本，第73页。
[2]《道员张镇芳请饬交军机处存记片》，《袁世凯奏议》（下），天津古籍出版社1987年版，第1314页。
[3]《已故道员孙多鑫恳准优恤折》，《袁世凯奏议》（下），天津古籍出版社1987年版，第1458页。
[4]《明保道员汪瑞高请破格擢用折》，《袁世凯奏议》（中），天津古籍出版社1987年版，第640页。
[5]《保荐道员陆嘉谷候旨录用折》，《袁世凯奏议》（中），天津古籍出版社1987年版，第968页。

江苏吴县人。父是彝，清光绪庚辰进士，官直隶正定县知县。甲午以后，张一麟“三度计偕俱以所亲襄事试闱，至则格于例回避，嗒然返，至是分省直隶，授天津河防同知”。“袁世凯方为北洋大臣兼直隶总督，震先生名，欲罗致之。始先生分省湖北，世凯与之洞争之力，乃改今省，入幕办文案，为文工且敏，他人数百言不能尽以数十言了之，昏夜世凯索幕客不得，独先生危坐属草，十余稿立就，自是参机密，得署同知。”[1]后袁去北洋而入掌军机，更倚重仲仁，批拟多出其手，袁、张这种融洽的主幕关系直到袁称帝时为止。

杨度 (1874—1931)，字皙子，湖南湘潭县人。早年入国学大师王闿运之门受教，自称在乃师的门墙之中，独得帝王之学。光绪二十八年(1902年）到日本留学，留学期间，就已蜚声于学术界，且与当时的清朝督抚张之洞、锡良、端方等都有书信往来，并常得其资助。光绪三十年（1904年)，他被推荐为东京中国留学生会会长。清末，五大臣出国的报告，基本上都是熊希龄找杨代刀捉笔。五大臣回国之初，曾保杨度精通宪政，才堪大用。光绪三十三年七月初五（1907 年 8 月 13 日)，清廷将政治考察馆改名为“宪政编察馆”，赏给杨度四品京官，任为宪政编查馆提调。是年秋天，杨度的伯父杨瑞生在故乡湘潭逝世，杨度回籍奔丧，似乎无意于北上就职。其实，此时杨度与其友梁和甫、鼎甫兄弟所办的华昌锑矿公司，亏本下不了台。就在这一年，清廷调袁世凯、张之洞为军机大臣。袁、张二人发起向各省督抚招募华昌公司的股本，助杨度渡过了难关，杨才应召入京就职。其时，袁世凯看到了时局大变，人心向宪，为了领导潮流，掌握主动，正需要杨度这样懂宪政的一批人做他的助手。而杨度早年就想物色一个非常之人，辅佐他成就非常之业，自己也赖以取卿相之荣。此时袁正当盛年，又野心勃勃，正是杨所需要的“非常之人”。这样，杨、袁遇合，二者建立深厚的关系。

此外，袁世凯面临北洋新政百举待兴的现状，还大胆果断地起用了一批留美留日有用之人，“凡新自留学东西洋归国之学生，竭意延揽”[2]。

[1] 黄炎培：《张仲仁先生传》，见《古红梅阁笔记》附录，第 62 ～ 63 页。
[2] 许指严：《新华秘记》，《近代稗海》第 3 辑，四川人民出版社 1985 年版，第 306 页。

如蔡廷干，广东人，是清廷第一批官派赴美留学生。袁督直后调其来津，“当即考询所学，于西国政法艺术，颇有心得，而才识亦优”。缘此，袁世凯认为他是“实为不可多得之材”，[1]而上奏恳请留于北洋差遣委用。

黎渊，年27岁，贵州遵义附生，先在苏州中西书室习普通学一年。光绪二十五年（1899年），自备资斧赴日留学，在东京善邻书院习普通学2年。二十七年（1901年），经前四川总督派归四川官费，入东京中央大学习法律专门。三十年六月（1904年8月）毕业，领有优等文凭。复于是年八月，入该大学高等研究科，专攻行政法、刑法、刑事诉讼法等科。三十一年（1905年）八月，因高等研究科论文试验合格，领得研究科优等毕业文凭，予有法学士称号。九月，经袁世凯电调回国，派委筹办北洋所办学堂事宜，兼充袁署文案。

嵇镜，年29岁，江苏常州府无锡县人。光绪二十三年（1897年），考入南洋公学肄习英文、普通各种科学4年。二十七年（1901年），呈请自费赴日留学，考入早稻田大学高等预科，次年毕业，升入大学部政治经济科。三十一年（1905年）试验及格，领有优等毕业文凭，给予政学士称号。是年九月，经袁世凯电调回国，派委筹办北洋法政学堂事宜，兼充袁署文案。

施肇祥，年28岁，浙江杭州府钱塘县人。光绪二十年（1894年），入上海约翰书院肄业。二十二年（1896年）自备资斧，前往美国留学，入华盛顿中央高等学校肄业。二十七年（1901年）六月毕业，得有文凭。是年七月，由监生遵新海停例在顺直赈捐局报捐州同双月选用。八月，入纽约省以色格城康乃尔大学肄业，习机器及电器机器科。三十一年（1905年）正月，由学校派往比士堡城潘士非利亚西电气厂查看机器。五月查验毕，著有考验纪略。六月毕业，得有学士文凭，入美洲机器博士会为会员，经会众认可。旋至欧洲英、法、比、意、瑞士各国各机器厂游历兼考察一切。十月回国。经袁派充劝业铁工厂总机器师，兼稽查高等工业学堂功课事宜。

[1]《革员蔡廷干请销去严拿正法罪名留于北洋差委片》，《袁世凯奏议》（下），天津古籍出版社1987年版，第1163页。

富士英，年27岁，浙江嘉兴府海盐县人。光绪二十一年(1895年)夏，入苏州中西学堂肄业英文及普通学。二十三年（1897年）冬，调入南洋公学肄业英文及普通学。二十四年（1898年）冬，经督办大臣盛宣怀派赴日本游学，入日华学堂肄业日文及高等普通学。二十五年(1899年）夏毕业，升入早稻田大学，专习政治、法律、理财诸科。二十八年（1902年）夏毕业，由该大学给以头等全科文凭。复入日本帝国图书馆专攻公法、理财。二十九年（1903年）春，经户部尚书那桐，调派随同考察财政事务差竣回国。经袁派委洋务随员兼翻译事宜。旋于三十一年(1905年）经奉天将军增祺调赴奉天，派充警察总局帮办。

另外，袁认为留学生金邦平，懂得公法约章，张英绪、高淑琦长于教育，[1]张奎、沈琨、王宰善、邝荣光等熟于工艺，[2]一并收入“北洋当差”，用其所长。周自齐、颜惠庆、曹汝霖谙于外交，在袁入军机兼外务部尚书之后，就大刀阔斧地起用他们入部效力。

其中，袁世凯与近代著名教育家严修，私交尤为密切。严修(1860—1929)，字范孙，号梦扶，光绪九年（1883年）中进士，光绪十年（1884年）任贵州学政，光绪三十年（1904年）应袁世凯之邀，任直隶学务处督办，学部侍郎。袁世凯认为他“品端学粹，望孚士林，以之接办学校司事宜，必有起色”[3]。宣统元年（1909年），袁罢官时，严曾上奏为袁鸣不平。宣统三年（1911年），袁世凯把儿子数人送往天津，请严教授。1913年，严又受托为袁子克权、克桓、克齐办理留学英国事宜。1914年，在北海为袁子授课。袁死后，严修前往彰德为袁送丧，并为袁题写灵主牌位。

历史事实证明，袁世凯延揽人才，是从当时新政需要出发的，为扩大和巩固以封建感情与利益为纽带的袁世凯集团起到了十分重大的作用，反映了袁遴选人才的现实性。当然，从小站时期到北洋时期，加入袁氏集团的成员远不止上述这些，这里提及到的只是在袁世凯集团起着

[1]《请将检讨金邦平等分别留直当差补用片》，《袁世凯奏议》（下），天津古籍出版社1987年版，第1166页。
[2]《游学日本毕业供差北洋学生请咨送考验折》，《袁世凯奏议》（中），天津古籍出版社1987年版，第997～998页。
[3]《委五品卿衔翰林院编修严修接办学校司事宜片》，《袁世凯奏议》（中），天津古籍出版社1987年版，第921页。

骨干作用，与袁世凯个人关系最为密切，在当时社会中有着一定地位和影响的人物。他们走到一起，为了个人的私利聚集在“北洋团体”这面旗帜下，团结在袁世凯的周围，从小到大，由弱到强，由地方到中央，在清末社会急剧动荡，社会迅速转型的情况下，最终走上了全国政权的大舞台，对清末民初的中国历史产生了极其深远的影响。

二、祛锢弊而订新章

光绪二十七年（1901 年）袁世凯就任直隶总督和北洋大臣以后，正是庚子事变后直隶吏治极端混乱及腐败的时期。他上任伊始，即把整顿吏治作为举办新政的首要任务，而且做得风风火火，颇见成效。新政期间袁世凯对直隶吏治的改革和整顿主要表现在下列四个方面：

（一）派遣官员出国学习考察，祛锢弊而广见闻

派遣官员出国学习考察、了解国外近代化事物是袁世凯就任直隶总督后整顿吏治的一项重要内容。

袁世凯认为，要想取得新政的成功，所有官吏都应该懂得西政、西史。在他看来，“牧令为政治之原，凡学堂、警察、工艺诸端，胥关紧要。若平日漫无闻见，一旦莅事，茫不知其所由来。欲求其新政推行，地方起色，难矣。故民智不开固足患，若官智不开，何以责民？”因此，袁世凯就任直隶总督后不久，即陆续派遣吴汝纶、黄璟、周学熙、凌福彭等府道级大员和士绅赴日游历访问。光绪三十一年（1905 年）六月，袁世凯更明确规定：嗣后直隶州县实缺各员，无论内选外补，未赴任者，饬令先赴日本游历 3 个月，参观考察该国行政及司法各官署并学校、实业大概情形，期满回省后，呈验游历日记，各陈所得，经审察确有收获以后，才能接印饬赴新任。袁世凯认为，如此数年之后，就可做到“冀无未经出洋之地方官，庶于新政不至隔膜”[1]了。

[1]《督宪袁饬司晓谕嗣后实缺州县无论选补先赴日本游历三个月再饬赴任札》，《北洋公牍类纂》卷三，吏治一，第 3 页。

袁世凯所派官员出洋游历对清末直隶地区的新政确实起到了很大的推动作用。如保定府在派员游历访问了日本以后，“始觉中国各州县吏治阙略滋多，往往徒存形式，而真意久已消亡，预整顿之，惟有日本可资取法。”他们在总结考察心得的基础上，向袁世凯提出了“州县改良事宜六条，筹款事宜二条”的建议。尤其是仿照日本税法，改良直隶税法一项颇具新意，袁世凯批示“大致可采”。[1]再如周学熙从日本考察归来后，叹曰：“百闻不如一见。”“日本，我同洲邻国也。其种同，其文同，其变法之时代亦无不同。曾未数岁而翘然自表为亚洲先进国。是何兴之勃也？抑所改革而振奋者，固与吾异趋耶？吾国言‘富强’旧矣。前十年喜言‘兵’，近十年喜言‘学’。举倾国之财，以驰骛于东西人之议论，效未见而力已疲，是求‘富强’而适得‘贫弱’也。嗟夫！商业之不讲，工艺之不兴，利权失，漏卮巨，地产坐弃，游闲滋多，其求‘富强’而适得‘贫弱’也固宜。”[2]在这样的思想指导下，他按照日本的模式，开办了直隶工艺局、实习工厂、劝业铁工厂及图算学堂、考工厂、高等工业学堂等官办实业；开办了启新洋灰公司、开滦煤矿等民营企业，最终创办了北洋实业。又如，天津知府凌福彭从日本考察归来后，就主持政法的改革，仿日本监狱范例成立了罪犯习艺所；候补知府黄璟赴日本考察农业，回省后任直隶农业局总办，推广新式农业技术，成效都很显著。

（二）设立培训机构，提高官吏的从政水平

袁世凯在派遣官员出国考察的同时，又在直隶设立了一系列培训官吏的机构，对官员进行短期和长期的训练，以提高其从政水平。这些培训机构主要有：

1. 课吏馆。早在任山东巡抚期间，袁世凯就建议过朝廷：“请饬下各行省，分设课吏馆，专就吏治、时务、交涉等项，择要辑书，发令候补人员学习。按月扃考，择其连取优等者，酌予委用……方今时艰日亟，需才孔殷。若待学校大兴，人才辈出之后，方使之莅官任事，势必有所

[1]《保定府参酌日本法制酌拟州县改良及筹款事宜禀并批》，《北洋公牍类纂》卷三，吏治一，第1、2页。
[2] 周学熙：《东游日记》序，周小鹏：《周学熙传记资料汇编》，甘肃文化出版社1997年版，第83页。

不及。但就现有之官吏，设法造就，俾皆成为有用之材，彼既无废弃之忧，则鼓舞奋兴，收效必速。济急之方，莫先于此。”[1]袁世凯就任直隶总督以后，出于造就新政人才的考虑，在省城保定设立了课吏馆，招收考绩列为“超等”之官员，“入馆肄业，学习砥砺，以期大成”。[2]课吏馆开设有政治、财赋、洋务、河工四类课程，“住馆各员尤应分门学习”。“言西学者悉贵专门，讲教育者先定宗旨。贵专门则易精其业，定宗旨则志虑不移。若专门政治而政治之端甚杂，教民养民即宗旨也。专门洋务而洋务之端甚杂，抵制外人即宗旨也。专门河工而河工之端甚杂，水利富国即宗旨也。专门财赋而财赋之端甚杂，开源节流即宗旨也。”袁世凯认为，进馆官员“果使殚心竭力、精益求精，庶几准的在心，文明日进不特此也”[3]。

2. 直隶法政学堂。鉴于课吏馆在开办过程中出现的一些问题，袁世凯决定进一步扩大规模，建立直隶法政学堂。法政学堂暂行章程规定：“本学堂以迩日内政外交日繁，为整顿地方吏治，开通全省风气起见，故名法政学堂，属于臬司署内。”[4]学堂开设有地理学、历史学、教育学、政治学、理财学、交涉学、宪法学、法律学、中国律例学等课程。

3. 幕僚学堂。与法政学堂设在一处，情况与法政学堂基本相同。

4. 仵作学堂。附设于法政学堂，“肄习相验尸伤及蒸检之法”，由直隶各州县各选派一二人入学研习。[5]

5. 吏胥学堂。建于天津，为改良“书吏、差役、执事之人”而设，目的是这些人“各有普通之道德技能”。袁世凯认为这是改良直隶“行政之枢纽”。[6]

6. 北洋法政专门学堂。设于天津，光绪三十三年(1907年)六月开课。该学堂章程规定，“本学堂以造就完全政法通材为主旨”。“本学堂仿现

---

[1]《遵旨敬抒管见上备甄择折》，《袁世凯奏议》(上)，天津古籍出版社1987年版，第270页。
[2]《直隶课吏馆章程》，《北洋公牍类纂》卷三，吏治一，第17页。
[3]《姚丞康之整顿课吏条陈禀并批》，《北洋公牍类纂》卷三，吏治一，第20页。
[4]《署按察司陈筹设法政学堂谨拟章程十条并请拨款开办禀并批》，《北洋公牍类纂》卷三，吏治一，第23页。
[5]《天津县详请在省城法政学堂内附设仵作学堂禀并批》，《北洋公牍类纂》卷三，吏治一，第24页。
[6]《督宪袁倡设吏胥学堂通饬酌量设立札》，《北洋公牍类纂》卷三，吏治一，第35页。

在京师大学堂办法定预科三年为入正科之阶梯。正科分政治法律两门。其年限则较京师大学堂减短一年，亦各定为三年，而增加其课程钟点计先后六年毕业。毕业后拟请酌照分科大学奖励，给予出身。”“本学堂为造就目前政法急需人才起见附设简易一科，分行政、司法两门，以教直隶地方绅士。”课程开有：伦理学、中国文学、日德英法语、历史、地理、算学、理化博物、辩学、法学通论、经济原理以及政治、法律诸多专业课程。[1]

7. *看守学堂*。由天津习艺所开办，宗旨是为“造成看守资格，预备递升上级官吏”而设。

袁世凯倡设的这些学堂和机构，都在不同程度上提高了官吏的从政水准，开通了社会风气，提高了官员的认识水平，这对于开办直隶新政，促进清末直隶社会全面近代化方面皆起到了不可估量的作用。

（三）汰冗员，大力裁减书吏差役

清末直隶地区的吏治十分腐败，官衙中书吏差役相互勾结，朋比为奸，鱼肉人民，最为人民所痛恨。以清末直隶地区各州县的四路捕快为例，其本为“侦探盗贼，思患预防”而设，但发展到后来，不仅起不到保护人民的作用，反而“包赌窝娼，恣行乡里，往往其地本不敢聚赌也，有路捕则招之使赌；其地本不能容盗贼也，有路捕则转招盗贼，以为收赌规敛盗费地步。且殷实之户未有不惧盗贼者，该路捕则以保护为名，勒索多端，稍有不遂，反令盗贼逞志”。不仅如此，路捕差役“甚至与贼坐地分赃，偶尔破获亦不过以鼠窃小盗塞责，官府密拿，若辈反替贼党通信，民间畏之如虎，俯首听其鱼肉。官府稍欲整治，则迁怒于乡绅，谓其告发，必欲报复，是以乡绅不但不肯举发，即由官访获，乡绅转不敢不为其昭雪，此等情形，所在多有，积习已深，办不胜办”。[2]这种情况如再让之发展下去，官民矛盾必更加剧。袁世凯就任直隶总督以后，充分认识到了“胥吏实为衙蠹，前人譬之为虎狼，未有若辈不加荡涤而

[1]《北洋法政专门学堂章程》，《北洋公牍类纂》卷三，吏治一，第36、37页。

[2]《臬司详请札饬各属裁革窝铺更棚及四路捕快文并批》，《北洋公牍类纂》卷四，吏治二，第34页。

能清吏治之源者”[1]的重要性和迫切性，三令五申，大力裁减书吏差役。在这一方面，袁世凯以天津县作为重点突破对象。

光绪二十九年二月二十七日（1903 年 3 月 25 日），袁世凯向朝廷上了一份奏折。他在这份奏折中说：“臣查书役人等，害民蠹政，积弊最深。而州县事繁，不能不需人策遣，其剧邑大县人少且不敷用，例定役食为数极薄，势难责其枵腹从公。若概令收取讼费以资养赡，又虑繁苛滋扰，熟筹审顾，行之甚难，惟天津承大乱之余，百度经营，有同草创。如趁交还地面之始，革去宿弊，妥定新章，当可较易措手。臣于上年莅津之日，即令天津县先行试办，将书役人等力加裁并，其万不可减者，逐细挑选，酌定名数，于应得役食外，量给工食，举向来各项陋规、差费，一律禁革，不准需索分文，违者处以极刑。”正是由于袁世凯的这种措施和主张，新政时期直隶地区的裁汰书吏差役冗员、除弊安良的步伐才大大快于其他各省。

在袁世凯的指令之下，从光绪二十八年（1902 年）九月——光绪二十九年（1903 年）九月，天津县先后进行了两次较大规模的裁汰精简工作。据天津县令章师程禀称：“县署家丁、书吏、差役之众，甲于通省，历任以来，所用不下三千余人。该令奉饬认真整顿，首先裁去门丁不用，其司事家人，照旧额裁半，仅用五十余名。书吏则详加考验，分别去留，共用百名。差役之积习过深者，悉数革退，选募壮丁六十名，皂役四十名，此外不许另用散役一人……民间乐于去弊……交口称便。自上年八月试办起以迄今日，官无废事，役无婪索，民无扰累，业已著有成效，禀恳奏请敕部立案，以资经久。”[2]天津县精简淘汰胥吏的举动可谓大刀阔斧。

在精简裁汰书吏差役方面，袁世凯将之区别对待，化为三等：“性情狡猾习染最深者锄而去之；老弱无能身有烟癖者汰而去之；此外年力

[1]《天津县章令师程禀淘汰胥吏改易书手差遣各队筹给工食文并批》，《北洋公牍类纂》卷四，吏治二，第 34 页。
[2]《天津县整顿书役酌改讼费折》，《袁世凯奏议》（中），天津古籍出版社 1987 年版，第 776 页。

尚壮谨饬少过者酌量留用，倘仍破坏法律随时革除。”[1]这样的做法既达到了裁汰书吏差役的目的，又照顾到了当时的实际情况，没有因为改革力度过大过快而出现“操之太蹙,转蹈川壅溃防”[2]的局面。可以说，袁世凯在改革精简冗员蠹吏的作法上是成功的。

从光绪二十八年（1902年）至光绪三十三年（1907年），袁世凯在直隶全省裁撤了大批的冗衙冗员，这对于整顿官员队伍、促进新政发展方面起到了比较重要的作用。

在汰冗员、裁蠹吏的同时，在袁世凯的指令下，直隶地区又相应地设立了一些适应新政发展需要的新的机构。这些机构主要有：（1）北路厅设立的官绅研究会。其设立宗旨为：官绅之间“设法联络,彼此观摩,互相讨论”，以期“收实事求是之效”。[3]（2）东鹿县创设的研究时政馆。后经袁世凯批示改名为宣讲所。（3）天津设立的宣讲所。为宣传新政，开通社会风气而设。（4）庆云县设立的新民局。袁世凯为之制定的宗旨是“推广新政，开通风气”[4]。（5）武邑县设立的俟质所，等等。这些新设立的机构与裁去的冗衙冗员相对照，构成了清末直隶地区精简裁汰冗衙冗员后的一道风景线，它们与精简的机构和冗员相辅相成，是新政期间袁世凯整顿吏治的一个大的手笔。

（四）去陋规，惩治贪污与腐败

袁世凯就任直隶总督后，对直隶地区长期以来官场盛行的所谓“陋规”及其他腐败现象十分注意整顿。

袁世凯认为：“窃维国家设官，大小相维，非第以辨等威，亦所以昭防检也。故民者受治于官，而官之小者，又递受治于长官。长官不能正己以率属，斯下僚益务媚上而剥民，求其弊绝风清必不可得。传曰：官之失德，宠赂章也。近世仕习日坏，吏治日偷。其贿赂潜通者，或尚

[1]《调署鸡泽县李令绮青禀拟裁衙役参酌司法改良章程文并批》,《北洋公牍类纂》卷四，吏治二，第25页。
[2]《天津县章令师程禀淘汰胥吏改易书手差遣各队筹给工食文并批》,《北洋公牍类纂》卷四，吏治二，第35页。
[3]《北路厅钱丞锡寀禀拟设官绅研究会推行新政文并批》,《北洋公牍类纂》卷三，吏治一，第14页。
[4]《庆云县拟设亲民局禀并批》,《北洋公牍类纂》卷三，吏治一，第16页。

慑于公议、怵于人言，而不敢公然以婪索。其有明目张胆，昌言不讳，与之而俨成为例，取之而不觉其非者，则莫如收受陋规一事。”

经过调查，袁世凯充分认识到：“直隶道府并四路厅、六直隶州，皆有表率僚吏、考核属员之责。然惟直隶州尚有粮赋平余，其道、府、厅除廉俸外别无进款，禄入既甚微薄，而办公用度又甚浩繁，乃不得不取给于属吏。于是订为规礼，到任有费，节寿有费，查灾、查保甲有费，甚或车马薪水，莫不有费。此等风气，大抵各省皆然，非仅直隶有之。虽相治已久，不同暮夜苞苴，但平时既受陋规，即遇事不无瞻顾，设一旦见有不肖之属吏，为上司者欲破除情面，据实纠参，或往往为其下所挟持，转不克径行其志。吏治之敝，所由来也。当此修明内政之时，必以整饬官方为当务之急。然平情而论，又必须先有以养人之廉，而后可以止人之贪。使举所有各项陋规，扫荡而廓清之，而不筹给办公之费，则一切应用均无所出，势难责其治理地方。现以国帑空虚，诚不能另增公费，莫如姑就旧有之陋规，为化私为公之一法。”

为了整顿吏治，端正官风，光绪二十八年（1902 年）八月，袁世凯下令将直隶全省的各项陋规一概废除，“通饬道府厅州各将每年应得属员规费，据实开报，和盘托出，即按其向来所得之多寡，明定等差，酌给公费。”也就是说，各级官员必须将每年所得的陋规数目，全部上交，收归藩库，另款另储，留作公款，然后明定差别，另行拨给办公费用。根据这个规定，大顺广道每月可得银 1000 两，清河道得银 900 两，通永道得银 700 两，天津道得银 600 两，口北道得银 500 两，霸昌道得银 350 两，保定、永平、河间各府得银 600 两，天津、正定、顺德、大名、广平、宣化各府得银 500 两，东路厅得银 240 两，南路厅得银 130 两，北路厅得银 110 两，西路厅得银 100 两，赵州、冀州、深州得银 100 两，遵化、易州、定州得银 50 两。袁世凯的这种办法及措施得到了朝廷的认同和赞赏，并把之作为模范向全国各地加以推广。光绪二十八年八月十一日（1902 年 9 月 12 日）上谕批示：“著各督抚仿照直隶奏定章程，将各项陋规一律裁革，仍酌定公费以资办公，务期弊绝风清，认真考察属员，俾吏治蒸蒸日上，用副朝廷实事求是之至意。”[1]

通常，清代各省的民刑词讼及其他公务向例是由省、道、府、州随时随地委派委员进行处理，其薪水资俸由被派驻地官员自行“捐送”，办事好坏，却由派遣的主管官员负责，对委员并无考勤考绩。针对这种情况，光绪三十一年（1905年），袁世凯下令晓谕各属，所有省、道、府、州分别派遣的委员，改为一律由省派遣和委用，严定功过，考勤考绩，分优劣，定赏罚，薪水资俸亦由派出的官衙支付。

光绪三十三年（1907年），袁世凯再次对直隶全省的吏治进行了整顿，又破除了一些陋习。如新官上任，下属向来出资为其修葺官房宅第；上级官员和差役过境，当地官员必须为之支付护送等费用；官向民间派差办事，差向民间收取差费的习惯等一律予以废除。

为了整饬吏治，袁世凯还在直隶设立了考验处，委任李兆珍为坐办，负责考核选拔合格的官员。“凡初次到省及新选新补应行甄别人员，无论何项出身，除道府大员由本部堂延见考问外，余须经该处考验方能出具勘语，分别委以差缺。”[2]在设立吏治考验处的同时，袁世凯还成立了吏治调查处，任命胡宾周为坐办，专门负责调查官吏良莠事宜。袁世凯认为，属吏贤否必以舆论为衡量标准。设立调查处的目的在于：“以补耳目所未周，凡有关官民相讦之件及一切明查暗访事宜，责成该处慎选贤员，随时委派，仍将所查情节呈由本督部堂参观互证，务令无枉无纵，以清吏治而恤民隐。”[3]直隶吏治调查处章程规定了十余条考核调查官吏的办法：“第一条，调查处系从整饬官方宣达下情起见，凡本省官吏除陆军官弁及道府大员外，其余有关官民相讦之件及一切明查暗访事宜，本处皆有调查之权。第二条，凡调查分为平时调查及临时调查两项。第三条，平时调查如比较政绩、采访舆论，皆由本处随时留心调查以备总督参考。第四条，临时调查事项分为四类：第一类，有人奏参要案，遵旨寄信前来转奉总督特委之件；第二类，总督访明指交查办之件；

[1]《道府厅州各项陋规一律酌改公费折》，《袁世凯奏议》（中），天津古籍出版社1987年版，第631、631～632、632、633页。
[2]《督宪袁札委李守兆珍为考验处坐办文》，《北洋公牍类纂》卷三，吏治一，第8页。
[3]《督宪袁札委胡守宾周为吏治调查处坐办文》，《北洋公牍类纂》卷三，吏治一，第9页。

第三类，各官互相禀讦之件；第四类，绅民控告官吏之件。第五条，前条各件由奉文之日起分别案情或暗查或明查或查取卷宗、人证，俟调查确实，由本处呈请总督核办。第六条，凡暗查，拟请总督札派委员三两名，分别先后前往密查，各开具所查实在情形，如二人所查事由相同，即由本处据情呈请核办；倘所查情节歧异，应另派干员一人前往复查，仍由本处核实具呈。第七条，凡明查，请委一员前往调查，亦将所查实情开折来本处报明，仍由本处核实具呈。第八条，凡案卷、人证除重大事件必须调津质询外，若本处认为毋须质询者，即著钞存卷宗并录人证亲供，以备查考。第九条，前三条之调查各委员等，均由本处禀请总督札委，照例发给薪水川资，概免州县供应。第十条，凡各官互相禀讦之件，于调查之前拟令两造先行明晰禀复，如情节稍轻易于完结者，即免派员往查。第十一条，凡绅民控告官吏之件，除一人一家之私事应归各本管衙门提审外，其余或牵涉勒派税捐、侵吞公款、受贿行私、诬拿平民、威逼人命等项，一经委查，实责官吏撤参，虚则原告反坐，皆临时呈请总督核办。"[1] 考验处和调查处的设立，对于袁世凯考核官吏、整顿吏治无疑起了极其重要的作用。

总的说来，新政期间，袁世凯对直隶吏治大刀阔斧地整顿，借以消祛吏治方面的积弊，取得了一定的成效。这对于改善直隶的政治环境，推动直隶全方位的近代化具有十分重大的意义。从这一点上来看，袁世凯督直时期直隶举行新政负全国模范之名，不是没有缘由的。

三、北洋六镇与军事学校

（一）创建北洋六镇

编练新军创建北洋六镇，是清末新政的重要内容，也是袁世凯为首的袁世凯集团最热衷的改革。由于袁世凯在镇压义和团和庚子事变中的

[1]《直隶调查处坐办胡守宾周拟呈督宪袁核定调查处章程》，《北洋公牍类纂》卷三，吏治一，第 9 ～ 10 页。

“良好”表现，受到列强的赏识和慈禧太后的信赖，光绪二十七年（1901年）十月，他被任命为直隶总督兼北洋大臣。袁世凯抓住新政这一机会，竭尽全力训练和扩充北洋军队。光绪二十八年（1902年），袁世凯兼任了参预新政大臣、练兵大臣，负责办理新政，这就又为他扩军与膨胀自己的实力提供了有利的条件。

光绪二十七年十二月二十四日（1902年2月2日），袁世凯向清廷上奏说：“直隶幅员辽阔，又值兵燹以后，伏莽未靖，门户洞开，亟须简练师徒，方足以销萌固圉。”“惟入手之初，必须先募精壮，赶速操练，分布填扎，然后依次汰去冗弱，始可兼顾，而免空虚。现拟在顺直善后赈捐结存项下，拨款一百万两，作为募练新军之需。”[1]清廷批准了他的要求。于是，袁世凯立即派王英楷、王士珍等人分别到直隶的正定、大名、广平、顺德、赵州、深州、冀州等地，精选壮丁6000人，集中在保定训练。这支军队被称为“新练军”。不久，袁世凯在这支军队的基础上又增募了两个营，同时又陆续添充马队、炮队各一标，工程队、辎重队各一营，这样就新编成了北洋常备军左镇。此镇后改称为北洋常备军第一镇，驻永平府迁安县。光绪三十年（1904年），日本与俄国为宰割中国东北地区发生了尖锐冲突，日俄在中国东北地区进行战争已不可避免。袁世凯认为这是他继续扩军的又一次大好机会，于是他上奏说，日俄“两大构兵，逼处堂奥，变幻叵测，亦不得不预筹地步。畿辅为根本重地，防范尤须稳固”。又说：“如欲慎固封守计，非十数万人不克周密。”[2]光绪三十年（1904年）二月，袁世凯以原北洋新军为基础，进行裁改归并，又派人到河南、山东、安徽等地招募新兵，建成有步队、马队、炮队的北洋常备军右镇。此镇后改称为北洋常备军第二镇，驻马厂。同年三月，他又从北方几省招募新兵，编成北洋常备军第三镇，开始驻保定，后来驻扎在山海关至奉天一带。光绪三十一年（1905年）一月，袁世凯经练兵处奏准，将驻北京的武卫右军和自强军编成北洋常备军第

[1]《拟拨顺直善后赈捐存款募练新军片》，《袁世凯奏议》（上），天津古籍出版社1987年版，第428页。

[2]《密陈遵照传谕统筹布置防守情形折》，《袁世凯奏议》（中），天津古籍出版社1987年版，第876页。

四镇，驻扎南苑、海淀一带。同年四月，他又以山东武卫右军先锋队为基础，另招募了一些新兵合编为北洋常备军第五镇，驻扎山东济南府及潍县一带。同年五月，袁世凯又将光绪二十八年（1902 年）编练的京旗常备军扩编为独立的一个镇，先驻保定，后移驻京北仰山洼。这样，从光绪二十七至三十一年（1901 ～ 1905 年），袁世凯完成了北洋新军六镇的编练。不久，清廷下令全国新军改称陆军，并统一番号。根据光绪三十年八月初三（1904 年 9 月 12 日）练兵处奏准的陆军制饷章的规定，每镇步兵二协，每协二标，马队、炮队各一标；步、炮每标三营，工程、辎重各一营。又规定：各省已经编练成军的新军，由练兵处会同奏请简派大员前往考验，择其章制、操法一律合格者，奏请钦定军镇协标号数，其编次之先后视练成之迟速为定。步队协数、步马炮标数均各依次编号，工程、辎重营数则随本镇号数编定。据此，北洋各镇重新编定了番号。京旗常备军因是旗兵，地位最高，编为陆军第一镇。驻迁安之原北洋常备军第一镇编为第二镇。驻马厂之原北洋第二镇编为陆军第四镇。驻保定之原北洋第三镇仍为陆军第三镇。原北洋常备军第四镇编为陆军第六镇。驻山东的一镇改为陆军第五镇。至此，北洋六镇全部编成，袁世凯的军事实力和北洋军阀的基础完全形成。

北洋新军在全国各省新军中人数最多，官兵达 7 万之众，而且它的武器装备最先进，训练也相当正规，可以说是当时中国最强大的一支现代化武装力量。更重要的是，在扩编六镇的过程中，已经形成了以袁世凯为中心的比较完整的北洋派系。

袁世凯扩军为的是扩大自己的军事势力，形成以他为核心的北洋派系。因此，各镇重要将领都是由他亲自选定，又几乎都是小站出身。

第一镇统制先后为凤山、何宗莲；

第二镇统制为王英楷，后换张怀芝；

第三镇统制为段祺瑞，后改为曹锟；

第四镇统制为吴凤岭；

第五镇统制为吴长纯，后改为张永成；

第六镇统制为王士珍，后改为赵国贤。

统制以下的统领（旅长）、统带（团长）以及一部分管带（营长）均出自小站时的旧班底。除第一镇因是旗兵，袁世凯不能完全控制外，其余五镇都是袁的嫡系部队。

除了六镇正规军以外，袁世凯又把驻直隶的淮军各营整顿改编为三十九营，名“北洋巡防淮军”（又称“北洋巡防营”），分为前后中左右五路，以夏辛酉、张勋、李天保、徐邦杰、邱开浩分别统带，驻扎直隶各州县，专用于“弹压地方，缉捕盗贼，以及保护陵寝，巡查铁路、电路”[1]。作为北洋常备军的别动队。宋庆的武卫左军（又称毅军）共二十余营，其中各将弁多系袁世凯先人旧部。光绪二十八年（1902年）宋庆死后，由马玉昆接统，其中八营拨归姜桂题统率，倪嗣冲被任命为营务处长官。至光绪三十四年（1908年）马玉昆死，毅军全部由姜桂题接收，纳入袁世凯的北洋军系统。这样，袁世凯以北洋大臣的身份统领着近10万全副近代化武装的北洋新军，形成了以他为中心的一个庞大的北洋军事团体，为他日后以军事力量操纵政坛，夺取政权奠定了基础。

（二）开办军事学堂

中国近代军事学堂的开山鼻祖是李鸿章。光绪十一年（1885年）他在天津创设的北洋武备学堂是中国第一所比较正规的陆军军事学堂。后来随着清末大规模编练新军，该学堂培养的军事人才已远远满足不了多方面的需要，因此，广泛开办新式军事学堂，就成为清末新政中的一项重要内容。

光绪二十七年（1901年），袁世凯改任直隶总督，注意练兵，并注重军事教育。移驻保定后，他成立北洋军政司，自兼督办，下设兵备、教练、参谋三个处，由刘永庆、段祺瑞、冯国璋分别担任总办。为培养北洋军的各级军官，培植自己的势力，袁世凯在编练北洋新军的同时，于保定开办了一批军事学堂。主要有：

1. 北洋行营将弁学堂。光绪二十八年（1902年）五月开办于保定。

[1]《改编淮部各营区分五路以资整饬而利操防折》，《袁世凯奏议》（下），天津古籍出版社1987年版，第1274页。

督办冯国璋，总办雷震春，总教习为日本步兵少佐多贺宗之，副总教习为日本工兵大尉井上一雄。内设学额120名，其中将领20名，哨官长40名，弁目60名，教以军制、战法及通信、测绘、数、理、化等课程。这所学堂的招收对象主要是招募旧军的将官和侍卫等入堂肄业。开办的缘由为;（1）直隶总督袁世凯认为,“武备学术,途径纷繁,须学习四年,始可毕业。既毕业后，又须入营历练二年，再入大学堂肄业三年，综计须八九年乃能成材”，实属缓不济急。而设立将弁学堂，“遴选曾经带兵员弁，粗识文字，有志上进者作为学员。酌订章程，选择各种切要学术，督饬肄习，以八个月为卒业之期，业成考选优等，即可酌委军事，虽不若由武备学堂出身者，学博诣精，根柢深厚。然曾经阅历戎行，而所学又皆切要适用，亦堪备目下将弁之选”。[1]（2）开办北洋行营将弁学堂还兼有安置淮军宿将的用意。“其时淮军宿将多若积薪，弃之则无以恤前劳,任之则与新者又格不相入。袁公又建议设将弁学堂,仍一委之公。淮军宿将于于而来，年之高者，且逾六十，武职则至提镇，文职则至道员，且有侍卫一班，以宫禁之虎臣，厕于诸生之列，资望既峻，约束良难。公独刚柔得中，四方材俊，一听公部勒举。”学堂主要抽调直隶淮练各军哨官为学员。同时山东、山西，河南等省也选送官弁来堂学习，故又称“各省将弁学堂”。学堂以8个月为一期，共办4期，毕业学员545人。

2. 练官营。设于保定，于光绪二十八年（1902年）开办，主要是训练在职军官，分步、马、炮、工四个队。总办冯国璋，帮办张士钰，步队队官李泽霖，马队队官王廷桢，炮队队官张绍曾，工程队队官贾宾卿。冯国璋“遴派教员修明操法，于是北洋旧有之军与新成之军，教练渐归一律”[2]。该学堂开办时间不长，便停办了。

3. 参谋学堂。光绪二十八年（1902年）开办于保定，旨在培养幕僚人才。段祺瑞以参谋处总办兼参谋学堂总办，靳云鹏、陈调元、吴新田、段芝荣、师景云、张联棻等均是该校学生。

[1]《建设北洋行营将弁学堂拟定试办章程折》，《袁世凯奏议》（中），天津古籍出版社1987年版，第542～543页。
[2] 张一麟：《冯国璋事状》，《近代稗海》（五），四川人民出版社1985年版，第599页。

4. 测绘学堂。光绪二十八年（1902年）开办于保定，亦以段祺瑞为总办。吴佩孚即由此学堂毕业。测绘学堂与参谋学堂设在一个院内，同属于参谋处，因此也有测绘学堂为参谋学堂测绘班的说法。

5. 北洋陆军师范学堂。光绪三十年（1904年）十二月开办，校址设在保定北洋速成武备学堂内，学生是从北洋武备学堂考选100名，改为陆军师范生，学习师范课程，培养各省陆军小学的师资，由军令司副使冯国璋督饬办理。

6. 宪兵学堂。于光绪三十一年（1905年）建军于天津塘沽原水师营房，监督为张文元。学员分学员班和学兵班。学员班招北洋陆军速成学堂毕业生及北洋初级军官50名。学兵班招士兵之优秀者百名。聘日本宪兵军官4名为教员，教以宪兵诸学科。该期于光绪三十二年（1906年）十二月毕业，计学员班39名，学兵班103名，分派各宪兵营充任基层军官，组成中国最早的宪兵队。光绪三十四年（1908年）十一月，该校改隶陆军部，改名为“陆军警察学堂”。

7. 马医学堂。创建于光绪三十年（1904年）十一月，校址在保定。首班招生100名，由北洋新军第一、第二、第三镇中保送士兵40名编入速成班学习，另招40名正课生，20名自费生。光绪三十三年（1907年）续招第二正课班生80名。宣统元年（1909年）招第三班学生50名，该校正课班学制4年。光绪三十四年（1908年）十二月，第一期正课生毕业，从中选派16名赴日本考察及实习。民国以后该校改名为陆军兽医学校，并继续招生。

8. 军医学堂。创建于光绪二十八年（1902年）八月。当时，北洋新军已渐具规模，为培养军医人才，袁世凯即筹建行营军医学堂于天津，并将水师营地拨为该校地基。由于基建颇需时日，就先暂借浙江海运局房舍，光绪三十二年（1906年）新校舍建成，方迁入。光绪三十三年（1907年）七月，增设药剂科。光绪三十四年（1908年）定名为陆军医学堂，未几易名为陆军军医学堂。学堂设医科、药剂两科，分预备、正科两级。医学4年期满，加预备科1年，5年毕业；药科3年期满，加预备科1年，共4年毕业。该校是我国较早设立的医学校，培养出了不少现代医务人员。它不仅在军队医疗方面而且在社会上也都有着广泛的影响。

9. 军械学堂及经理学堂。光绪二十九年（1903 年）开学，由罗开榜任总办，于北洋速成武备学堂内开办，各挑选速成学生 40 名加以培训，后两学堂与师范学堂一道均属于速成武备学堂，成为其军械班和经理班。

10. 北洋陆军武备学堂。光绪二十九年二月二十二日（1903 年 3 月 20 日），袁世凯提出创办新军正规学堂的计划。他上奏清廷，拟建立北洋陆军武备学堂。学堂分为小学堂、中学堂、大学堂三个不同的等级，“合计通筹以十二年为卒业程度”。但他又认为，中国“风气初开，根柢尚浅”，中学和大学，只可从缓建立。“为今之计，惟有赶紧兴办小学，以为造端之基”。同时，另设“速成学堂一区，以为救时之用”[1]。根据这一设想，于光绪二十九年（1903 年）创办北洋速成武备学堂于保定，隶属于北洋军政司教练处。冯国璋以教练处总办兼学堂督办，学制 2 年，共 3 期。第一期学员全为北洋六镇中优秀在职军官，第二期学员除继续从部队中招生外，还招选了一些弃文从武的秀才举人和文职军官。该学堂设步、马、炮、工、辎重各科，授以实用军事学术及必要的普通课程。另外还附设有师范班、经理班、军械班等。光绪三十一年（1905 年）十二月，第一期学员 136 人毕业，光绪三十二年（1906 年）底第二期学员 342 人毕业。该校毕业生特别是第一期生，多受到袁世凯、冯国璋、段祺瑞的重用，成为北洋军的骨干力量，形成了“北洋武备派”的军事团体。北洋陆军武备学堂是当时全国最大的一所军事学校，旨在培养中下级官员。光绪三十二年（1906 年）该校改名为通国陆军速成学堂，扩大至全国招生，主要招收各省旗未毕业的武备学堂的学生及按选验格式考取的“文理清通”的良家子弟。这所学校先后培养了 3000 多名军事人才。

11. 陆军速成学堂。光绪三十二年（1906 年），清廷改兵部为陆军部，将北洋陆军武备学堂收归陆军部管辖，更名为陆军速成学堂，又称陆军协和速成学堂。同年十一月，段祺瑞任学堂督办，郑汝成、赵理泰先后

[1]《遵旨建立北洋陆军武备学堂拟定章程呈览折》，《袁世凯奏议》（中），天津古籍出版社 1987 年版，第 750 页。

任学堂总办，曲同丰、吴纫礼、何绍贤先后任学堂监督。招生范围也由北洋各省扩大到全国。每年计划招生1140名。其分配名额为：京旗80名，直隶、江苏、湖北、四川、广东各60名，顺天、奉天、山东、河南、安徽、江西、浙江、福建、湖南、云南各40名，山西、陕西、甘肃、广西、贵州、新疆、吉林、黑龙江各30名，江宁、杭州、福州、荆州、成都、广州、绥远城、热河、察哈尔九处驻防各10名，密云、青州、西安三处驻防各8名，宁夏驻防6名。学校分两班，有较高文化程度者，学军事专科1年半毕业；文化程度较低者，先学文化1年，再学军事专科1年半，共2年半毕业。学员完成学业后，均在部队实习3个月，然后分别到各省新军中任下级军官。如分不完，仍在北洋各镇任见习军官。学校还设有留学生预备班。自光绪三十三年（1907年）起，陆军部派留学生都要在此学习，经考查合格后，再派出国。蒋介石、张群等民国年间的重要人物便是从这里上预备班后选送日本士官学校的。

12. 陆军军官学堂。袁世凯在任直隶总督兼北洋大臣后，为便于北洋六镇中级军官深造，又于保定创办陆军随营军官班（又称陆军随营军官学堂），讲授日本陆军大学之课程。光绪三十二年（1906年）五月，他为把陆军大学堂置于自己的直接控制之下，又以陆军随营军官班为基础，仿日本陆军大学生制度，奏请开办陆军军官学堂，即保定军官学堂，校址设在原将弁学堂。宣统二年（1910年），该校改名为陆军预备大学堂，专门培养高级军事指挥人才和参谋人员。创办时，督办为段祺瑞，监督张鸿逵。宣统二年（1910年），督办改为总办，由张鸿逵继任。该校创办时曾延聘日本大学教官寺西上校、樱井雄图中校任总教官，主持教育计划及重要课程的讲授。其教学内容基本是参照日本陆军大学课程，以战术、参谋业务、后方勤务及国防动员等课为主，分速成和深造两科。速成科1年半毕业，深造科3年毕业。速成科后并于陆军速成学堂。光绪三十二年（1906年）招训的第一期，其学员全为北洋六镇现职军官，毕业71人，其中较著名的学生有陈调元、吴光新、师景云、张敬尧、靳云鹏等人。第二期招训的学员除北洋六镇现职军官外，还有江苏、湖北等地的新军现职军官，毕业72人，较著名的学生有胡龙骧、孙岳、何遂、方本仁等。第三期从全国各省新军中招选百余人。该期学员因辛亥革命武昌起义爆发，而未能毕业。军官学堂是当时中国规模最大，设备最为完善的高等军事学堂。民国后该校改名为陆军大学，北洋军阀政府追认其第一、二期毕业生为陆军大学的第一、二期学生。该学堂是我国有史以来建立的第一所高等军事学校。

光绪三十二年（1906年）四月，袁世凯违抗清廷关于陆军大学堂只许设在北京的申明，强行在保定创办了“陆军行营军官学堂”。他自己说，这所学堂“则虽不居大学堂之名，而已著大学堂之实也”。学生择自各镇军官中“品学超卓，才识优异”者。分速成、深造两科，授以各种高等兵学。速成科学习年限为1年半，额设学生40～60名。深造科3年毕业，额设学生50～80名。其课程“不外统汇各科，淹通融贯，务期指挥调度，悉协机宜，蔚为将才，用备干城之寄”[1]。该校于宣统三年（1911年）改称“陆军预备大学堂”，1913年10月正名为陆军大学校，迁入北京。这是第二阶段。

13. 北洋陆军讲武堂。为轮训在职军官，于光绪三十二年（1906年）创办于天津，总办为蒋雁行。袁世凯规定“带队各官，均须分班轮流到堂讲习武备”。额限学员180名，先后举办学员班六班，毕业学员740名。该堂还附设学兵营，由北洋各镇正副兵内录取400名为学兵，“授以浅近兵学暨训练新兵各法”。1年毕业，仍回本镇，为各军队“专备拔充头目之选”[2]。该堂管带先后为卢金山、田中玉，先后毕业三班，共1124名。

此外，袁世凯还创办了电信、信号学堂等。

总的说来，新政期间，袁世凯开办的军事学校可分为短训、速成和正规三类。短训类有北洋行营将弁学堂、练官营、参谋学堂、测绘学堂等，为配合编练北洋新军而设。速成类有北洋陆军武备学堂、北洋陆军师范学堂、陆军军医学堂、马医学堂、军械学堂、经理学堂、宪兵学堂等。

---

[1]《北洋设立军官学堂拟订试办章程请饬立案折》，《袁世凯奏议》（下），天津古籍出版社1987年版，第1321页。

[2]《北洋设立陆军讲武堂学兵营拟订试办章程折》，《袁世凯奏议》（下），天津古籍出版社1987年版，第1328页。

正规类分为陆军小学堂、陆军中学堂和陆军大学堂三个等级。“袁公建议设陆军学堂，由小学而中学而大学，计十二年毕业。”[1]陆军小学堂在全国共有 19 所，仅直隶省就有 2 所（设在保定和定兴姚村）。

袁世凯集团创办的军事学堂主要情况表：

<table>
<tr><th colspan="2">学校名称</th><th>创立时间</th><th>地点</th><th>主要负责人</th><th>备注</th></tr>
<tr><td rowspan="5">新建陆军随营武备学堂</td><td>德文随营学堂</td><td rowspan="5">1896年</td><td rowspan="5">保定</td><td>教习：幕兴礼（德）
魏贝尔（德）
监督：景　启</td><td rowspan="5">除前有教习外，还有巴森斯参赞营务兼教练事宜，专门负责作战训练；伯罗恩、施壁士负责操场训练；高士达为号兵总教习</td></tr>
<tr><td>炮队随营学堂</td><td>教习：祁开芬（德）监督：段祺瑞
梁华殿</td></tr>
<tr><td>步队随营学堂</td><td>监督：刘浩春
教习：梁华殿</td></tr>
<tr><td>马队随营学堂</td><td>教习：曼　德（德）
监督：任永清</td></tr>
<tr><td>工程队随营学堂</td><td>教习：魏贝尔（德）
监督：王士珍</td></tr>
<tr><td colspan="2">保定参谋学堂</td><td>1902年</td><td>保定</td><td>总办：段祺瑞</td><td rowspan="3">此三学堂设在一处，皆隶属于参谋处</td></tr>
<tr><td colspan="2">保定武备学堂</td><td>1902年</td><td>保定</td><td>总办：段祺瑞</td></tr>
<tr><td colspan="2">保定测绘学堂</td><td>1902年</td><td>保定</td><td>总办：段祺瑞</td></tr>
<tr><td colspan="2">练官营</td><td>1902年</td><td>保定</td><td>总办：冯国璋
帮办：张士钰</td><td rowspan="3">此三学堂皆隶属于教练处</td></tr>
<tr><td colspan="2">北洋行营将弁学堂</td><td>1902年</td><td>保定</td><td>总办：雷震春
监督：蒋雁行</td></tr>
<tr><td colspan="2">北洋陆军武备学堂</td><td>1903年</td><td>保定</td><td>总办：冯国璋
（后）段祺瑞</td></tr>
<tr><td colspan="2">军械学堂</td><td>1903年</td><td>保定</td><td>总办：罗开榜</td><td rowspan="3">此三学堂附设于北洋速成武备学堂</td></tr>
<tr><td colspan="2">经理学堂</td><td>1903年</td><td>保定</td><td>总办：罗开榜</td></tr>
<tr><td colspan="2">北洋陆军师范学堂</td><td>1904年</td><td>保定</td><td>总办：冯国璋</td></tr>
</table>

[1] 张一麟：《冯国璋事状》，《近代稗海》（五），四川人民出版社 1985 年版，第 599 页。

续表

学校名称	创立时间	地点	主要负责人	备注
军医学堂	1902年	天津	总办：徐清华	
马医学堂	1904年	保定	不详	
宪兵学堂	1905年	塘沽	监督：张文元	
北洋陆军讲武堂	1906年	天津	总办：蒋雁行	
电信信号学校	1906年	小站	不详	
北洋陆军速成学堂	1906年	保定	督办：冯国璋 段祺瑞 总办：郑汝成 赵理泰	
陆军军官学堂	1906年	保定	督办：段祺瑞 监督：张鸿逵	此学堂于宣统二年（1910年）改名陆军预备大学堂，张鸿逵为总办

上表综合参考：1. 刘凤翰：《新建陆军》；2. 张国淦：《北洋军阀的起源》，《北洋军阀史料选辑》（上）；3. 姜克夫：《民国军事史略稿》（第一卷）；4.《清末新军编练沿革》；5.《袁世凯奏议》；6. 李宗一：《袁世凯传》；7. 王吉尧：《中国近代军事教育史》8. 甘厚慈：《北洋公牍类纂》。

袁世凯创办的军事学堂，从“为救时之用”而逐步走向完善，从培养带兵勇将而逐步走向培养高层次军事人才，其中北洋军官学堂便是以培养“他日将帅之材”[1]为目的的；而自陆军部规定，各省留学生也必须从军事学堂的学生中选派，不得另自选送，以昭划一。北洋军事学堂在向各地输送人才的同时，又培养了一批才学俱优的留学人员。北洋军事学堂毕业的学生后来有不少在袁世凯集团内部和民初政坛上取得了

[1]《北洋设立军官学堂拟订试办章程请饬立案折》，《袁世凯奏议》（下），天津古籍出版社1987年版，第1322页。

极高的地位和权势。虽然这些人获取地位和权势的手段不尽相同，但有一点却是共同的，即在北洋军事学堂所受的早期教育，对他们日后事业的发展起着很大的影响。因此，这些人对他们的主子袁世凯和教习、监督（如段祺瑞、冯国璋）等特别感激，心甘情愿地任其驱使。同时，这些人分布到各军镇后，又几近一致地极力维护着以袁世凯为首的袁世凯集团的利益，成为北洋班底的重要支柱。

据记载，袁世凯创办的各军事学堂，培养出来的北洋班底的主要成员有：[1]

新建陆军随营武备学堂：靳云鹏、贾德耀、傅良佐、吴光新、曲同丰、陈文运、张树元、张士钰、李仲岳、纪良、李玉麟、段启勋、冯俊英、郑士琦、何丰林、臧致平、丁搏霄、冯克耀、高鹤、田书年、卫兴武、李长泰等人。

保定参谋学堂：张联棻、师景云、熊秉琦、吴新田、杨文恺、靳云鹏、陈调元等人。

保定测绘学堂：吴佩孚、曹瑛等人。

保定武备学堂：杨文恺、卢香亭、齐燮元、齐振林、李景林、刘汝贤、何恩溥等人。

保定军官学堂：师景云、熊秉琦、陈调元、吴兴新、马毓宝、张学颜、张荣魁、方本仁、孙岳、唐国谟、胡龙骧、王都庆、李济臣、张敬尧、何遂、靳云鹏等人。

北洋行营将弁学堂：李廷玉、刘槐森、刘汝贤等人。

北洋陆军速成学堂：张国溶、刘玉珂、杨文恺、孙岳、陈嘉谟、刘询、孙传芳、周荫人、唐之道、王金钰、宋邦翰、蒋介石、张群等人。

北洋陆军讲武堂：卢金山、田中玉等人。

陆军大学：李济琛、徐永昌、秦德纯、刘光、魏宗翰、崔承炽、吴心田、吴光新、张联棻、熊斌、刘骥、郭松龄、阮肇昌、陈文运、陶云鹤等人。

---

[1] 参考张国淦：《北洋军阀的起源》、《清末新军编练沿革》；姜克夫：《民国军事史略稿》（第一卷）；《袁世凯奏议》；来新夏：《北洋军阀》（五）；王吉尧：《中国近代军事教育史》；甘厚慈：《北洋公牍类纂》。

这一特点，给袁世凯带来了把个人势力向全国扩展的极大政治利益，为其利用辛亥革命的时机，夺取全国政权打下了基础。到了民国初年，这些学员大都脱颖而出，高升为旅长、镇守使、师长、将军、督军的，比比皆是，有的甚至爬上了当时的北京政府的总长、总理的宝座，甚至对以后国民党新军阀的形成和混战的历史，都打下了一定的基础。

（三）袁世凯集团军权得手的基本原因

袁世凯集团军事力量之所以能够在清末新政时期得到迅速扩张，主要有以下几个基本因素所致：

1. 顺应了清廷图强自存的需要。义和团运动和八国联军的入侵使得清王朝几乎“宗社倾覆”，巨额的赔款和中国几至瓜分的现实，使得举国愤恨清廷。所有这些，都使得以慈禧太后为首的清朝统治集团感到创巨痛深，惊心动魄。为平国人愤恨，也为了自存的需要，清廷不得不改弦更张，开始实行新政，尤其是在军事方面的改革表现得最为明显。光绪二十七年（1901年）八月，清廷发表上谕：“著各省将军督抚将原有各营严行裁汰，精选若干营分为常备续备巡警等军，一律操习新式枪炮，认真训练，以成劲旅。随时严切考校，如有沾染旧习，惰窳废弛，即行严加惩办。朝廷振兴戎政，在此一举。各该将军督抚务当实力整顿，加意修明，以期日有起色，无负谆谆诰戒之至意。”[1]光绪二十八年十一月己巳（1902年12月12日）清廷又发布上谕指出：“练兵之道，最忌分歧，曾经叠次降旨，饬各省督抚，整顿兵制，期归一律。乃近来各省奏报，仍多言搪塞，绝少切实办法，殊难望有成效。查北洋、湖北训练新军，颇具规模，自应逐渐推广，所有河南、山东、山西各省，速即选派将弁头目，赴北洋学习操练……俟练成后，即发回各原省，令其管带新兵，认真训练，以资得力而期划一。每年由北洋、湖北请旨，简派大员，分往校阅，按其优劣，严加甄别，用副朝廷整顿武备，实事求是之至意。”[2]清廷的这种态度变化是清末军事近代化的重要条件，也

[1]《光绪东华续录》卷一百六十八，罗尔纲：《晚清兵志》，中华书局1997年版，第167页。
[2]《德宗实录》卷五〇七，页十一，来新夏：《北洋军阀》（一），上海人民出版社1988年版，第359页。

为袁世凯集团在新政时期的军事扩张创造了有利的时机。蒋方震认为，自光绪二十八年（1902年）迄宣统三年（1911年）为清末“军事狂热时代”，“在朝则曰练兵，在野则曰军国，而官民并进，新旧杂糅”。[1]看来是有一定道理的。

2. *是清廷在军事上加强中央集权的产物*。经过庚子之役，清政府在甲午战争中好不容易建立起来的一点军事力量又几乎丧失殆尽。在八国联军侵华的过程中，清政府的武卫军，除袁世凯领导的武卫右军，因在山东划境自保而安然无事外，其余的前、后、左、中四军在与列强的战斗中，皆几乎全军覆没。因此，为了确保回銮后清廷的安全，慈禧太后决定将张之洞在湖北训练数年的自强军调归袁世凯管辖。同时，将袁世凯调任直隶总督兼北洋大臣，为清廷看家护院。这是清政府在决定新政后所下的第一着棋。这步棋，既是慈禧太后不露痕迹地夺取湖北地方势力兵权的高明一招，也是清廷为形势所迫不得不走的一步棋。

第二着棋，清廷命令各省巡抚改建各省兵制，创办武备学堂，准备一俟新军练成，即揽为己有。清廷下谕：“各省制兵，积习太深，亟宜更定饷章，认真改练……当此时局艰难，岂容因循怠弛。诸各该将军督抚等，速将兵制饷章，切实厘定。覆奏到日，由政务处汇齐覆核，妥定画一章程，请旨颁行遵守。务期兵归实用，饷不虚糜。至武备学堂，尤为教练将才根本。前已通饬各督抚，设法筹建。并令刘坤一、张之洞、袁世凯将一切规制章程，妥议具奏……俾各省一律遵行，勿再延缓，有负委任。”[2]

政务处奉旨，咨行各省说：“现行营制饷章不合时用，亟宜通盘筹画，大加厘订，俾各省均归一律，按省分大小，酌定营数。军分三等，常备军优给饷项，扼要屯练。续备、巡警两军，饷数差减，分扎操巡。除步炮马队外，如工程重辎医药等队，均当详慎筹备，遵旨改习。新械旧器，不得掺杂并用。将弁尤须考究械学战法，粗通文字，略知测算。旧有官

[1] 蒋方震：《中国五十年来军事变迁史》，来新夏：《北洋军阀》（一），上海人民出版社1988年版，第1049页。
[2] 朱寿朋编：《光绪朝东华录》（五），中华书局1958年版，总第4833页。

弁，择令入学堂肄业，浮惰固执者立予参革。其有立功夙将，准以原官回籍。酌予恩饷。并另拟营汛武员叙补升擢章程。此次更定兵制，所练新军，应与已练洋操省份一律精益求精，不得力者即当裁革，勿稍迁就。所有兵制饷章训练规条，及各省兵数饷数，均详细声明，不得以旧日操章规制，敷衍陈奏。”[1]

第三着棋，光绪二十九年（1903 年）十月，在京师设立练兵处，收回各地统兵之权，以统筹全国练兵事宜。为此，清廷颁定章程，陆军编列名号，通国一贯，脉络相连，将帅不得擅立主名，行省不得自为风气。练兵处监督督抚以下文官、提镇以下武官，任命军事将领，统管新军粮饷，统辖各省军械局厂。光绪三十年（1904 年），清廷决定改建整个兵制，并把新军建成 36 镇，归练兵处控制。每镇有官兵 12500 人，总数将近 45 万人，组成常备军，由朝廷统一调动。慈禧甚至为此事“非常着意……几至寝食皆废”。[2]

第四着棋，光绪三十年（1904 年）四月，成立财政处，由庆亲王奕劻主持，着手统一全国货币工作，设置铸造银钱的总厂和分厂，用清理财政监理官揽取各督抚的财权，从而逐渐收控地方的财政权力。

中央上述肆无忌惮的集权之举立即遭到了要求分权的地方督抚们的强烈反对。

首先，在练兵经费问题上发生冲突。要练兵必得先筹款，而筹款的目标便是东南富裕的各省，此为一箭双雕之举。一方面，通过筹款可以打破地方督抚财源的垄断与把持，恢复中央政府对地方财政的控制；另一方面，通过筹款可以用其重建中央政府集权的军事支柱。而地方督抚们也明白“利益独立性的获得是漫长的，而利益的丧失却是迅即的”，他们更知道，一旦各方遵循同样的游戏规则，要有所成就即是很困难的事情了。所以，地方督抚们为了自己的利益不惜与中央相抗衡，两江总督刘坤一公开宣布地方收支“遽难和平托出，必须稍留余地”；湖广总

[1] 袁世凯撰：《奏定北洋练兵营制饷章》，北洋官报总局，清光绪二十八年铅印本。
[2] 陈旭麓等：《辛亥革命前后——盛宣怀档案资料选辑之一》，上海人民出版社 1979 年版，第 12 页。

督张之洞多次与朝廷就财政问题争论不休。由筹款带来的中央和地方的矛盾以及与地方的讨价还价，坚定了清廷推进新的集权体制的决心。

其次，在“划一营制”问题上发生矛盾。地方督抚们自然明白：划一营制，是为了统一训练、统一装备、统一调遣，这只是清廷的借口，实际上是为了打破他们多年以来对军队的垄断。而对军队垄断则是他们的命根子，怎能轻言放弃呢！所以，当清廷下令地方督抚们议复“如何划一章程”时，除直隶总督袁世凯外，地方督抚们皆装聋作哑，“默不一言”，更有甚者，江督魏光焘与鄂督张之洞公开反对划一营制。

面对地方督抚的扩权以及在筹款、划一营制问题上朝廷与地方的冲突，清廷预感到：不在冲突中先发制人，就会在冲突中被人先发而制。于是，光绪三十年（1904 年）六月，清廷以江南制造厂迁移新址为由，派练兵处襄办大臣、满族亲贵铁良南下。其南下意旨，时人分析说：“政府自设立财政处、练兵处后，日与各省督抚以文牍相往还。近日乃有派铁良南下之事，窥其意，无非欲吸聚各省之财权归于政府而已，无非欲收集各省兵权属诸政府而已。而考其意之所由来，则一言以蔽之曰中央集权而已。”[1] 铁良南下完成了“划一营制”、夺取制造局、打破督抚对地方财政的垄断等项任务，东南督抚的势力遭到了很大削弱：魏光焘被挤出两江，不久解职；张之洞也惶惶不安，不复有东南互保时“南方各省之总统”的气概；东南互保时南方各省联合一气的局面被打破。这一切为清廷再次中央集权化扫清了道路。

但出乎清廷预料的是，铁良南下和中央集权化的最大受惠人并不是朝廷，而是北方最大的地方实力派首领袁世凯。此后，清廷不得不采取措施削弱袁世凯的势力，并最终导致袁氏与清廷的决裂，从而直接影响了清末政局和决定了清廷的命运。

3. 袁世凯集团首领袁世凯个人的作用。清末新政中企图扩展军事力量的人大有人在，为什么只有袁世凯获得了成功？其中有诸多的因素：第一，袁世凯是一个军事人才，他能够顺应历史发展的趋势，积极学习西方资本主义军制，创造性地加以改造，使之中国化。他每练一军都制

[1]《论中央集权之流弊》，《东方杂志》，1904 年第 7 期，第 148 页。

定有一套详细的操作性比较强的章制，有章可循，目标明确。第二，袁世凯善于用人，在他的周围，聚集了一大批军事人才，如号称“北洋三杰”的段祺瑞、王士珍、冯国璋，是当时中国少有的军事人才，袁世凯对他们高度的信任和大胆地提拔重用，使他们的军事才能得以充分发挥。第三，袁世凯的野心权力欲特别强。他很注意抓兵权，善于利用时机，巧妙机智地运用权术扩编军队。比如他在山东巡抚任上，已经有了新建陆军演化的武卫右军和武卫右军先锋队两支军队，但在编练北洋常备军时，这两支军队却没有最早成镇，而是奏报朝廷，将新招募的军队编为第一镇。第四，他任直隶总督兼北洋大臣，地位重要，为朝廷倚重，为慈禧太后所宠信，这是其他各省督抚不能与之相比的。由于庚子之役后，直隶、京津地区的军队所存无几，袁世凯的军队就成为清廷的主要依靠力量。清廷是把北洋军作为中央军来看待的，故对袁世凯的练兵措施，大多给予支持。这在光绪二十八年二月十九日（1902 年 3 月 28 日）的上谕中可以得到充分证明。[1] 第五，北洋军军费充足。袁世凯于光绪二十九年（1903 年）被清廷任命为练兵处会办大臣，由于总理大臣奕劻不知兵，又为袁世凯所控制，所以实际上袁世凯控制了练兵处。他通过练兵处向各省摊派练兵费用，以全国之经费，供北洋一军所用。北洋第一、三、四镇军饷每年均由户部拨银 150 万两，第二、四、六镇常年额款也是由户部从全国调拨，第二、四镇部分军饷由长芦运库筹拨。而各省是以各省之财力编练各省之新军，缺乏一定的物质基础，当然瞠乎袁世凯的北洋军之后了。美国学者拉尔夫•尔•鲍威尔认为：“袁世凯和北洋军权势的迅速增长，是由于这个具有精力、才能、忠诚和强烈野心的人，抓住了一切机会而造成的——这些长处的结合，使袁氏能够在京师和各省胜

[1] 光绪二十八年二月十九日的上谕主要内容是：“京师为天下根本，畿辅为京师屏障，现值门户洞开，强邻逼处，兵燹甫靖，伏莽犹繁，筹饷练兵，视他省为尤急，直隶本系缺额省份，所有淮、练各军，以及海防水师，一切饷需，向受协于各省，近年实解不过二三成，以北洋各军四万余众，计口授食，不敷甚巨，万一饥军哗溃，大局何堪设想。昨据袁世凯具奏直隶协饷短绌情形，当饬户部妥为筹议……应饬协拨各省……不得再有短欠……著自本年伊始，即照户部复定单开各款，筹解足数，不准稍有短欠，如再延欠不清，以至贻误，即将各该督抚藩司一并交部分别议处。”[《德宗实录》卷四九六，页四至五，来新夏：《北洋军阀》(一)，上海人民出版社 1988 年版，第 352 页。]

过他的竞争者。”[1]这个结论是有一定道理的。

4. 日俄战争为袁世凯集团军事力量的扩张提供了一个机会。日俄为了争夺我国东北，矛盾由来已久。光绪二十一年（1895 年）俄国为了制止日本独吞我国东北，纠合法、德两国迫使日本吐出了已经到手的辽东半岛。光绪二十二年（1896 年）《中俄密约》签订以后，日俄矛盾更加激化。经过近十年的准备，日本决心在辽东与俄国决一胜负，以重新夺回对中国东北的控制权。辽东为清王朝龙兴之地，又接近直隶，日俄的企图，直接威胁着清廷的安全。光绪三十年（1904 年）日俄战争兵端已肇，十二月初二（1905 年 1 月 7 日），清廷以日俄相持益亟，如果决裂，中国势处两难，遂命各省筹议严备。袁世凯乘机上奏说：“日俄龃龉，其势两不相下，战端难免。就我现在情势而论，不得不谨守局外。然公法局外之例，以遣兵防边，不许借境为要义。防之不力，守局立隳，而两强构兵，逼处堂奥，变幻叵测，则今日所处之势为尤难。如欲慎固封守，非十数万人不克周密；又须声势联络，互相策应，方免疏虞。现臣所部大枝战兵，只武卫右军七千人、常备军九千余人，应战之兵，总计不过三万。前曾与政府密商，拟增兵三万，并筹备军火，而饷项难筹，尚无的款等语。”当时中国能战的军队，首推北洋，而北洋军实力只有此数，其将何以应此事变？所以袁世凯奏上，清廷立即“饬户部迅速筹拨的饷”，[2]先行扩充北洋各军，事尚刚办，日俄即已开战。时辽河以东，俄国于庚子时入据尚未尽撤，乃迫而划为交战区，其西为中立地，俄国也以辽河以西地并入战区，清廷无如之何，只得命袁世凯迅调北洋军严防沿海及关外一带，并命袁世凯亲赴榆关居中调度，以防窜入直隶境而已。在交战中，日俄两国对中国执行公法，往往加以妨碍。而尤使我国难看的，则为两国交战，本与我国无关，却强迫在我国疆域内做战场而清廷又无可奈何。这都是因为我国势弱，因此日俄两强才敢肆无忌惮。落后就要挨打，要雪这个耻辱，只有赶紧编练新军以奋起图强。

[1] 拉尔夫·尔·鲍威尔著，陈泽宪、陈霞飞译：《1895—1912 年中国军事力量的兴起》，中国社会科学出版社 1979 年版，第 179 页。

[2] 沈祖宪、吴闿生：《容庵弟子记》卷三，《北洋军阀》（五），上海人民出版社 1993 年版，第 65 页。

所以，在日俄开战后半年，北洋常备军便从一镇多的兵力迅速地扩张成为三镇。接着，清廷又颁布陆军制度，谕令各省遵照新章次第编练。北洋六镇也得以迅速建成。从某种程度上说，袁世凯集团的扩张也是钻了清廷防日防俄的空子。

四、创建近代化的巡警制度

（一）大力推行警政

光绪二十六年（1900 年）以前，除了帝国主义盘踞的租界外，中国各地都没有近代意义上的警察。庚子之役，联军占领北京后，京城地区的治安相当混乱。出于维护统治秩序的需要，清廷决定兴办警政。光绪二十七年七月三十日（1901 年 9 月 12 日）清廷发布上谕，令各省将军、督抚裁撤制兵、防勇，“精选若干营，分成常备、续备、巡警等军”，推行警政。

对此，袁世凯的反应最为迅速，在各省中率先开办警察局。直隶巡警局创设于光绪二十八年（1902 年）袁世凯督直之时，首于保定试办，其后又于保定设置警务处，并推广于其他各地，故不特为时最早，且也较具规模。这一举动,除北京外,在全国尚属首创。当他接任直隶总督后，就对清王朝关于创办巡警等军的谕旨心领神会，立即“仿照”八国联军天津都统衙门的“巡警办法，奏定章程”，分别兴办。

袁世凯认为，北洋之所以创办警察局，原因有三：（1）国内“中国自保甲流弊，防盗不足，扰民有余，不得不改弦更张，转而从事于巡警”。（2）国外,“查各国警察,为内政之要图,每设大臣领其事。盖必奸宄不兴，而后民安其业，国本既固而后外患潜销。且国家政令所颁，于民志之从违，可以验治理之得失，而官府所资为耳目，借以考察舆情者，亦惟巡警是赖”。（3）直隶内部，“直隶自庚子以来，民气凋伤，伏莽未靖，非遵旨速行巡警，不足以禁暴诘奸，周知民隐”[1]。海口一带，“地处海滨，民俗强悍，大兵之后，人心浮动，伏莽尤多，其海口一带，商旅骈集，海盗出没靡常。联军驻境时，地方官法令不行，亦复披猖无忌，举境骚然”。而天津“尤虑华洋交替之际，非徒乘间思逞，情形较内地尤为紧要，是非举办巡警无以靖地面而清盗源”。[2]因此，为了扩大发展本集团的力量，镇压人民的反抗，以袁世凯为首的袁世凯集团决心创设近代意义上的巡警局，以达到其所谓的“清内匪”，“治内”的目的。

在上述历史背景和动机之下，袁世凯通过日本驻华公使聘请日本警视厅警官三浦喜传为警务顾问，委派候补道赵秉钧和三浦一起，参照东、西成法，拟定警务章程。经过一番组织筹划之后，袁世凯于光绪二十八年（1902 年）四月间，在直隶省城保定首创巡警局，委赵秉钧为总办。该局下辖五个分局，东、南、西、北和四关按地段划分，计官警 500 人。随之，袁世凯又委托赵秉钧建立保定警务学堂，以此作为全省警务扩张基础。该学堂聘请日本警官充当教习，培训官警，作为“将来可逐渐扩广，由省会而遍及外府、州、县”之用。“直隶警务，先自省城试办，以期渐次推广。学堂实为全省警务基础，先以保属所募巡兵充作学兵，分班练习。”是年七月初九（8 月 12 日）清廷批准袁世凯拟定的警政，令其“认真举办，逐渐推行”。[3]

巡警虽然最先出现于保定，但发展却在天津，事实上筹办保定巡警局与筹办天津巡警局是同时进行的。由于《辛丑条约》规定，天津 20 华里之内，不准中国军队驻扎，袁世凯乃“迭径电请外务部，向各国公使磋商”说：“兵力既不能到，惟赖巡警以镇慑而绥靖之。”遂明确巡警不在限制之内。

本来，袁世凯预筹天津巡警非四五千人不可，只是“饷源支绌，罗

[1]《创设保定警务局并添设学堂拟订章程呈览折》，《袁世凯奏议》（中），天津古籍出版社 1987 年版，第 604、604 ~ 605 页。
[2]《天津及海口一带设立巡警先后筹办情形折》，《袁世凯奏议》（下），天津古籍出版社 1987 年版，第 1055 页。
[3]《创设保定警务局并添设学堂拟订章程呈览折》，《袁世凯奏议》（中），天津古籍出版社 1987 年版，第 615、605 页。

掘为难，不得不立以始基，徐图开拓”[1]。于此乃先行“密挑所部营队三千人，授以巡警管理各法”[2]，编成10个巡警局，于光绪二十八年（1902年）六月以前，先后编练成军，暂驻保定待命。袁世凯在光绪三十年十一月二十九日（1905年1月4日）给朝廷的奏折说：“臣前驻保定即经陆续招募警兵，勤加训练，限以速成……因先招募三千名，编列十局，于二十八年五六月间，先后成队，暂住省垣，拟俟地面收回，即分驻要区以资捍卫。”[3]光绪二十八年七月十二日（1902年8月15日），根据《辛丑条约》，袁世凯以直隶总督身份，从八国联军手中收回天津。暂驻保定的天津巡警2000人也随同到达天津，同时袁世凯委派曾任上海租界巡捕长的王庆年，把都统衙门的“华巡捕”850人收留，组成了天津及沿东海岸的巡警网。袁世凯从保定调来赵秉钧，委为天津巡警总监，并聘请日本警官伊藤次郎为帮办，原田俊三为顾问。赵秉钧在原田和伊藤的指导下，划分区域，清查户口，迅速组成了天津巡警机关。他在天津县城设立南段巡警总局，下设5个分局，每分局各设四区，每局295人。总局直接管辖马巡队、河巡队、拘留所、备差队、消防队、军乐队和探访队（侦缉队）。探访队长为杨以德。

杨以德（1873—1944），字敬林，天津人，祖籍山东，落魄盐商的后裔。因在侦探处任侦探员时捕获著名大盗张立三而为袁世凯所闻知与赏识。经袁保奏，杨以德即以知府任用。光绪三十二年（1906年），杨被袁札派为天津探访局总办，从此，杨即成为袁的心腹爪牙，在袁世凯推行直隶警政过程中出力甚大，日益为袁所重用。

天津南段巡警总局共2000余人，其大致情况为：巡警1177名，“并有马巡队53名，河巡队50名，消防队91名，差遣队46名，备差队101名，乐队21名，电线队37名，各为全局之一部分”。“总局精神作用专以

[1]《天津及海口一带设立巡警先后筹办情形折》，《袁世凯奏议》（下），天津古籍出版社1987年版，第1056页。

[2]沈祖宪、吴闿生：《容庵弟子记》卷三，来新夏：《北洋军阀》（五），上海人民出版社1993年版，第68页。

[3]《天津及海口一带设立巡警先后筹办情形折》，《袁世凯奏议》（下），天津古籍出版社1987年版，第1055～1056页。

保护一般人民维持治安为宗旨。”[1] 袁世凯在天津设立了南段巡警总局的同时，又在西沽、塘沽、山海关、秦皇岛、北塘五处设立了巡警分局，分别由大沽、山永两协副将及北塘游击统辖，各局设马或步巡警队，共八队，计 1500 人，是为北段巡警总局。局址设于天津县城。同年年底，袁世凯再委赵秉钧设立天津警务学堂。次年，保定警务学堂并入，更名为北洋警务学堂。该学堂聘请三浦喜传为总教习，数名日本警官充教席。学堂编译外国警务书籍，培训巡警，“造就通省巡警官弁”。光绪三十一年（1905 年），袁世凯下令赵秉钧拟定章程十二条，先从天津四乡办起，“以为各属模范”。并按地区、人口多少建立 8 个巡警分局，分辖 15 个区。凡殷富之区 50 户出 1 名巡警，荒僻之区，100 户派 1 名巡警，总计四乡 75480 户，初定警兵 724 名。

天津设立巡警以后，统治阶级齐声叫好，说自巡警建立以后，“奸宄不行，闾阎安堵，成效昭著，中外翕然”。[2]“中西商民交口称誉。”[3]“地方渐臻静谧，宵小不至横行。”[4]这些话是出于袁世凯的先知“预筹”，有言过其实之处，然而在社会动荡紊乱之际，巡警对于维持直隶地区的社会治安所起的一定作用，却是可以肯定的。

随着保定、天津巡警的建立与发展，直隶省捕盗营陆续改行巡警制。光绪三十年（1904 年），清廷又“通饬各省兴办巡警”，北京亦简派亲王善耆办理是项新政。直隶各州县亦陆续兴办。直隶总督袁世凯“督饬天津总局道员赵秉钧先从天津四乡办起，以为各属模范”。到光绪三十一年（1905 年）全省已设立 90 余处，其中虽然“大半有名无实”，然而也不乏成效较著者，如南宫县在光绪三十三年（1907 年）年初以前，城乡巡警已多达 700 余人。袁世凯赞许该知县主持警政，“条理秩然”，“地方赖以安宁”，遂奏请奖励。从此，密密麻麻的巡警网遍及直隶全省。

直隶警政由于开办早，推广快，效果佳，规制详，颇得清廷及时人

[1]《天津南段巡警总局现行章程》，《北洋公牍类纂》卷八，警察二，第 3、1 页。
[2]《拟定天津四乡巡警章程折》，《袁世凯奏议》（下），天津古籍出版社 1987 年版，第 1170 页。
[3] 沈祖宪、吴闿生：《容庵弟子记》卷三，来新夏：《北洋军阀》（五），上海人民出版社 1993 年版，第 68 页。
[4]《创设保定警务局并添设学堂拟订章程呈览折》，《袁世凯奏议》（中），天津古籍出版社 1987 年版，第 605 页。

赞誉。它在清末占有极其重要的地位，产生了比较广泛的影响，为各省树立了榜样，为地方警政的发展指出了一条可行的道路。清廷由此决定按照直隶的办法加以推广。光绪二十八年（1902年）九月清廷以“袁世凯奏定警务章程，于保卫地方一切，甚属妥善”，严谕“各直省督抚仿照直隶章程，奏明办理，不准视为缓图，因循不办”。[1]这以后，警政才在全国迅速展开。

（二）警员的教育及培训

直隶的警政之所以能够迅速推广是和它的警察教育的全面展开密切相关的。“直隶警察自保定、天津倡办以来，久著成效。其外府州县亦皆陆续推广，而学堂实为全省警察基础。”[2]以袁世凯为首的袁世凯集团在保定和天津创办警察伊始就极为重视警员的教育和培训工作。袁世凯认为：“各国警务本为专门之学，臣设立各处巡警，事属草创，且期在速成，亦只粗具规模，欲其精益求精，非设学堂不足以资考校”。为此，他“在津设立警务学堂，饬令各巡局官弁兵丁分班肄业，延订洋员充当教习，编译外国警务诸书，立定课程，为之讲贯，务令一兵一弁皆由训练而成”[3]。袁氏以学校为警察的基础，对于警察人员的培养，不遗余力。光绪二十八年（1902年），首于保定开办巡警学堂。这年冬，又设立了天津警务学堂。次年，保定巡警学堂归并于天津，更名为北洋巡警学堂，并另设保定初级巡警学堂一所。光绪三十年（1904年），北洋巡警学堂复改名为北洋高等巡警学堂，延聘日本人三浦喜传（总教习），矢野健藏、小川胜冈纲、豬德五郎等人来华任教。分新旧两班授课，学额100名，2年毕业，光绪三十四年（1908年），改为3年毕业，分由各地方官选送学员入堂肄业，毕业后派往各州县之教练所，教练警兵，借以养成警察人才。计到宣统元年（1909年）十一月，毕业警官500余名，警兵将近3000名，均经发给文凭，分别派办警务。其他各省员

[1] 朱寿朋：《光绪朝东华录》（五），中华书局1958年版，总4935页。
[2]《北洋巡警学堂推广重定章程》，甘厚慈：《北洋公牍类纂》卷七，警察一，第1页。
[3]《天津及海口一带设立巡警先后筹办情形折》，《袁世凯奏议》（下），天津古籍出版社1987年版，第1056页。

生来堂附学，以及该堂员生应各省电调者，则有十五六省之多。对于全国警政之影响，不可谓不深。由于培养人才颇多，当时在警界，保定警校与保定军校齐名。

直隶的警务学堂在其成立之初主要是以培训在职警员为主。保定警务学堂仅“以保属所募巡兵充作学兵”[1]。天津警务学堂也是由“各巡局官弁兵丁分班肄业”[2]，由于只是出于培训当地警员的需要，初设时的警务学堂一般规模都不大，学制也较短。如保定警务学堂“只设提调一员以资佐理。所有监督、院长诸名目，概不设立。学堂诸务，均由总办兼理”[3]。学堂的教习等也仅有警务总教习、帮教习、口授警法教习、操法教习等4名。其学制官学讲堂3个月毕业，兵学生初等课程3个月毕业，中等及高等课程均2个月即可毕业。天津警务学堂的情况也大体如此。

随着直隶全省对警务人员需求量的增大，袁世凯决定扩大警务学堂的规模。光绪二十八年年末（1903年初），袁世凯将保定警务学堂并入天津警务学堂，并易名为北洋巡警学堂。以后袁世凯又将保定警务学堂恢复重建，称为通省巡警学堂，也称为保定巡警学堂。

北洋巡警学堂是清末巡警学堂中建立较早，最为正规的警务学堂之一。它摒弃了原来单纯的培训进修的方式，采取了招考和附学、官费和自费相结合的招生和办学方式。其中招考主要面对天津地区。录取分为两种，一为学员，一为学生。“每届招考学员，先期牌示周知。统限候补、候选实官，愿入学者到堂报名。由总办考验合格，试以公牍、审判”，秉公录取，准“试习两星期，如果身体耐劳，资质可造，始得留堂肄业”。“每届招考学生，先期知照天津巡警总局转饬各区，责令取具切实保结，报明三代住址箕斗，选送来堂。复由总办、

[1]《创设保定警务局并添设学堂拟订章程呈览折》，《袁世凯奏议》（中），天津古籍出版社1987年版，第615页。

[2]《天津及海口一带设立巡警先后筹办情形折》，《袁世凯奏议》（下），天津古籍出版社1987年版，第1056页。

[3]《创设保定警务局并添设学堂拟订章程呈览折》，《袁世凯奏议》（中），天津古籍出版社1987年版，第615页。

提调考验合格，试以粗浅文字，能明顺者始准入堂肄业。”[1]学堂章程规定，学生高等毕业可担任巡长、巡目等低级警职，而学员高等毕业，则可担任州县一级的最高警官（巡官），或天津等城局的区官。由于学员入学前就是有官衔的，并且毕业后又能获得较高的警职，所以当时又把学员称为官学生，而把学生称为兵学生。

附学分为两种，一为本省申送，一为外省咨送。附学的学员或学生愿学到何种程度，由各州县和各省自行决定，但培养费则由各州县和各省给付。

北洋巡警学堂不仅在招生和办学的方式上有所改变，办学规模有所扩大，学制也延长了。学堂章程规定学员 2 年毕业，每半年为 1 个学期；学生 1 年毕业，每 3 个月为一个学期。北洋巡警学堂是当时规模较大的一个警务学堂，在校生仅招考一项，官费、自费加在一起就有 468 名，[2]加上附学生，数量已相当可观。

由于北洋巡警学堂远远不能满足全省推广警政的需要，袁世凯又创办了保定通省巡警学堂来扩大培养人才的规模。

通省巡警学堂分设高等和普通两科，学堂采用速成教法。高等科学生学制 1 年，普通科学生学制 6 个月。学堂在光绪三十二年（1906 年）、光绪三十三年（1907 年）两年内共培养高等生 1400 名，普通生 1980 名。为了加强基层警察的培训，袁世凯又将其中的 438 名官费高等生派往各州县开设巡警传习所，同时担任州县的巡官。他们每人开设一所，每所每年培训 4 期，每期训练巡警 40 人。这样 2 年之内由通省巡警学堂及其毕业生培训的官弁长警达到 76820 名[3]，基本满足了全省各州县的需要。显而易见，在光绪二十八年（1902 年）前后重建于保定的巡警学堂在直隶警政推广过程中的作用远远超过了北洋巡警学堂，从而为袁世凯集团培养造就警务方面的人才提供了保障。

[1]《北洋巡警学堂推广重订章程》，《北洋公牍类纂》卷七，警察一，第 2 页。
[2]《筹办通省巡警学堂总纲》，《北洋公牍类纂》卷七，警察一，第 5 页。
[3] 筹办通省巡警官弁长警入学毕业人数表》，《北洋公牍类纂》卷七，警察一，第 8 ～ 9 页。

袁世凯集团在新政时期所办主要警察学堂如下表：

名　称	创办时间	地　点
保定巡警学堂	1902年	保　定
天津巡警学堂	1902年	天　津
北洋巡警学堂	1903年	天　津
通省巡警学堂	不　详	保　定
直隶司法警察学堂	不　详	不　详
镇标巡警学堂	不　详	大顺广三
直隶警务学堂	不　详	不　详
霸州全境巡警传习所	不　详	霸　州
庆云县巡警学堂	不　详	庆　云

注：1. 北洋巡警学堂是由保定、天津二巡警学堂合并而成，1904 年改名为北洋高等巡警学堂。

2. 资料来源：甘厚慈:《北洋公牍类纂》，警察一、二、三，光绪丁未九月初版。

清末直隶当局在展开警察教育的同时，还十分重视发展警察学术。袁世凯督直期间，《直隶警察杂志》办得有声有色，实际上被各省奉为楷模。《直隶警察杂志》的特点是：（1）刊数多。每月两期，初一、十六发刊。（2）读者面广。该刊采取文言与白话兼有的方式，文言所以备警员之研究，白话所以增巡警之学识。这对于不同文化水平的警察官员都能适用。（3）内容丰富、形式活泼。该刊不仅有宣传官方的文件、政策之内容，而且很注意采集各地的警察信息，翻译、介绍各国的警察制度和理论，尤其是用白话编演关于巡警、侦探极有机智之短篇小说，以使巡警足以开豁心思、振动灵机为宗旨。它对推动清末直隶警察教育和学术的提高具有十分重要的意义。

（三）开办方式和经费

直隶的办警方式在清末有着广泛的影响，基本上各省在办理警政时都是循着直隶的模式进行的。以袁世凯为首的袁世凯集团“远稽汉代乡亭之职，近师日本町村之法”[1]，在直隶开办警察局，存在着两种方式：一为官办，一为官督绅办。大体说来，天津、保定两城的警局为官办，而大部分州县的警察局，尤其是乡警局则采用的是官督绅办的方式。

所谓“官办”，指的是所有警务行政、经费等事全由官方办理，不假民人之手；所谓“官督绅办”，指的是“官有行政之权”，是为“官督”，而经费的筹措、警员的招募、警饷的分发等则由绅来经办，是为“绅办”，也即所谓“绅有参谋之义”。

天津、保定两城官办警察局的经费主要来源于城中所收的房捐、铺捐、车捐等各种捐税，不足之处再用官费津贴。天津警务的不足部分袁世凯用裁撤的津防练军军饷移挪补足。[2]保定之不足部分，光绪三十三年（1907年）以后，袁世凯下令由山西入境的铁商包纳银1万两，凑发警饷。袁世凯初创巡警时，财政支绌，经费难筹。袁世凯乃采取排除异己的手法，大肆裁汰非嫡系部队与杂牌军，以其军饷充当巡警开支。以创办天津巡警为例，当时驻津练军原有13营，到光绪二十九年（1903年）被袁世凯裁汰七营，其固有军饷被充巡警军饷。不足部分，一是以苛捐杂税补齐[3]，二是从铁路盈余挪用[4]。与此同时，把嫡系部队化军为警，然后，借口直隶军队是保卫京畿和朝廷的支柱，大肆扩建北洋军。这样，异己军队被消灭，而袁系的北洋军和巡警却日益扩大。

官督绅办的办警方式最早始于天津四乡巡警开办之时。袁世凯认为：“查外国警察之制，上通政府，下达穷乡，就地抽捐，以取诸民者仍用诸民，故官无筹款之劳，民无横征之怨。证诸周礼修闾野庐之职，管子轨里连乡之制，今古同符。臣惟立法贵乎因时，时既至则迎机易导；治民期乎立信，信既孚则下令如流。因督饬天津巡警总局道员赵秉钧，先从天津四乡办起，以为各属模范。”当时，为了便于筹集经费，赵秉钧采取了

[1]《拟定天津四乡巡警章程折》，《袁世凯奏议》（下），天津古籍出版社1987年版，第1171页。
[2]《天津及海口一带设立巡警先后筹办情形折》，《袁世凯奏议》（下），天津古籍出版社1987年版，第1057页。
[3]《拟定天津四乡巡警章程折》，《袁世凯奏议》（下），天津古籍出版社1987年版，第1170～1172页。
[4]《铁路余利支拨要政用款折》，《袁世凯奏议》（下），天津古籍出版社1987年版，第1430页。

于各村中选置村董，由村董负责募警、筹警的办法。具体方法是：将各村“殷富之区按五十户挑巡警一名，穷僻之区按百户挑巡警一名，责成村董各在本村挑选保充……其每名每月应给工食亦系斟酌地方情形，由村董核定，多在八九元，少在四五元不等。其款就用乡间向有之秋季青苗会、冬季支更费改办巡警，如有不敷及军衣器械一切杂费，即以不入祀典庙田之有余者，酌量抽提。至若迎神、赛会、演戏一切无益之举，一律改为巡警经费，款皆责成绅董，官不经手，然须按月稽查，年终将出入数目榜示村中，以昭信实”。[1]

天津四乡巡警开办之后，袁世凯责令各州县仿行办理。官督绅办的办警方式于是很快为各州县所普遍采用。光绪三十一年十二月（1906年1月）直隶藩臬两司在催促各州县抓紧赶办巡警的公文中更明确要求：各州县开办巡警，尤在官督绅民筹办，款须共同经管，不须官人经手。由此看来，官督绅办的办警方式在直隶各州县当为普遍采用的一种方式。

一般来言，直隶各州县都于警局中设有警董，村中设有村董。警董由各警区所辖各村正副及村董中选举产生，以得票多者当选。但警董必须家道殷实方为合格，否则虽然得票较多，仍免派充。警董经公举后即须赴局任事，专理发饷、置办军装及收存各村所摊巡警经费等事，至于局中其他事务则不许干涉。

警董和村董名义上都是义务的，不发薪饷。但由于警董常年驻局及外出办事，所以每月发给津贴及车马费，一般有十余两；村正副和村董则只给车马费，一般仅几两。然而这些绅董却可以在筹集警费上打主意。村正副及村董在征收警费时往往浮收，而警董则可以借收存警费和置办物件时贪污中饱。因此，这种官督绅办的办警方式虽然有助于警费的筹措，但因筹款假助于绅董，以致受土豪劣绅把持，也助长了劣绅的肆行搜刮。

直隶各州县在开办警察局时，按照最初的规定是将支更费、青苗会、迎神赛会、演戏不入祀典等款改办酌提，以及将编查保甲费、设立窝铺

[1]《拟定天津四乡巡警章程折》，《袁世凯奏议》（下），天津古籍出版社 1987 年版，第 1170、1172 页。

费等挪移更变使用。然而上述款项各州县并没有多少，根本不够使用。因此各州县在收集警费时，除了将上述款项提用外，更主要的还是从农民的土地上打主意。一般所采用的办法是在确定总数后，于这些款项之外再挨户按地亩征收。光绪三十二年（1906年）直隶警务处鉴于各州县警费难筹对各州县征收警费的办法作了统一的规定，要求各地“以二十顷地公养巡警一名，倘地面瘠苦或再展为三十顷养一名”。[1]这样按土地征收警捐遂成为定制。由于并未确定征收标准，各地在征收警捐的过程中舞弊成风。绅董和官警互相勾结，往往任意搜刮，这就给本已负担极重的直隶农民又增加了一份沉重的经济负担。

总的看来，警政的推行是袁世凯督直时期人所称道的主要政绩之一。虽然袁世凯在直隶与京师创办警局和推广警政主要是出于镇压和消弭人民革命，稳固清王朝统治的需要，发展自己集团的势力，但直隶与京师警政的发达客观上对于稳定直隶与京师地区的社会秩序也起到了一定的作用。自光绪二十八年（1902年）四月直隶推行警政以后，直隶的社会秩序是比较稳定的。另外，袁世凯引进西方资本主义警察制度，这本身就是中国向近代化道路上迈进的重要一步。因此，对于袁世凯在直隶与京师推行警政，我们应该一分为二地来看待。

然而袁世凯集团在推行警政的过程中，由于对日本人的过分依赖，也为日后日本对中国警政权的干预埋下了祸根。当时不仅袁世凯的警务总顾问由日本警视厅警官三浦喜传担任，保定、天津警局也都聘请日本人担任顾问或帮办。这些顾问和帮办不仅参与制定了直隶各主要的警察章程，还直接干预警务的管理。至于警察教育更是被日本人所把持。北洋巡警学堂和保定巡警学堂的主要教职如总教习、帮教习等清一色地由日人担任，致使直隶的警政在一定程度上为日本人所左右。光绪三十一年（1905年）日本在《二十一条》中之所以会向袁世凯提出“中国警政由中日合办”，其恶源也许正在于此。

[1]《直隶警务处详报遵札核定通省各州县巡警试办章程文并批》，《北洋公牍类纂》卷九，警察三，第12页。

五、兴办北洋实业

（一）袁世凯的重农思想及其实践情况

清末直隶地区的农业发展与以袁世凯为首的袁世凯集团的重视与支持密切相关。光绪二十八年七月初二（1902年8月5日），袁世凯上奏说："直隶地瘠民贫，非讲求地利，振兴农业，不足资生计而裕度支。查外洋虽以工商立国，而尤注意于农务。"如何振兴、发展农业呢？袁世凯主张向发达国家学习，他说：欧美国家为农业近代化而设"专部以统之，学堂以教之，故近年欧美农学，精益求精"。又因有"其取法泰西，获效最著者莫如日本"的经验，所以，袁世凯主张就近向日本学习。为此，他于光绪二十八年（1902年）在保定设立农务局，"委道员黄璟管理局务，聘订日本农学士楠原正三来直考求种植之法"。该局附设直隶农务学堂一所（我国最早的高等农业学堂——河北农业大学前身）。又基于"惟农功必期实验，考察不厌精详"的认识，注重实用科学，"先于城西设立农事试作场一所，俟办有成效，再行逐渐推广"。与此同时，"派黄璟偕同楠原正三前赴日本购办农学器具，就场实验，设学教授，并查考该国农务各新法回直仿行"。[1]由于袁世凯特别注重农业试验，以至于直隶到宣统二年（1910年）竟成立了32个农业试验场，且多与农业学校联合。即农业科学试验与农业生产相结合，以促进农业迅速走向近代化。

农务学堂分成速成、预备两科。速成科教以种植蚕桑及制造糖酒等事，课程以1年为限。预备科教以英文、算数、理化、地理、历史、金石、动植物学及各种农学，限5年毕业，科目较备，讲习较精，为农学高等程度。省城西郊旧有桑秧200余万株，小站营田旧有稻田400多顷，并归该局经理。至津东一带，荒地甚多，并饬逐渐招垦以兴地利。又就该局加筹商股，设立烟草公司，仿造烟卷，官商合办，冀收利权。[2]

[1]《省城设立农务局片》，《袁世凯奏议》（中），天津古籍出版社1987年版，第577页。
[2]《直隶筹办农工诸政情形折》，《袁世凯奏议》（中），天津古籍出版社1987年版，第852～853页。

袁氏科技兴农，成效卓著。

与此同时，袁世凯饬农务局在直隶各地劝办农会，把农务学堂的毕业生分送各地，以求农业技术的普及与改良。农务局又联合官绅于光绪三十三年（1907年）成立了农务总会，这是清末最早诞生的新式农业团体，对于推动此后全国各省农会的成立，无疑产生了不容忽视的影响。为此，农工商部称赞之"开智合群，此为先导"，并上奏清廷拟请饬下各直省将军督抚，通饬所属仿照直隶办法，先由官绅提倡，于省垣设立农务总会，再行推广各府厅州县设立分会。不久又奏准颁行《农会简明章程》，各地农务总会、分会遂纷纷成立。直隶农务总会成立的总纲是："本会志在联络官绅，讲求农务，使农产日形发达，以效裕国福民之效。在会办事人员于农务范围以内之事，无论如何困难，均宜坚忍为之，而尤以结团体，化私见为第一要义。"[1]该总会的主要活动包括编农报，译农书，开办农业试作场，举办农产品评会，创办农产制所，劝种森林，组织兴修水利，开垦荒地，改良种植等，涉及农田、树艺、蚕桑、纺织、森林、水产、畜牧等方面，并取得了一定成效。如所编农报发行不久日销量即达2200余份，印刷《栽桑捷法》4000册，《育桑捷法》3000册。举办农产品评会"每星期演说三次，以唤起农民改良进步之思想"[2]。经农务总会倡导带动，直隶各府厅州县农务分会也以上承总会，推广农务，使其区域内物产日繁，地无遗利为宗旨。直隶农务总会的成立对直隶农业生产的科学化、近代化及风气开化确实起了较大的作用。

直隶地处华北平原，可耕地总面积达8800万亩，另有荒地7000万亩，多属盐碱地。直隶人口400万户，每户平均22亩。为解决耕地问题，袁世凯及袁世凯集团成员积极发展垦荒。该集团成员陈健生即言："自强之道，首重理财。生财之源，莫先开垦。欧美诸邦积富致强，皆原于此。"[3]正是在这样认识的基础上，袁世凯在垦荒问题上采取了一系列重要措施。如安州白洋淀淤地50余顷，袁世凯于光绪二十九年七月

[1]《直隶详定试办农会章程》，《北洋公牍类纂》卷二十四，农务，第6页。
[2]《直隶农业学堂咨呈提学司历年办理各项事宜文》，《北洋公牍类纂》卷二十四，农务，第5页。
[3]《候补员外郎陈健生请发款开垦荒地禀并批》，《北洋公牍类纂》卷二十四，农务，第9页。

十二日（1903 年 9 月 3 日）上奏“查淀边之地，现在日益淤高，竟成膏腴，沧海桑田，今昔殊致……荒芜不治，更为可惜。相应请旨俯准，弛禁招民佃种，并照所拟等则改收租以济公用”，“其租银由州会同委员认真征收，解充农务局经费。由农务局详请具奏前来”[1]获准。垦荒即扩大耕种面积对农业的促进作用不容忽视。

袁世凯出于巩固统治和推进农业近代化的考虑，亦有惜农、护农之举。光绪三十年（1904 年）八月，他上奏要求推迟查办天津、通州二所的屯田，他说：“臣查庚子之变，津、通一带，首当其冲，受害最烈。本年大水为灾，沿河居民尤为困苦。此项屯田湘、鄂两省均已奏准免其缴价，直民浩劫余生，竟不能同邀旷典，未免向隅。至按地价计税，为数亦属无多，民间承种多年，相安已久，亦未便纷纷清查，致涉烦扰。合无仰恳天恩，俯念民力拮据，准将通、津二所屯田暂缓查办，嗣后如有转卖者，均照民粮地亩，一律税契以杜取巧。”[2]此外，袁世凯还主张均赋，对赫德条陈“言每亩令完钱二百者”，持“不可行”态度。他认为“地有高下，丁有众寡，田有腴瘠，是以科则有重轻……若不问等差，概令完钱二百，则额多而减少者，或以沃壤而输轻赋，额少而增多者，或以瘠区而供重征，苦乐不均，人谁乐从”[3]。

由于袁世凯及袁世凯集团成员的努力，直隶地区的农业近代化步伐大大加快。最突出的表现便是经济类作物种植面积增长很快，如棉花等。这虽与国际市场需求量增大有关，但主要还是与袁世凯的农业政策有着极大的关系。《天津海关十年报告书》（1902—1911）中说：直隶实业厅已经发表一份关于本省农业发展情况有趣味的报告书，说天津成立了北洋政府苗圃，后来改称天津农业实验站。棉花生产改进会就是发源于这个实验站的。该会试验长纤维棉花的生产，对改进本省棉花起了极大作用。在这样的政策措施下，直隶的棉花种植发展迅速，到宣统二

[1]《安州白洋淀淤地请弛禁招种收租解充农务局经费折》，《袁世凯奏议》（中），天津古籍出版社 1987 年版，第 831 ～ 832、831 页。
[2]《请将通津二所屯田暂缓查办折》，《袁世凯奏议》（下），天津古籍出版社 1987 年版，第 1012 页。
[3]《遵旨会同议复总税务司赫德条陈折》，《袁世凯奏议》（中），天津古籍出版社 1987 年版，第 946 ～ 947 页。

年（1910年）猛增到125 226担，到宣统三年（1911年）增到387 441担。棉花的大量种植与出口也带动了棉子的出口。《天津海关十年报告书》（1912—1921）中说：棉子的出口始于宣统二年（1910年），在最近三年中平均出口量增加到43万担。又如，在植树造林方面，在袁世凯的督饬下，直隶各地也取得了显著的成效。光绪三十四年（1908年）保定种树即达3000株，天津减河种柳达6000株，小站种树达1000株，其余州县20余处，也相继植树总数达到了200余万株。[1]从一定意义上说，清末直隶农业近代化的功劳簿上应该为以袁世凯为首的袁世凯集团记上一笔。

（二）北洋工业的兴办

1. 官办实业的奠基。

（1）北洋工艺局。创办于光绪二十九年（1903年）九月，为北洋官营实业之总机关。其宗旨是："通商惠工，扩张实业，挽自有之利源，开小民之生计。"[2]周学熙"曾赴日本考察实业状况，归来建议项城创办工艺局，以为一切工业建设之中枢"。周学熙说："今宫保锐意振兴工艺，洵为直隶士民之福。窃以为宜就天津设立工艺总局，以津海关道总其成，选派曾游欧美、熟习外洋商情之道员会同办理。所募工艺洋员，统归节制。考求直隶全省土产，及进口所销各货，凡有可以仿造者，力为提倡保护，不必官事制造；但厘定章程，专司考察，择取日本凭帖奖牌之类，鼓舞而奖励之。窃谓果能得其要领，三五年间必有勃然兴者。"在袁世凯的支持下，周学熙"始任总办，继任督办，前后五年，悉意经营，遂开鲜艳之葩"。[3]工艺局成为北洋实业之嚆矢。

（2）实习工厂。在北洋工业中，当日规模最大、收效最宏者，就是实习工厂。它开办于光绪三十年（1904年）九月。开办的宗旨是"提倡制造，培养民生，储各项公司工匠之才"。[4]科目计分机械科、图画科、

[1]《直隶农业学堂咨呈提学司历年办理各项事宜文》，《北洋公牍类纂》卷二十四，农务，第5页。
[2]《工艺总局周道等酌拟办法章程经费数目缮呈图折禀并批》，《北洋公牍类纂》卷十六，工艺一，第1页。
[3] 周小鹏：《周学熙传记汇编》，甘肃文化出版社1997年版，第127页。
[4]《实习工厂试办章程》，《北洋公牍类纂》卷十八，工艺三，第1页。

烛皂科、制燧科（火柴科）。实习工厂开办的目的，不重在产品之制销，实以技术之传授为主。当时士大夫多重清谈，鲜有自办实业者。自有实习工厂之示范训练，技术人手渐多，遂有醵资创办各种工厂如天津造胰公司、丹凤火柴公司等，为一时士绅所筹办，皆接受实习工厂之启导。

（3）劝业铁工厂及图算学堂。劝业铁工厂创办于光绪三十二年（1906年）。“机器为一切工业之母，故北洋劝业铁工厂为当时之重要建设。”[1]所造以民生日用机械为主，最后目的拟制造军械矿务用品。铁工厂内附有图算学堂，训练中级实用人才。北洋铁工厂之主要效用与实习工厂性质相同，不重在本身之发达，而重在间接之提倡。

（4）考工厂。周学熙创办。为一种陈列展览性质，并兼寄售货品，目的为开通民智，“提倡工商业之进步”，“考察本国外国商品，以激发工业家之观感”而设。[2]考工厂创办于光绪二十九年（1903年），至光绪三十三年（1907年）改名为劝工陈列所。考工厂讲习观摩，“一时风气丕变，人人思奋，颇有明治维新之象”。[3]

（5）直隶高等工业学堂。周学熙创办，初名为工艺学堂，于光绪三十年（1904年）改名为高等工业学堂。所聘教习有英国、日本的技术专家，所授为实用技术，并派专员驻日本调查工艺，考选学生赴日本实习，一时人才辈出。直隶高等工业学堂科目分为应用化学科、机器学科、制造化学科、意匠图绘学科，“专以培植工业上之人材为宗旨”[4]。该学堂为当时直隶实业培养了大批人才。

（6）教育品制造所。周学熙于光绪三十年（1904年）秋，在天津设立教育品陈列馆，搜集中外应用之教育品。光绪三十一年（1905年）冬，筹办教育品制造所，招工制造各种教育用品。一年之内，制成科学仪器200多种，共2500余件。

（7）广仁堂与女工厂。天津广仁堂，创办于光绪四年（1878年）。时北畿大灾，孤嫠流离，李鸿章派吴清卿为救济孤寡及被掠卖妇女所设。

[1] 周小鹏：《周学熙传记汇编》，甘肃文化出版社1997年版，第129页。
[2]《天津考工厂试办章程》，《北洋公牍类纂》卷十七，工艺二，第6、3页。
[3] 周小鹏：《周学熙传记汇编》，甘肃文化出版社1997年版，第130页。
[4]《直隶高等工业学堂试办章程》，《北洋公牍类纂》卷十六，工艺一，第11页。

后遭八国联军入侵，渐至废弛。周学熙任天津道时，于光绪三十一年（1905年），重加整理，让其夫人负责。并附设女工厂、慈幼所、蒙养所、幼稚园、女医院等，尤以女工厂为最著。女工厂仿照实习工厂方法，教授堂中妇女及附近女子以各种工艺，系属社会服务事业性质之类。

2. 民营实业的建设。

（1）启新洋灰有限公司。启新洋灰有限公司原名“唐山细棉土厂”。光绪十二年（1886年），李鸿章应军事工程需要，命开平矿务局总办唐廷枢筹集官、商股银10万两开始兴建，于光绪十五年（1889年）投产。光绪十八年（1892年）唐廷枢病故，张翼继任督办，在庚子事变中，将开平矿务局拱手让人。随之，细棉土厂作为其附属财产的抵押品，也被潜剜暗割。光绪二十八年（1902年）十月，清廷命令袁世凯派员迅速办理收回事宜。袁遂委派周学熙进行交涉办理。在袁世凯的支持下，唐山细棉土厂最后于光绪三十二年七月七日（1906年8月26日）正式收回，次年改名为启新洋灰有限公司。启新洋灰有限公司是在清末袁世凯的卵翼下创办起来的，而且一开始袁氏家族及北洋官僚政客就成了该公司的大股东，它实际上是一个北洋官僚私人投资的企业。

（2）滦州煤矿。光绪三十二年（1906年）周学熙为收回开平煤矿而创办。开平煤矿原为官矿。光绪初年，李鸿章委唐景星观察创办。庚子事变期间，开平煤矿为英商所骗夺。袁世凯督直后，任命周学熙交涉办理收回之权。周学熙“创滦收开”，在官府公资与北洋著名官僚私人投资支持下，与英商控制下的开平煤矿展开了一场经济争夺战争。经过多次较量，英商那森深服周学熙之卓识毅力，同意合作开矿，“且明定十年后，滦矿有收回开平之权”。在滦州煤矿中，董事和职员都是袁世凯的部下，又是周学熙的安徽同乡，有的是袁世凯的河南同乡，大投资户只能限于少数人，只有他们才可以决策和管理公司。

（3）滦州矿地公司。滦州矿地公司是滦州煤矿的联系机关，同时创设，专为承办矿场用地，及建筑市场店房等事，并兼顾员工福利所需。开办第二年（1903年），由德国购运来洋槐120万株，栽植矿场各处，嗣后年有繁殖，以为井下材料之用。至滦矿与开平联合营业后，矿地公司仍保持其独立经营姿态为完全华商经营。[1]

（4）京师自来水股份有限公司。清朝末年，由于京师工商业的发展和户籍人口的不断增加，市民和工业用水也随之增加。加之火灾迭起，因乏水源扑救，每年火灾损失浩巨。光绪三十三年（1907 年）八月，袁世凯调军机大臣兼外务部尚书，慈禧太后见火灾迭起，问袁防火有何善政，袁以自来水对，并举荐周学熙“任之”。三十四年三月十八日（1908 年 4 月 18 日），农工商部大臣杨士琦等联名向朝廷推荐周学熙，说他“在直隶历办工艺局厂，成绩昭著”，“谙熟商情，声望素孚”，让他来“总理京师自来水”事宜，必“措置裕如，不负委任”。农工商部在接到慈禧太后同意兴办自来水公司的“谕允”后，于是年三月二十八日（4 月 28 日），又上了一道奏折，提出了筹办自来水公司的“大概方法”，建议该公司为官督商办，并让袁世凯“统筹兼顾”。[2] 四月，周学熙、孙多森进京，周任自来水公司经理，孙任协理。这样，京师自来水公司一开始就落入北洋官僚集团的手中。周学熙等人自光绪三十四年（1908 年）四月进京筹建，经过近 22 个月的精心擘画兴工，至宣统二年二月初十（1910 年 3 月 20 日）正式向北京城厢供应自来水。所建水厂及铺设的管线构成了北京市供水网的初步格局。其产水和供水设施在此后近 50 年的时间内发挥了重要作用。这是清末袁世凯集团兴办的近代民用企业中最直接惠民的一个。

以袁世凯为首的袁世凯集团的这些努力，直接促进了直隶实业风气的形成，使直隶近代工业的发展进入了一个“黄金时代”。在光绪三十二年（1906 年）直隶举办的为期 5 天的实业博览会上，参观者达数万人，在当时引起了很大反响。一些富商巨贾，入览之余，不胜感慨，受到鼓舞，当即拟出开办工厂的计划。在光绪二十九至三十三年（1903—1907 年）的 5 年之间，直隶 140 多个府厅州县中开办的工艺局和工厂即有 67 处之多，资本总额达库平银 42 万余两。天津的一些公司成了全国规模最大、影响最远的企业，仅启新洋灰有限公司就有资本 100 多万

[1] 周小鹃：《周学熙传记汇编》，甘肃文化出版社 1997 年版，第 144、148 页。
[2]《北京自来水公司档案史料》，北京燕山出版社 1986 年版，第 1、2 页。

两，年产水泥 20 多万桶，成了全国最大的建材企业。

天津形成了华北商贸集散中心的繁荣局面。当时，“西方之观新政者，冠盖咸集于津”[1]，即使一些当初对于新政曾经责难的人，至此也不能不叹服袁氏为首的袁世凯集团首创之功了。各项有关新政的政策先由直隶创设，再经中央及各省转相仿效，在全国范围内次第推广。朝中的重大决策也一般先通过军机处向北洋征询意见。直隶一时成为“新政权舆之地”[2]，时人称袁“作事谋始，奋然兴举，大僚之牵掣，群吏之非笑，一概无所于恤，而一意独行其所是，逮行之有绪，始帖然无异词，而四方之观新政者，冠盖咸集于津，亦皆啧啧于始事之不易”[3]。

中国近代历史上第一个戴有状元头衔的实业家张謇，曾和袁世凯有过半世龃龉，但在宣统二年（1910 年）的南洋劝业会上参观了直隶馆后，在当天的日记中写道：颇觉袁为直督之能任事，此人毕竟与人不同，工艺殊有擅胜处，江苏不及也。后来在他的《自订年谱》中，再次提到了这件事：观劝业会直隶馆，颇感袁世凯才调在诸督上。张謇是很有成就、声望甚高的实业巨子，他的话是能说明问题的。自督直以后，袁世凯在仕途上青云直上，频频升迁；辛亥武昌起义以后，乘机东山再起，重执政坛牛耳，固然得力于他的手腕，但和这一时期袁世凯集团的实业成就，在全国造成的影响是不无关系的。

（三）兴商务保利权方面的主要举措

光绪二十七年（1901 年），袁世凯就任直隶总督后，在“行商务”、“保利权”方面采取的措施主要集中在：

1. *建立适应天津市场需要的新的商业机构*。袁世凯督直之初，恰逢清廷为起衰弱而救颠危，开始实施新政。此时的他还是一个具有浓厚封建色彩的清朝官僚。但由于在长期的内外活动中所养成的精明练达，袁世凯在直隶省率先推行比较完整的振兴经济的措施。他认为富国裕民

[1] 甘厚慈：《北洋公牍类纂》序，京城益森印刷有限公司铸版，光绪丁未九月初版。
[2] 甘厚慈：《北洋公牍类纂续编》序，北洋官报兼印刷代绛雪斋书局印，宣统二年夏初版，第 1 页。
[3] 甘厚慈：《北洋公牍类纂》序，京城益森印刷有限公司铸版，光绪丁未九月初版。

之道，在“农、工、商务三者”[1]。针对八国联军入侵以后直省各地民生凋敝的状况，他认为“宜亟兴商务，以保利权而厚民生”，将兴商视为刻不容缓的头等大事。袁世凯认识到要振兴中国商业，“必须办理商务者扫除在官习气，使官商一体，情意相通，并在各商萃聚之处，设立商会，分举董事，经纪其间，遇事联络声势，通力合作，以与洋商相角逐。有害则官为除之，有利则官为倡之。其有抑制凌轹者官为保护之，其有财力不逮者官为助成之。办理商务人员，又须常历各口，随时接见诸商，讨论中外商务情形，访询利病，相机兴革。又须与出洋人员，互通声息，协筹合谋，始可日有起色”。[2]为此他屡次申明所属官吏应力任保商之责，消除官场隔膜，上下齐心努力，促进商业发展，并以“滋民扰商”为由撤去十几个地方官吏的官职。这样直隶就形成一个适合商家发展的宽松环境，官商之间有了融洽的关系，商业振兴也就有了希望。

经过八国联军的洗劫和庚子事变的冲击，天津商业市场十分混乱，金融危机非常严重。光绪二十八年（1902年）七月，袁世凯从联军都统衙门接手过来的就是这样的一个烂摊子。为了挽救天津市面，摆脱经济危机，袁世凯于接手天津的当月，就设立了天津商务局。以期做到：“官与商可呼吸相通，商与商可臂指相使。有弊则易以革，有利则易以兴，有限于财力权力者，则为之扶掖以助成之，有受人抑制凌轹者，则为之纠察而保护之。”[3]光绪二十九年（1903年）四月，天津商务局改名为天津商务公所。其宗旨是“凡有于商业不便之事，应即设法改革。如有众商乐办尚须本公所提倡者，本公所亦应相机筹办”[4]。光绪三十年（1904年）十一月，天津商务公所进一步发展成为天津商务总会。“商会要义有二端，一曰剔除内弊，一曰考察外情。”[5]在袁世凯等人的努

[1]《创设东省商务局拟定试办章程折》，《袁世凯奏议》（上），天津古籍出版社1987年版，第342页。

[2]《遵旨敬抒管见上备甄择折》，《袁世凯奏议》（上），天津古籍出版社1987年版，第275页。

[3]《创设东省商务局拟定试办章程折》，《袁世凯奏议》（上），天津古籍出版社1987年版，第343页。

[4]《天津府凌守禀定商务公所暂行章程》，《天津商会档案汇编（1903—1911）》（上），天津人民出版社1989年版，第3页。

[5]《商部奏为劝办商会以利商战角胜洋商折》，《天津商会档案汇编（1903—1911）》（上），天津人民出版社1989年版，第20页。

力下，天津商务总会发挥了很大的作用。到光绪三十二年（1906 年），直隶各州县乡镇商务分会纷纷成立，对全省商业的发展产生了十分重要的影响。

2. 拯救了北方巨埠天津市场。光绪二十七至二十八年（1901—1902 年）天津发生贴水风潮，贴水率在光绪二十八年（1902 年）曾达到 15%～30%，甚而更高。袁世凯说，天津“承平时，业钱行者仅百余家。自经庚子之变，地面久未归还，官吏无从过问。于是奸商恃无限制，乘便逐利，作为售欺，一时钱业骤增，几及三百家之多，而资本不充，徒用拨条，以相诳骗，凭条借银，则赚以虚利，持条取款，则骤与减成，贴水之名，缘是而起。其后，现银日少一日，贴水日涨一日，竟有每银千两，贴水涨至三百余两者。若辈不费巨资，坐获厚利，遂成一买空卖空之市面。而商旅闻而裹足，百物为之腾踊，几岌岌不可终日。究其流极外埠，货物停发，票号兑汇不通，困竭情形，将至不可收拾。”[1]

袁世凯接手天津面临的竟是如此严峻的金融商情，故力图启动已成废墟之天津市场。他下令不准贴水，改作现银交易，此政令在光绪二十八年（1902 年）底至光绪二十九年（1903 年）初发布后，人们争提存款，钱铺资金周转不灵，纷纷倒闭，并恶性循环导致整个商业的混乱。光绪三十年（1904 年）三月之前，天津各行歇业荒闲者达 2000 余家，钱行中收盘关门者有 100 多家，要账还账未能通运者五六十家。对此，袁世凯改变策略，循序渐进。他下令“旧欠推缓”；限制银钱出境，选择殷实钱商数十家，开银钱票；与杨俊元等巨商议设官商合办银行；向清廷伸手要钱，“暂行酌量拨银数百万两”[2]。同时，他又铸造铜元，用之于来稳定市场。正是袁世凯上述措施的实行，使得已成废墟的天津市场，重新得以启动。不仅如此，在袁世凯接手天津以后，面对八国联军入侵后天津百业凋敝、市场一片混乱的现象，他上任伊始即确定“维持市面为要务”，积极采取各项措施维持和恢复市场贸易。光绪二十八年（1902 年），他成立了天津商务局；光绪二十九年（1903 年）又设立

[1]《天津银根枯竭请敕部拨款补救折》，《袁世凯奏议》（中），天津古籍出版社 1987 年版，第 780 页。
[2]《天津银根枯竭请敕部拨款补救折》，《袁世凯奏议》（中），天津古籍出版社 1987 年版，第 781 页。

了天津商务公所。这两个商务机构成立后，在挽救市场方面提出了推缓偿还新旧欠款、倡行钱票、设立银行、厘卡、恢复旧章等措施，发挥了重要的调节作用。

3. 努力减轻商人的负担。袁世凯身为高官，但对当时经济领域中存在的以官抑商的问题却有着比较清醒的认识。他说："中国商人力薄资微，智短虑浅。官吏复轻为市侩，斥为末民，平时则听其自为懋迁，遇事辄不免多方抑勒。故良商畏避官吏几如虎狼，自保弗暇，奚暇远谋……坐使洋商专利，华商受困。若不亟图整顿，恐中国商利外溢，将益重江河日下之忧。"[1]正因为有这样的认识，袁世凯就任直隶总督之后，便在对商人提供优惠政策方面采取了一些重要措施。

第一，在保护商股利益方面，袁世凯十分注意采取一些实际措施加以保障。以关内外铁路商股为例。袁世凯认为："关内外铁路创自商股，继以公帑。各股东首集巨款，得以扩成……惟自商路归并官路以来，股票已否补发，是否按年分利，有无积欠息款，自当详细查明，妥拟办法。俾各股东不致稍有向隅。现在全路接收业将三月所有商股通行分息，章程应先核实兴办，俟截止周年，再行刊布帐略，俾众周知，不得丝毫含混。倘各股东愿将股本收回，亦听其便。但必须将原存股本应得股利，立即发还，不得分文短少，以示大信。"为此，袁世凯饬令关内外铁路总局严加执行他的保护商股的政策，"遵照办理具复，毋延"[2]。

第二，在盐业方面，袁世凯多次上奏请求减免盐商课税。光绪二十九年（1903年），他上奏说："该芦商等俱系国家赤子，其颠沛情状，与编氓正复相同，宜邀旷荡之恩，共沐蠲除之泽。且所豁均系悬欠，并与实课无亏，倘仍照旧递推，诚如该运司详称有补缴之名，无催征之实。当此扫除更张之会，应画实事求是之规。"[3]

第三，对于粮商，光绪二十八年（1902年）袁世凯亦曾为之请免税厘。

[1]《创设东省商务局拟定试办章程折》，《袁世凯奏议》（上），天津古籍出版社1987年版，第343页。

[2]《北洋大臣袁饬关内外铁路总局杨道等保护商股利益札》，《北洋公牍类纂》卷十九，路矿，第1页。

[3]《请豁免芦纲欠课改为现课现盐按年照额包缴折》，《袁世凯奏议》（中），天津古籍出版社1987年版，第700页。

其奏折中说："应请自本年起，每岁办运六十万石，由臣分别刊给印照，凡经过沿途局卡及出口海关，均验明照内所填米数，免征厘税。"[1]

第四，打击不法之徒，保护商人利益。袁世凯及袁世凯集团不仅重商而且保商，这在甘厚慈编辑的《北洋公牍类纂》关于商务方面内容中的许多地方可以见到。例如，新政期间，滏阳河一带各闸土棍路霸勒索货船，严重影响了商旅的来往与货物的运行。针对这种情况，袁世凯下令当地官吏查明严办，妥议具覆。又如，当时直隶一些地方的无赖之徒或"仿造假票，任意填写质物，借取赎为讹诈之地"，或"捏称失票，取保照赎后串通他人执持原票无理取闹，甚至唆使控官"，造成了当商"不堪其扰"的情况。袁世凯为了"以维典业而恤商情"，[2]在打击不法之徒的同时，通饬商会会同当地官府共同办理，采取严厉措施，对典当行业的市场进行了一次比较彻底的整顿。

此外，袁世凯不仅努力减轻商人的负担，而且还站在商人的立场上，对压抑商人的官吏予以严惩。光绪二十六年（1900年）十一月，袁世凯上奏朝廷："前属济阳县知县候补知县张朝琛，纵容门丁，需索盐商"，"即行革职"[3]。光绪二十九年（1903年）六月，拟定税厘试办章程四条，其中一条规定："严禁留难需索，以恤商艰"，"倘有违章征收者，准商民告发，查实严办。"[4]

中国内地税项中以厘税为大宗，下表为各省厘金局卡数：

河北15	四川20	奉天34	福建45	山东10
江西47	河南32	湖北25	黑龙江31	甘肃43
新疆11	湖南34	安徽42	陕西30	浙江42
广东29	广西30	吉林27	云南44	江苏58
贵州42	总计537			

由上表可知，全国各省厘金局卡数，新疆例外，以袁氏治理的山东、

[1]《招商购运南米筹办平粜请免税厘折》，《袁世凯奏议》（上），天津古籍出版社1987年版，第464页。
[2]《督宪袁为当业因假票被累事札饬藩司文》，《北洋公牍类纂》卷二十一，商务二，第27页。
[3]《特参知府李芳柳等文武各员请旨分别惩处折》，《袁世凯奏议》（上），天津古籍出版社1987年版，第232～233页。
[4]《土药商贩入境漏税续拟增订试办章程折》，《袁世凯奏议》（中），天津古籍出版社1987年版，第830页。

河北为最少。

在袁世凯"官商一体"、"官任保护"政策的倡导下，清末的天津还创立了"官助商办"的企业，例如光绪三十年（1904年）商务共所商董宁世福开办天津织染缝纫公司，招商股5万元，另由官府拨洋15000元助充股本。同年，商人宋则久创立天津造胰公司，向官府领洋1000元。光绪三十三年（1907年）赵尔萃创办天津机器玻璃厂，官府从茶捐项下拨银5000两，以补招股之不足。其他许多企业，大都也是"先用官款以植其基，继招商股以广其业。官任保护，商任经营"[1]。在这样的情况下，清末的天津出现了官商一心，合力振兴商业的热潮。到辛亥革命前夕，天津的工矿企业已经达到137家，资本总额达到2920万元以上。

4. 着重解决了一些商业方面的实际问题。光绪二十六年(1900年)，八国联军入侵中国，致使光绪二十七年（1901年）盐务引票"难于印刷及时给领。而引票为征课春盐之据，转瞬辛丑开纲，各商即须请领，若不先事设法，势必有误运春"。为此，光绪二十六年十二月十九日(1901年2月7日)，袁世凯上奏请求"拟即援案先发验单，统令照常完纳正杂课款，及时赴场春运。一俟部科诸事就绪，再行批解抵价，领回引票换给官商，分赴分司场所及各州县、照例截印缴销，以符定制"[2]。这样，通过变通盐务程序就给盐商解决了大问题，从而达到了"保护商利"的目的。

对于影响商务的天津交通问题，袁世凯也致力于治理和改进。主要工程有：(1) 袁世凯对海河的浚治工程给予了大力的支持。(2) 修建了金汤桥、旧金刚桥和老龙头铁桥。(3) 在新开河购地修建了新车站。(4) 修建西沽路，建设新埠头。这就为天津近代工商业的发展奠定了基础。

在袁世凯雷厉风行的作风影响下，其所属各级官员也无不以保商为职责。光绪三十年（1904年）九月，天津"钱商之巨者"义丰德钱铺倒闭，

[1]《官商合办北洋烟草公司议约》，《北洋公牍类纂》卷二十，商务一，第31页。
[2]《东省辛丑纲开运未领引票官商拟先发给验单折》，《袁世凯奏议》(上)，天津古籍出版社1987年版，第254页。

众商“蹙额相告，皆无以为计”，请求官府给予维持。官府代为查账所欠，与商务公所一起筹款接济，十多天后即使该钱铺重新复业，从而消弭了又一场势将发生的金融风潮。为此，商人交口称誉：“此等办法真乃得保商之道，为从来官府所未有者，不禁为津郡商民贺，为津市前途贺。”[1]

（四）在关内外铁路建设发展方面的贡献

关内外铁路是19世纪后半期李鸿章创办的淮系集团的重要产业之一，贷英国汇丰银行款项建成。光绪二十六年（1900年）八国联军入侵，落入俄、英军队手中。光绪二十七年（1901年）八月，李鸿章出面签订《辛丑条约》，其第九款规定：各国在京津地区的几个指定地点，有驻军和保护使馆的特权。但这同时意味着联军应撤离其余地区，并交还所占铁路。《辛丑条约》签字后两个月，李鸿章去世，袁世凯继任直隶总督兼北洋大臣。十二月（1902年1月），加委为督办关内外铁路大臣，奉命谈判接收关内外铁路系统。

接收关内外铁路伊始，袁世凯及袁世凯集团即表现出很强的经济意识和管理意识，十分看重这条铁路的使用价值。他不仅要求联军交还铁路线本身，而且还要求完整地交还车辆器材和沿途的车站、电线、房屋，以及维修线路、建造桥梁的机器、工厂等附属设施，以便使整个线路及时投入营运。除此之外，他还争取到自定客、货运价权（军事运输除外）、招标购料权和账目独立核算权，基本上恢复了自主经营。尽管英国汇丰银行仍有权对营运账目施以监督。

光绪二十九至三十三年（1903—1907年），关内外铁路在袁世凯管辖之下，逐渐摆脱了常年亏损的局面。光绪三十三年（1907年）正月，他在给清廷的一个奏折中称：“山海关内外铁路，昔年亦由北洋创办。开办之始，异常艰困，由北洋筹设款项，不下数百万两。从前岁有亏耗，向由户部每年拨给经费二十万两，以资津贴，载明中英合同。自臣接收督办后，竭力整顿，此项津贴，并未请拨。英人援约要求，亦经设词驳拒。迨光绪三十年以还，每年获利，尚有盈余。”[2]其具体情形如下表：

[1]《大公报》1904年11月12日。
[2]《袁世凯奏议》（下），天津古籍出版社1987年版，第1452页。

关内外铁路收益表（会计时间为 9 月 30 日）

项 目	1903年	1904年	1905年	1906年
关内铁路:				
客运收入	1572090.90	1594322.39	2464946.31	2854385.28
货运收入	1603988.87	1659675.76	3323993.60	3440069.09
煤运输收入	402626.41	593318.49	630738.55	721879.22
关外铁路:				
客运收入	645497.06	1033950.03	2671806.35	2901442.73
货运收入	275396.46	795454.73	3464188.22	1956082.96
全线各方面收入总额	4658235.02	5946518.65	12943383.88	12191185.81
支付养路费及经常开支后纯收入	2342650.65	3403933.48	10029281.85	8761246.13
支付1899年金镑借款(2300000英镑)利息后纯收入结余	937132.56	2147370.81	8152433.85	7013238.27
留付中国政府在1899年以前用于此路的资金所持的5厘利息借票后的纯收入结余	借方 81367.44	贷方 1128870.81	7133933.85	5944738.27
从共值47970000.00元的资本价值所定的利率所表现的收益力计	4.75%	7%	20.75%	18.25%

上表参见肯德:《中国铁路发展史》，第 68 页。

袁世凯之所以在关内外铁路系统获得经济上的成功，主要有两方面的原因：（1）大胆引进了资本主义的先进管理方式。关内外铁路在袁世凯的督办之下，委派留美学生梁如浩为总办，总理全权。技术管理另聘洋务总办一名（英国人）和总工程师一名（英国人金达），以及华、洋工程师和华、洋工匠多人，统一按英国方式管理路务及材料、养护维修等一切事宜。（2）起用和培养了一批技术人才。光绪三十年（1904年），他首先起用“专精铁道，学邃才明”的归国留日学生沈锟“赴山海关内外铁路总局委用”；后来又调委天津工艺学堂办理学务，[1]让他去培训铁路人才，以备使用。光绪三十三年（1907年），他在关内外铁路余利项下拨银6.6万两，“特于北洋大学堂选派学生多名，前赴美法等国肄习各项专门学业，以备任使”，作为北洋“要政”之一施行。[2]这种开放性的管理方式和强调人才的运作机制发挥了效力，关内外铁路在袁世凯治下成为晚清时代第一条获得巨大经济效益的铁路，每年纯利润近千万元(约700万两),是直隶地丁田赋的3倍。其中每年报效清廷约200万两；“提二成”约150万两划作北洋军需；提100万两修筑京张铁路；约100万两归还汇丰银行利息及借款。还不时为北洋军政之需而零星动用。直到邮传部成立，袁世凯被迫移交该路时，仍有余利提存近400万两。

关内外铁路成了袁世凯集团最大的金库。由此,在清末“练兵筹饷”、“自强新政”的喧闹声中，袁世凯的声誉隆隆而上。

袁世凯很早就认识到铁路的经济价值所在。他在山东巡抚任上就在《遵旨敬抒管见上备甄择折》中说：铁路为“生财之道”，“各国财政，途径纷繁，大要在采矿产、造铁路、兴商务，通货币及一切生财之道。”[3]他明确将筑路指为将来的利薮之一。光绪二十八年九月十八日（1902年10月19日），袁世凯奉旨主持勘修西陵铁路，限6个月完工。这是他接收关内外铁路以来督办的第一件路工。西陵铁路估勘约需60万两银子,由上谕批准,从户部拨30万两,由直隶关税运课项下筹30万。嗣因运库无款可筹，改饬唐绍仪于天津海关道洋税项下腾挪30万两应用。光绪二十九年二月二十七日（1903年3月25日），袁世凯奏称：“新易路工，业已告竣。”[4]新易铁路即西陵铁路，自新城县高碑店起，至

[1]《游学日本毕业供差北洋学生请咨送考验折》,《袁世凯奏议》（中),天津古籍出版社1987年版，第1000页。
[2]《铁路余利支拨要政用款折》，《袁世凯奏议》（下），天津古籍出版社1987年版，第1430页。
[3]《遵旨敬抒管见上备甄择折》，《袁世凯奏议》（上），天津古籍出版社1987年版，第274页。
[4]《恭报验收铁路点阅旗兵起程日期折》，《袁世凯奏议》（中），天津古籍出版社1987年版，第777页。

易州良庄止，总计 78 里，动工仅 4 个月即告完成。光绪二十九年（1903 年），袁世凯督办的关内外铁路总局还在关外展筑了沟帮子至新民厅的铁路，打开了辽西地区的商务贸易。这项工程开春动工，秋末竣工，全长 300 多里，当年受益。同年，关内铁路也展筑了天津车站西沽岔道和货栈、码头，以利货运交通，水陆并举。

光绪三十一年（1905 年）四月，袁世凯又专折奏请提拨关外铁路余利修造京张铁路。这是袁世凯在督办铁路大臣任内最重要的一项决定和活动。对于京张铁路，袁世凯花费了很大的心血。他在给清廷的奏折中说："此路即作为中国筹款自造之路，亦不用洋工程司经理，自与他国不相干涉。"[1] 嗣后得上谕认可，每年准其提拨 100 万两。袁世凯旋即遴委存记补用道陈昭常设置京张铁路局，以詹天佑任总工程师，从速开办路工，限 4 年之内完成。

对于京张铁路工程，袁世凯的注重程度和良苦用心有史可稽。为了这条铁路，他一连上了好几道奏折。除《提拨关外铁路余利修造京张铁路折》和《勘估京张铁路工需银数折》以外，光绪三十一年（1905 年）他还上了《奏陈京张铁路物料免纳税厘折》，要求参照卢汉铁路和关内外铁路的先例，所有进口钢轨、机器、材料等概免关税和厘税。因为京张铁路为国家筹款自造之路，更宜减轻成本，借重利权。不久，他还奏请调派商部右参议杨士琦专门协助他办理京张铁路事宜，以利工程进展。

为了早日建成京张铁路，袁世凯对詹天佑的器重和提拔也是超乎寻常的。詹天佑是光绪十四年（1888 年）参加关内外铁路天津段的筑路工程。光绪二十八年（1902 年）为袁世凯所看中，起用为总揽技术的铁路工程师，修筑西陵铁路的成功，更增长了詹的声望。潮汕、粤汉等路纷纷特聘詹为筑路总工程师，但袁世凯把他留在京张路工上，特意提拔詹天佑为候选道、京张铁路局会办兼总工程师，位在府州之上。光绪三十三年（1907 年）四月，在他因病请假调理前，还专门为詹天佑上了个奏片，说他"科

[1]《提拨关外铁路余利修造京张铁路折》，《袁世凯奏议》（下），天津古籍出版社 1987 年版，第 1153 页。

学精深，名闻中外”，请求赐予詹天佑进士出身。[1]这在清末是少有的殊荣。袁世凯这样做有两个目的：一是表示尊重人才，鼓励其舍身出力；二是使其便于与沿途官吏往来协商，治事权责专一。事实上，在京张路工和詹天佑身上，袁达到了这样的目的。在詹天佑主持下，宣统元年八月十一日（1909 年 9 月 24 日），京张铁路全线通车，总长 402 里。不过，这时的袁世凯已经无法参加通车庆典，因为他早已被迫削职，“回籍养疴”去了。

然而，在经营关内外铁路和修筑西陵铁路、京张铁路的过程中，袁世凯集团从上到下磨炼出一批路政能员：陈璧、胡燏棻、杨士琦、陈昭常、梁如浩、梁士诒、叶恭绰、赵燧山、龙建章、詹天佑等。这些人或成为清末邮传部的要员，或成为民初交通系的骨干。詹天佑在筑路中带领的一批学生，后来也成为全国各地争相聘用的筑路工程师和技术骨干。

至此，李鸿章开创的北洋铁路事业，在袁世凯手中进入了全盛时期。袁世凯集团的经济优势、技术优势和人才优势也充分显露出来，被视为“新政楷模”，这大大提高了袁世凯集团的对外形象，是袁世凯集团得以成功的一个重要方面。

（五）财政金融的实践

袁世凯集团的财政金融实践，贯穿于清末新政的过程中。主要包括发行公债、整顿税收、开办银行、进行币制改革等方面。

1. *发行公债*。我国公债发行于光绪二十年（1894 年），该年七月，清廷“从户部奏请，命各省息借商款，以充军需。北京、直隶、江苏、山西等合计得一千一百余万两。是为我国内债之嚆矢。旋以弊端百出，停止募集”[2]。光绪三十年十二月（1905 年 1 月），袁世凯因陆军五、六两镇杂款无着，奏请试办公债，此次发行公债，袁世凯接受了以往失败的教训，他说：“东西各国，国用不敷，向民称贷，名曰国债，动辄千万，无不随时立应，故其财无匮乏，驯致富强……中国国债，始于息

[1]《道员詹天佑等请给予出身片》，《袁世凯奏议》（下），天津古籍出版社 1987 年版，第 1478 ～ 1479 页。
[2] 凤冈及门弟子：《山水梁燕孙先生年谱》（上），1939 年铅印本，第 19 页。

借商款，继以昭信股票，此后则阒寂无闻焉，其故何哉？行不践言，斯后难为继也。”[1]“今欲开募债票，宜自公家严守信实，俾民间便利通行。”如何严守信实呢？袁世凯认为，“示信之道，非可空言，又宜预筹的款，备偿本息，无论何项，不得挪用。又准其交纳本省库款、关税各项，随处皆可兑用”。[2]袁氏为取信于民，说到做到。他“于创办之初，即筹还款之法”。[3]就直隶本省筹款，岁可得银120万两，计可贷公债银480万两，第一年按7厘付息，逐年递加1厘，分6年还清。以所筹之款，备付本息，有盈无绌。这120万两进项是：（1）直隶藩库提集中饱等项，每年银30万两；（2）长芦运库新增盐利，每年银35万两；（3）永平七属盐利，每年银15万两；（4）直隶银元局余利，每年银40万两。至于筹集的公债480万两，共分4期，即光绪三十一年二月初一（1905年3月6日）、四月初一（5月4日）、六月初一（7月3日）、八月初一（8月30日）各收银120万两。[4]由于准备充分，此次直隶公债发行成功，并产生了很大的经济效益与影响。如1907年发行国债票办法，即是采取了袁氏的办法。北洋公债之所以发行成功，主要在于袁世凯的决心大、用人得力以及袁世凯集团广大主要成员的积极响应等方面。这在袁世凯于光绪三十一年十二月十八日（1906年1月12日）的《劝募公债出力人员照章请奖折》中可以得到充分说明。袁世凯在奏折中说，“窃臣前因饷项竭蹶，筹备为难，酌拟章程，奏请试办直隶公债……经臣饬委办理天津官银号、长芦盐运使陆嘉谷、津海关道梁敦彦，现署天津道周学熙会同经理。一面刊刷章程，颁发各属一体晓谕劝办，并遴派干员分投募集。自本年四月初二起至十月初二止，将额款四百八十万两，如数收足，解充军用。先后分咨练兵处、户部查照有案。兹据该司道将劝

[1]《铁路拨补铜元余利银两已动用无存片》，《袁世凯奏议》（下），天津古籍出版社1987年版，第1472页。

[2]《直督袁世凯奏为饷项竭蹶请试办直隶公债四百八十万两折》，《天津商会档案汇编（1903—1911）》（上），天津人民出版社1989年版，第693～94页。

[3]《铁路拨补铜元余利银两已动用无存片》，《袁世凯奏议》（下），天津古籍出版社1987年版，第1472页。

[4]《直督袁世凯奏为饷项竭蹶请试办直隶公债四百八十万两折》，《天津商会档案汇编（1903—1911）》，天津人民出版社1989年版，第693～697页。

募出力人员，开单请奖前来”，“以示鼓励”。[1] 由此可见袁世凯集团在发行公债方面的上下一心与魄力了。

2. 整顿税收。袁世凯在东抚任上因致力于新政，需款极多，如何解决呢？他主要靠整顿税收。袁世凯整顿税收的一大特点和措施是不增添新税种，专对旧税中的漏洞加以挖掘，划分税项，统一税权，并对各种旧税率的比例加以调节。光绪二十七年（1901 年）袁世凯奏设山东筹款局筹办烟酒各税，以备新政之用。为应付山东每年摊还赔款的 90 万两，他致力于整顿盐务、漕费及地丁，三项共 110 万两。对于所余部分，袁世凯留以备灾荒措赔之需，并协部 10 万。另外，袁世凯厘定税目、更新税制，将厘金、土药税、契税等大加整顿，也取得了很大的成绩。

应该指出，这一时期袁世凯较为注意避免因整顿税收而产生扰民的弊端，他主张应“尤须力戒烦苛，下倾闾阎生计”。“如有不肖官吏借端科派，巧立名目，勒罚侵渔者，即行随时纠参，从严惩办。”[2] 袁世凯对西方国家财政上“事事核实、推诚布公，故重取于民而民不怨，多为之名而民不扰”十分羡慕，他认为这是由于“其教民、卫民并为民代谋生计，实属无微不至”所致。因此，他得出结论：改善财政状况只有靠发展农工商业以提供最多的税源，而非竭泽而渔，才能从根本上彻底改善财政收支，以追求最大的经济收益。

袁世凯由东抚升任直督，权力、地位发生很大变化，而经济入项也随之增多，但他仍然继续其在山东时的整顿税收的方法，如重征烟酒税。1902 年他在上奏中说：“其烟、酒二项为民间嗜好所需，无关养生本计，诚如部议，重征尚无妨碍。除烟捐另办外，查有烧酒一项，出产最多，向无落地税捐，商利颇厚，若酌加捐数，责成烧锅代收，既无扰累之虞，亦少偷漏之弊。”“臣查就烧锅加抽酒捐，与部议重征酒厘之意相合，于筹款不无裨益，而酒价略增，亦可隐示节制之意。”[3]

[1]《劝募公债出力人员照章请奖折》，《袁世凯奏议》（下），天津古籍出版社 1987 年版，第 1227 ～ 1228 页。
[2]《复陈直隶税捐情形折》，《袁世凯奏议》（中），天津古籍出版社 1987 年版，第 782 页。
[3]《加抽烧锅酒捐酌定试办章程折》，《袁世凯奏议》（中），天津古籍出版社 1987 年版，第 627 ～ 628 页。

袁世凯推行新政，除练兵费绝大部分由户部和练兵处供给外，其余都是由他自筹。为此他认为："庶政繁巨，百废待兴，而办事以筹款为先，人才尤以理财为亟。然非精心综核，公尔忘私，不避劳怨者，亦不足以备理财之选。"在整顿税收方面，袁世凯选中的人才是张镇芳。他上奏说："查有直隶试用道张镇芳，前由户部主事经臣奏调来直，委办银元局务，规划精详，实心任事。旋改捐道员，派令办理永平府属盐务，著有成效……查永属盐务，自道光年间，改归官运，废弛五十余年，久成弊薮。臣于二十九年奏准派员试办，经该道悉心筹度，剔除弊窦，体恤民艰，杜绝私销，均平价值。自二十九年七月至三十年年底，已得余银十余万两。自三十一年正月至年底止，又得余利银十馀万两。际兹库帑奇绌，该道竭力经营，得此巨款，洵属有裨国计。"[1]为此，他上折请交军机处存记，以示奖励。

3. 开办银行。袁世凯把金融事业提高到国家之根本大计、国民经济命脉的高度来认识，故对银行十分重视，他说："窃维国之本计，财政为先，财之管枢，银行为要。臣统观东西洋各国，莫不设立国家银行，有行钞铸币之权，上以利益公家，下以扶植商业，内足运输国计，外足驰逐诸邦，洵善制也。""惟银行之举，国家财政大计所关"，银行是经济近代化进程第一推动力，"近来财政纷纭，斡旋之机，首争此著，其重要情形，非寻常局所可比。"在此认识的基础上，袁世凯锐意擘画，整顿币制，主张设国家银行，整顿金融机构，保护产业，作为改善财政收支的一项措施。他上奏说："今中国计学未精，官号则资本不充，商号则群情涣散，欲操纵中外盈虚，非设国家银行以统摄之不可。臣前日入都，晤管理户部事务大学士臣荣禄、户部尚书臣鹿传霖咸以此为急务，商由臣先在天津代设户部银行，为行钞铸币之本。"清廷下旨："著照所请。"为了在天津设立户部银行，袁世凯费了不少的心血。他认为"非规模闳大，不足以握利权；非条理精密，不足以防弊患；更非得才识通

[1]《道员张镇芳请饬交军机处存记片》，《袁世凯奏议》（下），天津古籍出版社 1987 年版，第 1314 页。

敏，魄力沉毅之人，不足以创宏基而收捷效。”[1]在这方面，袁世凯选中的人选是毛庆蕃，他为此专门上折奏请将该员改归直隶补用。

该行于光绪三十年（1904 年）开业，总部后设在北京。这是当时中国人自办的一家最大的银行并代理国库。名为官商合办，其实所谓“商股”者也大都是袁世凯集团的主要成员。该行于光绪三十四年（1908 年）改名大清银行，宣统三年（1911 年）又改称中国银行。

袁世凯一方面建设中央银行，控制全国金融；另一方面鼓励地方建设银行；同时，他又熟知清廷财用匮乏，对中外合资开办银行也表示赞成。光绪三十年（1904 年）道员高尔嘉禀请与法商沙札郎合资集银 400 万两筹设华兴银行，“资本平均，权利相等”，袁世凯照准。[2]而对于官商合办银行，袁世凯亦予首肯，并身体力行。光绪二十九年（1903 年）五月他上奏清廷：“拟由绅商合力集股开设银行，以冀疏通，并设立商务公所借资联络。”任杨俊元为银行总董，万士元、卞煜光、王文郁、李士铭等充董事，“议定该绅等招集商股，协以官力”，“一切章程责成该绅等妥慎厘订，由官为之稽查维持”，“天津府知府凌福彭会拟章程，督率经理，以冀随时随事审察利弊，相机兴革”[3]。随后“该绅等承允集股银百万两”，袁世凯“亦允凑集百万，分批备领”。[4]

袁世凯在直隶创办的最主要的银行是天津官银号。该号初名平市官银号，系光绪二十八年（1902 年）七月在天津开办，其时有资本 110 万两，在北京、上海、汉口、保定、张家口、唐山等地设有分号。光绪二十九年（1903 年）三月，平市官银号改为天津官银号，宣统二年（1910 年）八月为直隶省银行替代。天津官银号在其存在期间，一面吸收官、私存款，一面放贷，实力发展迅速，到宣统二年（1910 年）为直隶省银行取代时，已拥有 102.4442 万元资本，185.5 万余元存款，312.53 万余元放款，23

[1]《代办户部银行请派道员毛庆蕃来津开办折》，《袁世凯奏议》（中），天津古籍出版社 1987 年版，第 679 页。
[2]《直督袁为道员高尔嘉与法商沙札郎集银四百万两筹设华兴银行事札津商会文》，《天津商会档案汇编（1903—1911）》（上），第 741 ~ 742 页。
[3]《复陈天津市面情形酌拟办法折》，《袁世凯奏议》（中），天津古籍出版社 1987 年版，第 800 页。
[4]《直隶总督袁为解救津埠金融危机招集商股设立官商合办银行事札饬津商务公所》，《天津商会档案汇编（1903—1911）》，天津人民出版社 1989 年版，第 335 页。

万余元现金，8.33 万余元财产，70.64 万余元有价证券。直隶振兴工艺的资金，多取给于官银号，而天津实成为中国北方的金融中心，从其吸收社会资金且大量贷款给农工商业来看，已具有近代资本银行的某些职能，初步奠定了经济近代化建设的基础。

民国成立后，袁又指导创建中国银行、交通银行、民国实业银行、盐业银行，其中交通银行为袁世凯的幕僚亲信梁士诒于光绪三十三年（1907 年）所创，与袁关系更为密切。

袁世凯集团创办的直隶地方银行，主要是由袁世凯委派周学熙、孙多森、王锡彤、吴鼎昌等人创办经营。例如周学熙创办的银元局，用 1 万两纯银，加铜后铸成价值 14000 两银元，利润高达 40%。多次受到袁世凯的上奏嘉奖与提升，成为袁世凯集团财政实业方面的一员大将。

4. 改革币制。清末币制十分混乱。当时所用的货币，主要是黄铜币、紫铜币和未铸成任何形式的白银。未曾根据复本位制或辅币制将铜银两种币制统一，可说是“并种”本位的币制，有时也用金为货币。除了国内币种外，近代流入的外币亦复不少，清朝末叶，外国货币涌进，币制更为紊乱。这极不利于中国统一市场的形成与商业的发展，并增大了金融市场的风险。如 1907 年上海由于金贵银贱而发生的买空卖空风潮即为例证。

以袁世凯为首的袁世凯集团对币制混乱问题十分重视，曾采取许多有力的措施进行改革。如行用纸币、铸铜元、统一铸币，等等。

在东抚任上，袁世凯就曾开制纸币，以补金属货币之不足。直督任上，袁世凯继续推行纸币。他选择殷实上中等钱商 40 家，令各写整零钱账，借资周转，所出钱票须盖有该公所戳记，以示限制，而杜虚假。为防滥发，袁世凯还令天津商务公所“将已选定四十家钱商字号，造具清册，分别呈送本大臣及府县备查，并禀由府县出示晓谕，除此四十家外，非由该公所议允，禀明遵照盖戳章程，不准擅自出票，违者严究不贷”[1]。从而使币制改革得以有秩序地进行。

---

[1]《直督袁为维持纸币信用选择殷实钱商四十家并写钱票事批饬津商务公所》，《天津商会档案汇编（1903—1911）》（上），天津人民出版社 1989 年版，第 652 ～ 653 页。

清末，由于外人偷运制钱出口，奸商化官钱铸私钱等弊端，以致铜价飞涨，市面制钱短缺，沙钱满市，找零甚有用竹片、纸条的。为解决这一问题，清廷开始注意铸铜元。光绪二十八年七月十二日（1902 年 8 月 15 日），袁世凯接手天津后，即令周学熙总办北洋银元局，以铸铜元。他临赴保定直督府前夕对周道："我月余归来，冀见鼓铸之成功。"[1]周学熙不负重托，铸币费省工速，且有赢利。关于银元局铸铜币数，光绪二十九年（1903 年），20 文的共 128.8725 万个，10 文的有 5110.9757 万个，5 文的有 259.4020 万个。此后更多。受直隶铸币的影响，自光绪二十八年（1902 年）七月至宣统二年（1910 年）六月，湘、鄂、浙、赣、鲁、奉天、苏、川、贵、桂、滇、豫、闽、新、藏先后开铸。在光绪三十一年（1905 年），全国就有 12 省自铸铜元，共 15 局铸币机器 846 具，从光绪三十至三十四年（1904—1908 年）共铸铜元 120 万万文以上。但由于铸币过多，又导致了市场铜币饱和、铜元积压问题。为此，袁世凯于光绪三十三年（1907 年）上奏清廷说："臣维经济之定理，以供求适当为目的。供不给求固穷，供过于求，亦适以致困难。""为今之计，惟有暂行停铸铜元，一面亟行设法，于外埠繁盛之区，酌量疏销，赶紧归还商款，以昭大信。"[2]经调整，使铜元滥铸局面得以收束。

由于外洋银元充斥市面，故清廷对铸银元十分注意。清末各省曾铸龙元，系仿墨西哥银元。光绪三十一年（1905 年），清廷上谕说："整齐圜法为当今财政要图，着户部造币总厂按照所拟章程行知直隶、江苏、湖北、广东各分厂赶紧铸造。"户部章程规定：拟造"库平一两银币，定为本位，更铸五钱、二钱、一钱三种银币，与现铸之铜元、旧有之制钱相辅而行"[3]。此令下达后，引起地方各省不同反应，赞成者、反对者均有。度支部尚书载泽等反应，袁世凯、张之洞等赞成。光绪三十三年（1907 年）四月，载泽等上奏先行试用铸通用七钱二分银元以利推行折，获得清廷批准。袁世凯等人对之则持反对态度。早在光

[1] 周小鹏：《周学熙传记汇编》，甘肃文化出版社 1997 年版，第 125 页。
[2]《暂行停铸铜元片》，《袁世凯奏议》（下），天津古籍出版社 1987 年版，第 1504 ～ 1505 页。
[3]《直隶总督袁为发行库平足色一两银币事札饬天津商会》，《天津商会档案汇编（1903—1911）》（上），天津人民出版社 1989 年版，第 640 ～ 641 页。

绪二十五年（1899年），他就提出银元“通按库平一两制造，小者递减”的主张。[1]光绪三十三年（1907年）六月，他在给张之洞等人的电报中，主张铸造一两重十足成色银币。在该折中，他对七钱二分银币说予以驳斥，列出了七钱二分说的“四害”，一两说的“两便”。

袁世凯认为：“查各国货币自有制度，如英之先零，俄之卢布，德之马克，法之佛郎，美之苏腊，日本之金银圆，并适其宜，各不相袭。中国制定国币，乃务为简易，沿用外人之程式，坐昧经国之远图，如币制何？如政权何？害一。中国用银向以两计，今制为七钱二分之银币，将废两不用耶？势必不能。将用圆而仍存两耶？何名划一，徒滋人疑，莫定民志，而将来实行商约，仍难免于更张。害二。既名国币，各库自应收放。如仍按两折合，则畸轻畸重，弊混丛生，断难一律。而胥吏驵侩益得因缘为奸，是为病民。如径按圆收纳，则一切应收官项，公家吃亏甚巨，是谓病国。害三。中国惟无币制，故墨圆得以侵入。今铸造银币，而分量轻重悉视墨圆，非特无以示抵制，且不啻招其浸灌而助之推广也。害四。有此四害，则七钱二分之币，是迁就之法而绝非久远之谟，是沿袭之为而并非规定之制，上损国体，下失民信，内便中饱，外长漏卮，全局统筹，未见其可。”而实行一两重银币圜法，则还有便者二：民间应纳丁漕厘税，定例悉以两计，使用两计，自可整齐方便于商民。一便也。“中国与外国款项交涉，进款以洋税为大宗，而海关岁收三四千万，皆以两计……出款以赔款为大宗，而公约所定四百五十兆亦以两计，且以银折合金镑，价已有亏累之时，若再以七钱二分合算，则恐更有亏折。此一两之便于与外国交涉者也。以彼四害，行此两便，则国币宜用一两之制，自无疑义。若部议所谓大小轻重易于携带之说，则自两以下有五钱、二钱、一钱，其重量皆较七钱二分轻便。盖有一两以为本位之币，又有五钱、二钱、一钱以为辅助之币，自可畅行无阻。”

关于一两重银币的成色，袁世凯主张“考诸商论，揆诸洋情，仍以

[1]《遵旨敬抒管见上备甄择折》，《袁世凯奏议》（上），天津古籍出版社1987年版，第275页。

足色为最善”。[1] 袁世凯的上述主张，从长远角度看，不失为一种较有见地的见解。

袁世凯的主张得到了当时一些封疆大吏的支持。湖广总督张之洞在给袁世凯等人的电报中说：“慰帅崇论闳议，佩敬万分，郁闷经旬，读之霍然病已。中国币岂有用墨银重量七钱二分之理，敝处光绪三十年七月奏内已详。乃度支忽创此议，真愚愚蒙所不解。慰帅来电所言损失国体，货币两歧，折合病民，引销墨圆四害，透彻无遗。”[2] 两江总督端方则在给袁世凯、张之洞、徐世昌等人的电报中说：“一两币制，用十足成色，至当不易，钦佩之至，即请慰帅定稿。”[3] 他愿“挈衔拜发”。[4] 此外，山东巡抚杨士骧，东三省总督徐世昌也都支持袁世凯的主张。

清末这场关于币制改革的大讨论，上自清廷，下自地方知县，都纷纷参加了进来。光绪三十三年十二月（1908 年 1 月），政务处两度致电督抚分别征询关于银元重量与成色的意见，结果分歧极大。到了宣统二年（1910 年）三月，清廷“颁行《币制则例》，定中国国币之单位曰圆。暂以银为本位。以一圆为主币，重库平七钱二分。别造五角，二角五分，一角之三种银币，及五分之镍币，又造二分，一分，五厘，一厘之四种铜币，为辅助币。圆角分厘各以十进。永为定价。”[5] 至此，袁世凯的一两银元主张被否定，这与当时清廷无力实行有关。当然，清廷虽定制七钱二分银元亦未能行使。

以袁世凯为首的袁世凯集团于清末新政中在财政金融方面的实践与建树，为其如何治理国家积累了一定程度的经验与人才，也使该集团野心膨胀，在全国影响日大，为其后来夺取全国政权奠定了经济上的基础。

---

[1]《袁世凯为录送会奏银币折稿事致张之洞等电》，中国第一历史档案馆：《清代档案史料丛编》第 11 辑，中华书局 1984 年版，第 256、257、260 页。
[2]《张之洞为铸币应以足色为宜事致袁世凯等电》，中国第一历史档案馆：《清代档案史料丛编》第 11 辑，中华书局 1984 年版，第 250 页。
[3]《端方为讨论币制改革事致张之洞等电》，中国第一历史档案馆：《清代档案史料丛编》第 11 辑，中华书局 1984 年版，第 252 页。
[4]《端方为同意小币全用足色事致袁世凯电》，中国第一历史档案馆：《清代档案史料丛编》第 11 辑，中华书局 1984 年版，第 261 页。
[5] 凤冈及门弟子：《山水梁燕孙先生年谱》（上），1939 年铅印本，第 89 页。

六、大力发展新式教育

袁世凯集团在直隶地区推行新式教育，主要为废科举、办学堂、广游学等方面。这些措施，不仅引起了直隶地区传统教育体制的变革，而且对近代直隶地区的政治、经济、思想文化等领域都产生了比较深刻的影响。清末直隶地区的新式教育办得轰轰烈烈，兴学热潮几为全国之冠。

（一）袁世凯的教育主张与措施

1. *袁世凯教育主张的形成。*

（1）袁世凯早期的教育主张是始于甲午中日战争时期的军事教育。这是与他的长期实践阅历及袁世凯集团的利益紧密地联系在一起的。袁世凯早年接受八股教育，曾几次参加科举考试，除考中秀才外其他均名落孙山。从此，他另辟蹊径，投身行伍，不再注重读书，更谈不上主张教育。甲午中日战争时期，一向被天朝上国瞧不起的蕞尔小国日本，竟将号称强大的北洋海军和湘淮军打得一败涂地。这使袁世凯看到了中国的短处，认识到了教育的重要性，他认为为今之计，宜力惩前非，“必须使统将以下均习解器械之用法”[1]。“惟五洲之强弱，视其教育之重轻，经国要图，莫此为巨。”[2]而要提高将士的素质，就要发展新式的军事教育。正是在这样的思想支配下，光绪二十二年四月初一（1896 年 5 月 13 日），袁世凯主持的陆军行营武备学堂正式开学。陆军行营武备学堂的开办，是袁世凯早期军事教育思想形成的一个重要标志。

（2）新政时期，袁世凯基本上形成了比较系统的普通教育主张。光绪二十七年三月初七（1901 年 4 月 25 日），袁世凯在《遵旨敬抒管见上备甄择折》中比较系统地提出了他的关于新政的 10 项建议。这 10 项新政建议是：慎号令；教官吏；崇实学；增实科；开民智；重游历；定使

[1]《袁世凯等致李鸿藻禀牍》，中国近代史资料丛刊《中日战争》第 5 册，上海人民出版社 1957 年版，第 218 页。
[2]《缕陈直隶历年学务情形嗣后责成提学司续加推广折》，《袁世凯奏议》（下），天津古籍出版社 1987 年版，第 1337 页。

例；辨名实；裕度支；修武备。其中6项与教育有关。"教官吏"即开官智。六部九卿翰詹科道各衙门应精选品学敦实、才识明能者入"课官院"学习"本国史学、掌故、政治、律例以及各国约章公法。一切西政、西史"。"崇实学"即"兴学储才"。整顿扩充京师大学堂，并饬下各行省厚筹经费，仿外国学校章程，多设学堂，"务使僻壤穷乡，皆有庠序"。"增实科"即在不废除旧科的基础上，"取中定额，先行核减二成，另增实学一科"，使士人学习有用之学，成为有用之才。"开民智"即各省办报馆，于"报端恭录谕旨，中间纪载京外各省政要，后附各国新政近事以及农工商矿各种学术"。"重游历"即派遣官吏出国考察，了解"各国政治、学术、风土、人情，既资以广见闻，亦借以觇敌势，濡染既久，智慧日生"。"修武备"即"多设武备学堂，广储将材。凡中外兵法、战法、天算、舆地、测绘、器械以及技艺、工程各学，均须切实讲习"。[1]这篇《遵旨敬抒管见上备甄择折》，是体现袁世凯变法思想的一个重要文件，也是他形成较为系统的教育思想的一个重要标志。同年九月，袁世凯又上《遵旨改设学堂酌拟试办章程折》，对创立学校的办法、条规、课程、经费，提出了具体意见。

（3）袁世凯在担任直隶总督兼北洋大臣前后，措意于科举制度的废除，进一步完善了他的教育主张。光绪二十九年二月十五日（1903年3月13日），袁世凯以直隶总督的身份联合署理两江总督张之洞，奏请清廷递减科举以图渐次废除。袁世凯提出有计划、分步骤地递减科举，直到最后废除的办法。在形势的推动下，不久，学部大臣张百熙根据袁、张的奏折，提出了具体的措施，计划用10年时间彻底废除科举制度。蓝缕初开，清廷遂颁布《奏定学堂章程》，新的教育制度——癸卯学制应运而生，奠定了中国近代新式教育的基础。

光绪三十一年（1905年）的日俄联合，使袁世凯深感忧虑。于是，他会同两江总督张之洞、盛京将军赵尔巽、两江总督周馥、两广总督岑春煊和湖南巡抚端方联衔上奏清廷，施加压力，要求立停科举，推广学堂。奏中指出："纵使科举立停，学堂遍设，亦必须十数年后，人才始

[1]《遵旨敬抒管见上备甄择折》，《袁世凯奏议》（上），天津古籍出版社1987年版，第268—278页。

盛。如再迟之十年，甫停科举，学堂有迁延之势，人才非急切可成，又必须二十余年后，始得多士之用。”然而“强邻环伺，讵能我待”？必须“毅然决然，舍其旧而新是谋”[1]。清廷最高统治者，在督抚大员们的强烈要求下，不得不改弦更张，发布上谕，废除了在中国社会实行长达1200多年的科举制度。科举制度的废除，打破了以科名选拔官僚体制的格局，有力地冲击了顽固的封建制度，为新式的近代学校教育在中国扎根从制度上扫除了障碍。从此，中国得以在教育方面走出千百年的传统藩篱，开始面向世界，逐步与世界潮流合拍。

2. 袁世凯主要的教育主张。

（1）兴办教育，推广学校。

在学制上，他认为教育要有阶段性，孩童7 ~ 14岁应进蒙养院（8年）先学经史、简易天文、地舆、算术，然后进入小学、中学、大学。但由于当时的实际情况，推广中、小学堂难以骤成，袁提出“就大学堂内区分三等：一、备斋。习浅近各学，略如各州县之小学堂。一、正斋。习普通学，略如各府厅、直隶州之中学堂。一、专斋。习专门学。按大学堂只应设专斋，因一时无所取材，故虽有大学堂之名，暂不立专斋之课。而先从备斋、正斋入手，俟正斋诸生毕业有期，再续订专斋课程，以资精进”。这种学制三段共16 ~ 18年，初等教育10年，中等教育4年，高等教育2 ~ 4年，比起癸卯学制三段七级（初等教育13年，中等教育5年，高等教育11 ~ 12年）显然要合理得多。癸卯学制30年，学制太长，而袁世凯的18年学制从年限的阶段划分上与我们现在的学制已经相差不远，便于普及教育和快出人才。

在课程设置上，备斋开设中国经史、外语、史志、地舆、算术、各种浅近之学；正斋开设经学、中外史学、中外治法学、算学、天文学、地质学、测量学、格物学（物理）、化学、生物学、译学；专斋开设中国经学、中外史学、中外政治学、方言学（外语）、商学、工学、矿学、农学、测量学、医学。此外，在功课余暇，正斋、专斋都要进行体育锻炼，

[1]《请立停科举推广学校并妥筹办法折》，《袁世凯奏议》（下），天津古籍出版社1987年版，第1187页。

练习体操。每年春秋季举行两次考试。[1]

在学科内容上，“择中外有裨实用之各项书籍及各国著有成效之各种学术，延师讲授，分门肄习”。由于“目前师资无多，惟有译书之一法，最为便捷”。因此，他就派专人大量翻译各种书籍，作为统一教材，“发交京外各学堂循序讲贯，以期学术一律而免分歧”[2]。

（2）提倡实业教育。他主张开办各类专门学校，培养专业人才，因材施教，为学择人，进行配套教育。袁世凯在天津创办工艺总局时，就“以培养工业人才为宗旨”，专门指示成立工业学堂，请外籍教员授课。另设教育品陈列馆，设置中外各种教育书籍、仪器、标本、模型、图表，加以说明，同时派人出国考察购买最新教学用品回来后仿制。袁世凯还主张设立图书馆和实验室以供各学校教师学生教学使用。[3]此外，袁世凯提出举办军医学堂，培养军医官；办马医学堂，培养兽医；办经理学堂，培养军需官；还有军械学堂、警务学堂、电信学堂。尤其是法律学堂“为他日创制之本原，自强之基础”。

（3）重视师范教育，注意培养师资力量。科举制虽然废除，但培养新式人才的师资严重缺乏，“造就师范，诚为刻不容缓”[4]。他提出：一是选各州县的举贡生员作为学生，进行轮训，学习西学教科书，边学边教，3 年毕业，以培养师资。二是“多派中学已通之士，出洋就学，分习速成师范及完成师范。三是在各省会多设师范传习所，“师资既富，学自易兴，此为办学入手第一要义，不可稍涉迟缓”。[5]

（4）重视出国考察及留学教育。从光绪二十八年（1902 年）起袁世凯就派士绅、官员赴日考察，如光绪二十八年（1902 年）派吴汝纶、严修考察教育，黄璟考察农业，周学熙考察工业等。光绪三十一年（1905 年）五月，袁世凯又选派大规模的教育考察团分三批前往日本。六月，

[1]《遵旨改设学堂酌拟试办章程折》，《袁世凯奏议》（上），天津古籍出版社 1987 年版，第 318、318 ～ 333 页。

[2]《遵旨敬抒管见上备甄择折》，《袁世凯奏议》（上），天津古籍出版社 1987 年版，第 270 页。

[3]《胪陈筹办工艺各事情形折》，《袁世凯奏议》（下），天津古籍出版社 1987 年版，第 1106、1107 页。

[4] 朱寿朋：《光绪朝东华录》（五），中华书局 1958 年版，总第 5542、4901 页。

[5]《清帝谕立停科举以广学校》，《中国近代教育史资料》（上），第 63 ～ 66 页。

袁世凯又议订了“官绅游历之法”。袁世凯认为选派留学生是早出人才，快出人才的重要途径。并规定留学人员回国后必须在本省当差5年，以尽义务。如他省调派，需负担原派省所花费的培植款。这样既有利于人才流动，又不至于引起原派省因人财两空而可能对留学采取消极抵制的态度。

3. 袁世凯的重大教育举措。正是基于上述认识，袁世凯任直隶总督后即在兴办教育、推广学校方面采取了一系列重大的举措，主要包括：

（1）建立健全教育机构及各项制度。光绪二十八年（1902年），袁世凯在直隶省城设立学校司，“为通省学务总汇之所在”。光绪三十年（1904年），直隶学校司更名曰学务处，次年由保定迁到天津。光绪三十二年（1906年）清廷谕令各省裁学政，设提学司，学务处乃更名为提学司。提学司设督办以总其成，下设专门教育、普通教育、编译三个处，各设总办一人。袁世凯还延聘归国留学生金邦平、高淑琦、张英绪等多人和外籍洋员分任随办及各校总办、总教习、教习等职。

在成立学校司前后，袁世凯主持制定了《直隶师范学堂小学堂暂行章程》、《直隶中学堂暂行章程》，和他在山东巡抚任内制定的《山东省城试办大学堂暂行章程》以及各类军事、政法学堂章程。这些章程，对于各类学校的组织领导、课程、规则、经费以及图书仪器的采购、保管和使用都作了具体的规定。其后，袁世凯又规定了教育行政官员和教师的职权：①“定系统”，明确各级管理教育人员的任免、级别、职责。②“厚养赡”，对教育人士从优给俸，使之安心教育事业。③“定权限”，避免地方行政官员干预。④“行考选”，考核从业人员的工作成绩。

（2）多方筹措办学经费。以袁世凯为首的袁世凯集团在直隶创办学校之时，正是直隶经过兵灾一贫如洗之日。办学“经费不敷，款无所出”[1]。在袁世凯等北洋人士的努力下，基本做到了：①省立学堂的经费由藩库直接拨付。光绪二十八年（1902年）春，袁世凯先从善后局结存项下挪拨银两，作为创办学堂的经费。[2]同年九月，袁世凯又

[1]《考察各属筹办学堂情形片》，《袁世凯奏议》（中），天津古籍出版社1987年版，第785页。
[2]《筹办直隶省城学堂折》，《袁世凯奏议》（中），天津古籍出版社1987年版，第546页。

奏请“将从前征收粮租折价较多之州县,仍分别规复旧章,即以溢出之银,提作学堂之费”[1]。此外，袁世凯还利用北洋大臣与铁路督办大臣的权力，从上海轮船电报总局和山海关内外铁路的余利中，每年为北洋各提二成报销，作为练兵、推行新政及开办学堂的经费。[2]②对于直隶各州县创办的中、小学堂，袁世凯决定在原来经费来源的基础上开始征收亩捐。“将田房税契，每两三分三厘外，加收一分六厘五毫，即由买契税银内照捐半倍，如每两完税三分三厘外，另捐学费一分六厘五毫，按季解府，以充中学堂经费。”[3]③鼓励个人捐资办学。袁世凯组织劝学所、劝学员广泛宣传，大力鼓励集体、个人共同办学。光绪二十八年（1902 年），袁世凯本人首捐 2 万两，作为私人捐款办学之首举。在袁的带动下，官绅捐款者，随之而兴。光绪三十年（1904 年），严修在天津捐款 3000 余两办学。张之洞为原籍直隶南皮县双妙村捐助 2700 余两，办中学堂、高等小校堂各 1 所。此后裕富绅民闻风而起，接踵东输，数月之间，共立学堂 11 处。捐资设学者不绝，公立私立，月有所闻。著名的南开中学就是在这个时期，由严修与张伯岑共同创办的。北洋大学堂也是在这个时期恢复扩大的。我国开办的最早一所女子医药护士职业学校，也是在这个时期受袁世凯之邀，由先后留学日、美的著名人士金雅梅女士回国创办的。

（3）聘请外籍教师，保证教学质量。直隶兴学之初，了解、懂得近代新式教育的人才极为贫乏。为了解决师资问题，袁世凯聘请了许多的外籍教师，其中主要是日、美方面的人员。光绪二十七年（1901 年）十月，袁世凯在山东巡抚任期内，即聘请美国人赫士（W.M.Hayes），在济南试办大学堂。这是中国最早的一所省立大学堂，它成为后来各省举办学堂的榜样。光绪二十八年（1902 年）四月，先在保定办起直隶大学堂，聘请美国人丁家立（C.D.Tenny）为总教习。在日本人员方面，聘请东京

[1]《粮租折价较多各属议复旧章酌提盈余接济学堂折》，《袁世凯奏议》（中），天津古籍出版社 1987 年版，第 671 页。
[2]《请提轮电两局报效铁路余利以济急需折》，《袁世凯奏议》（下），天津古籍出版社 1987 年版，第 1451、1452 页。
[3]《保属田房税契加捐中学堂经费片》，《袁世凯奏议》（下），天津古籍出版社 1987 年版，第 1212 ～ 1213 页。

音乐校长兼东京高等师范教授日本人渡边龙圣为教育顾问，参与筹划了直隶省内的学制改革，筹建了天津教育会。又如袁世凯的工业顾问藤井恒久，同时也兼任了直隶高等工业学堂的总教育长，等等。聘请这些外籍教习、顾问，对于解决直隶高等学堂的师资缺乏，提高直隶近代新式教育的质量确实起到了一定的作用。

（二）新政时期直隶教育发展的基本情况

新政时期直隶地区教育发展与袁世凯的教育主张及清末新政的各项需要紧密相连，其基本情况可以概括为：

1. *普通教育方面*。包括初等教育、中等教育、高等教育三部分。光绪三十二年（1906年）袁世凯向清廷奏报已兴办的学堂："北洋大学堂一所，高等学堂一所，北洋医学堂一所，高等工业学堂一所，高等农业学堂一所，初等农工业学堂暨工艺局附设艺徒学堂二十一所，优级师范学堂一所，初级师范学堂及传习所八十九所，中学堂二十七所，高等小学堂一百八十二所，初等小学堂四千一百六十二所，女师范学堂一所，女学堂四十所，吏胥学堂十八所，此外尚有客籍学堂，图算学堂，电报学堂各一所。凡已见册报者，入学人数共八万六千六百五十二人，而半日、半夜等学堂不计焉。合诸武备、巡警等学堂以及册报未齐者，总数不下十万人。"[1] 据光绪三十三年（1907年）学部统计，直隶办有：专门学堂12所，实业学堂20所，优级师范学堂3所，初级师范学堂90所，师范传习所5处，中学堂30所，小学堂7391所，女子学堂121所，蒙养院2所，总计8723所，学生16.4万余人，位居全国第二；而直隶学务资产480万两，则名列各省之冠。又据1909年学部统计：直隶小学堂数目居全国各省第一位，小学生数目居第二位，中学堂数目和学生数目均居第三位，高等学堂数目及学生数目居第一位；小学教员毕业于师范学堂和外籍教师均居第一位，中学教员毕业于学堂和外籍教员均居第二位，高等学堂教员在本国和国外高等学堂毕业者，均居第一位；劝学

[1]《缕陈直隶历年学务情形嗣后责成提学司续加推广折》，《袁世凯奏议》（下），天津古籍出版社1987年版，第1338页。

所、劝学所总董均居全国第一位。直到民国三四年，直隶的教育还较全国其他各省保持着优势，这与袁世凯督直期间打下的基础是分不开的。

2. *官吏教育方面*。派遣官员出国学习考察、了解国外近代化事物是袁世凯就任直隶总督后整顿吏治的一项重要内容。同时，又在直隶设立了一系列培训官吏的机构，对官员进行短期和长期的训练，以提高其从政水平。这些培训机构主要有：（1）课吏馆。课吏馆开设有政治、财赋、洋务、河工四类课程。（2）直隶法政学堂。学堂开设有地理学、历史学、教育学、政治学、理财学、交涉学、宪法学、法律学、中国律例学等课程。（3）幕僚学堂。与法政学堂设在一处，情况与法政学堂基本相同。（4）仵作学堂。附设于法政学堂。（5）吏胥学堂。（6）北洋法政专门学堂。课程开有：伦理学、中国文学、日德英法语、历史、地理、算学、理化博物、辩学、法学通论、经济原理以及政治、法律诸多专业课程。（7）看守学堂。袁世凯倡设的这些学堂和机构，都在不同程度上提高了官吏的从政水准，开通了社会风气，提高了官员的认识水平，这对于开办直隶新政，促进清末直隶社会全面近代化方面皆起到了不可估量的作用。

3. *师范教育方面*。直隶省的师范教育开始于光绪二十八年（1902年），这与袁世凯的努力兴办有着很大的关系。七月，袁世凯奏请在保定创办师范学堂，招收各州县举贡生员为学生。分设完全、专修、简易三科。因各地急需教师，便分设半年、一、二、三年毕业四斋。[1]次年扩大学额达600人。光绪三十一年（1905年）后保定师范学堂又分为优级、初级两科，学制分别为5年和3年。光绪三十二年（1906年），袁世凯又在天津设立北洋师范学堂，同时设立的还有北洋女子师范学堂等。为了尽快培养出大批初等教育师资力量，光绪三十一年（1905年），直隶学务处饬令各府及直隶州、厅设立初级师范学堂，培养高小和初小教员。各县设立师范传习所，专为培养初小教员，是一种短期训练班。至光绪三十三年（1907年），直隶全省各府州县设立的师范学堂

[1]《筹设直隶师范学堂小学堂拟定暂行章程折》,《袁世凯奏议》（中），天津古籍出版社1987年版，第581页。

以及传习所已经达到89所，学生4335人。[1]这种成果初步缓解了直隶师资严重缺乏的问题，这是清末直隶新式教育能够得到迅速发展的一个重要因素。除上述学校外，以袁世凯为首的袁世凯集团还先后在天津、保定、滦县、邢台开办了省立第一、二、三、四师范学堂。到宣统三年（1911年），直隶省立师范学堂已经共有6所，1912年学生已达1432人。这些师范学堂的开办，为直隶、鲁、豫、晋、奉天诸省培养了大批师资，这对于推动清末直隶及其他地区的新政事业，无疑起了极大的作用。

4. *留学教育方面*。从光绪二十八至三十四年（1902—1908年），袁世凯取得清廷"恩准"，向日本派遣军事留学生达1000多人，这些留学生后来成为北洋团体的骨干力量。光绪二十八年（1902年），袁世凯又选派学习师范的学生20名赴日本学习师范教育。光绪三十年（1904年），选派直隶官绅50人赴日本法政大学肄业速成科，光绪三十二年（1906年），"均经毕业先后回国"[2]。到光绪三十一年（1905年），"直隶游学官绅士人，经臣先后派遣官费、自学各学生计一百数十人"[3]。这些留学生回国后，一方面在一定程度上缓解了清末直隶地区新式人才不足的问题，另一方面也对袁世凯所实行的北洋新政起到了非常重要的作用。

5. *实业教育方面*。在清末直隶新政中，实业教育也占有一定的地位。袁世凯在直隶开办的全省初等工业学堂及工艺局所，农业小学堂、商务半夜学堂即达 24 所，培养学生达 616 人次。另外，新政期间开办的实业学堂比较突出的还有光绪三十一年（1905 年）恢复开办的山海关内外路矿学堂，光绪三十二年（1906 年）天津商会创办的天津中等商业学堂，同年开办的保定商业学堂以及前面提到的直隶高等工业学堂、直隶高等农业学堂，等等。

[1]《学部奏派调查直隶学务员报告书》，《东方杂志》，1907 年第四卷，第 11 期。
[2]《游学日本法政速成科毕业各官不论班次尽先请补片》，《袁世凯奏议》（下），天津古籍出版社 1987 年版，第 1469 页。
[3]《遣派官绅出洋游历办法片》，《袁世凯奏议》（下），天津古籍出版社 1987 年版，第 1161 ～ 1162 页。

6. *其他教育方面*。新政期间，直隶地区的简易教育也有了很大的发展。到光绪三十三年（1907 年），直隶的简易学堂已经达到了 22 所，学生共 1389 人。[1] 另外，1905 年严修创办的保姆讲习所和蒙养院，也成为直隶省幼儿教育之始的典范。

以袁世凯为首的袁世凯集团，受新潮流的影响，为了本集团的利益，在清末新政时期大力发展新式教育，致力在各方面为本集团培养所需要的人才。这些教育主张及其实施的结果，不仅为袁世凯造就了大批法政、教育、实业等方面的人才，而且使其政绩在新政时期又如中天之日，为天下所观瞻。从而为袁世凯及袁世凯集团积聚了雄厚的政治资本与声望，为袁世凯在辛亥革命时期夺取全国政权，袁世凯集团实现从地方走向中央，打下了坚实的基础。从这一点上来看，袁世凯的教育主张及其实施运作的结果，对其私人集团来说不是可有可无，而是至关重要的，对直隶地区的近代教育来讲，也是有着一定贡献的。

[1]《学部奏派调查直隶学务员报告书》，《东方杂志》，1907 年第四卷，第 11 期。

第三章　又一幅新政肖像

光绪三十三年（1907 年），东北设置行省，袁世凯集团借地方官制改革之机将势力移植进入东北三省。在短短的两年时间内，以袁世凯、徐世昌为首的袁世凯集团在政治、经济、文化教育、军事、国防等领域在东三省大力推行改革，取得了一定的成绩。袁世凯集团于清末新政中在东北地区写下了较为精彩的一笔，值得作一认真总结和研究。

一、北洋势力向东三省的渗透

光绪三十三年（1907 年）官制改革，袁世凯集团势力发展受挫。这次官制改革是对袁世凯及袁世凯集团的一个严重打击。袁世凯原打算通过这次改革，取消军机处，设立责任内阁，扩大自己的权力。不想，不但军机处未取消，责任内阁未设立，反而使自己的权势受到很大的削弱。这主要表现在两个方面：其一，在这次改革中，新增设了陆军部。陆军部统一掌管全国的军队。满族少壮亲贵集团重要成员铁良任陆军部尚书。其二，经过这次改革，袁世凯的许多兼职都已有名无实。如督办政务处改为会议政务处，规定各部尚书为会议政务处大臣，袁为地方官，不能参加会议，参与政务大臣一差，等于自然取消；再如练兵处并入陆军部后，袁世凯所兼任的会办练兵大臣及办理京旗练兵大臣等职务也就名存实亡了；再如新设邮传部管理全国邮电路政，这样就使他的督办电政、山海关内外铁路、津镇铁路方面的职务也便自行撤销，等等。显然，经过这次改革，袁世凯的势力受到了严重削弱，成为一个纯粹的直隶总督。对此，袁世凯当然是不满意的，他的儿子袁克文甚至鼓动他趁“符尤未解，诸将多愤然不能平，且共虑一旦柄移，将有弓藏之危。何如乘士气未衰，亲率诸镇入清君侧，斩铁良诸奸头。今海内群谋复汉，苟太后违逆，即驱胡虏而北之，以顺民命，进可成王，退将危祸，千秋大业，乞大人毅然断行之也”[1]。但是，袁世凯认为时机并不成熟，公开反抗是危险的。于是就决定退让一时，等待时机。这一时期，丢掉了大部分兵权的袁世凯心灰意冷，一度产生了放弃直隶总督而去就任东三省总督职务的想法。这实际上也是他想借官制改革转移自己的势力，重新夺回兵权的一步棋。事实上，袁世凯也早已有移植势力于东三省的野心。“向来北洋控制东北只在辽河以南地区，袁氏督直后，即着手规划奉、吉、黑三省全部。日俄战争结束，他就条陈统一东三省方案。”此时，丢掉刚刚成就的北洋各镇军权，袁有失之东隅，收之桑榆的念头、想法也是很自然的事。事实证明了他在这一方面做得也确实比较出色。

第一，光绪三十二年（1906 年）日本在击败俄国把中国东北纳入自己的势力范围之后，宣布从东北撤军。袁世凯见这是一个向东北扩张自己势力的绝妙机会，于是赶紧向朝廷建议，要派知兵大员赴东北接收地面，并推荐自己的老部下张勋去担任此项重任，慈禧太后批准了他的奏请。于是，张勋统率着他的八营北洋巡防队开赴东北，成了北洋势力打入东北的第一枚棋子。

第二，光绪三十三年（1907 年）三月，东三省改设行省。经袁活动，袁世凯集团主要成员“徐世昌为东三省总督兼管三省将军事务并授为钦差大臣，唐绍仪为奉天巡抚，朱家宝署吉林巡抚，段芝贵赏给布政使衔署黑龙江巡抚。这都由袁世凯保荐，尤其段芝贵是袁的私人，差不多等

[1] 袁克文：《洹上私乘》，见《辛丙秘苑》，上海书店出版社 2000 年版，第 31 页。

于差官”[1]。

第三，徐世昌以东北刚刚“日俄战定，两强势力分布南北，一以哈尔滨为中心，一以旅顺大连湾为根据。囊括席卷，视同固有。名为中国领土，实则几无我国容足之地。且其开拓展布，有进无退，恐不数年间而西则蔓延蒙古，南则通处京畿”[2]，亟须军队以重边卫为由，将刚由陆军部从袁手中收回的北洋四镇军队奏请抽调第三镇全部、第六镇及第二、四、五镇一部带往东北。从而将部分已失的兵权重新收归北洋。

第四，将袁世凯集团大批成员移植东北。除了前面已提到的徐世昌、唐绍仪、朱家宝、段芝贵担任要职外，还有周树模任奉天左参赞兼领承宣厅，升黑龙江巡抚，钱能训任奉天右参赞、藩司及顺天府尹，张元奇任锦州知府，后署奉天民政使，梁如浩任奉天左参赞，张凤台署吉林知府，金永署吉林宾州厅同知，邓达述任交涉司司使，谢汝钦任民政司司使，陈玉麟任度支司司使，黄开文任奉天劝业道，许世英任奉天高等审判厅丞，张国淦任黑龙江秘书官，朱启钤任东三省蒙务局督办，吴笈孙任东三省铁路顾问兼充徐世昌私人秘书，谭延闿任奉天学务兼管东三省学务，金邦平以日本大学政治科毕业充总督府文案，陆宗舆任东三省盐务总监，郭则沄任奉天秘书官，陈振先任东三省农业试验场监督兼领高等农业学堂。此外，外交人才曹汝霖、章宗祥、陶大钧、李凤年、袁良、刘镜人、李家鏊、黄仕福等人也都于其时麇聚于东北。这一时期，被袁、徐派往东北担任军政要职的北洋成员主要有：曹锟任第三镇统制，卢永祥任第五协协统，陈文运任第六协协统，王振畿任第一混成协协统，王汝贤任奉天第二混成协协统，聂汝清任第二混成协标统，张锡銮任奉天巡防营务处总办，倪嗣冲任黑龙江民政使兼巡防营翼长，第三镇炮兵管带吴光新入奉天升任标统，张勋任驻奉淮军各营翼长兼节制东三省巡防各军，傅良佐任奉天督练公所参议、继充帮办吉林边防，孟恩远为吉林巡防营翼长，王揖唐为奉天督练公所参议、吉林兵备分处总办，等等。

[1] 张国淦：《北洋军阀的起源》，《北洋军阀史料选辑》（上），中国社会科学出版社 1981 年版，第 51 页。

[2] 徐世昌：《密陈考察东三省情形折》，《退耕堂政书》卷五，第 2 页。

北洋这些军事官僚成员麇集东北，一方面避免了在京津遭受满亲贵族的打击，另一方面又使北洋势力进入了东北，而且通过对东北旧军、土匪的收编，拥有了诸如张作霖、冯德麟这样的勇将及军队，这对于袁世凯集团势力的保全并发展，有着至关重要的作用。东三省为清王朝祖宗发祥之地，“三百年来例用丰沛人镇守”，自从徐世昌督东以后，“事权之重，为向来所未有”，“用人不关吏部，用财不关度支，练兵不关中枢。如是辽左设治，俨然析珪，北洋势力范围，遂包万里”[1]。可见，袁世凯等人的算盘是何等的精明。

二、政治的刷新

（一）改革官制

光绪三十三年（1907 年）三月，清廷采纳徐世昌的意见，对东三省官制进行改革，“于奉天、吉林、黑龙江三省，每省各设行省公署，以总督为长官，巡抚为次官，皆如各部堂官”。盛京将军改为东三省总督兼管三省将军事务，授予钦差大臣衔，为东北三省最高长官。奉、吉、黑建行省，各设巡抚一员，为各省长官。三省公署堂印由总督佩带，巡抚为总督副手，以收相维相助之效，而无内地督抚同城之弊。因此，东三省巡抚与内地不同。为统一旗民事权，巡抚均兼副都统衔，以便措置而资坐镇。这样，在东三省地方最高行政机构中，就废除了旗民两重制。

行省公署内分设承宣、咨议二厅，“承宣厅禀承督抚掌一切机要，总汇考核用人各事”，设左参赞一人。咨议厅“掌议定法令章制各事”，设右参赞一人，统领七司并率议员等研究行政事宜。七司为交涉、旗务、民政、提学、度支、劝业、蒙务各司。各司设司使一人，总办司事。[2]承宣厅及各司均就所管事务，以类相从，分设各科，每科设佥事一员，

[1] 张国淦：《北洋军阀的起源》，《北洋军阀史料选辑》（上），中国社会科学出版社 1981 版，第 52 页。
[2] 朱寿朋：《光绪朝东华录》（五），中华书局 1984 年版，总第 5670 页。

办理科务。科下设一、二、三等科员，交涉、提学、蒙务各司别设一、二等译官，民政司别设一、二等译官，提学司别设一、二等编校官，度支司别设一、二等库官，劝业司别设一、二等艺士。凡列一等者，品秩视二等科员；二等者，品秩视三等科员。

交涉司掌办理外交事务，下设互市、界约、和合、庶务四科。旗务司办理旗署各事，以军署原有户礼兵各司改并，下设军衡、稽赋、仪制、营造、庶务五科。民政司掌办理民治、巡警、缉捕等事，下设民治、疆理、营缮、户籍、庶务五科，自治局、工程局隶之。提学司办理教育等事，下设总务、普通、专门、实业、图书、会计六科，法政、师范高等以下学堂隶之。度支司掌办理财赋等事，下设会计、粮租、俸饷、税务、庶务五科。劝业司掌办理农工商、邮电、航路、垦矿等事。蒙务司掌办理蒙部各事。奉天辖科尔沁六旗，吉林辖郭尔罗斯前旗，黑龙江辖郭尔罗斯后旗、札赉特、杜尔伯特三旗。

因光绪三十三年（1907 年）五月，清廷将各省按察使改为提法司，并增设巡警道、劝业道。因此，东三省各设提法司，掌司法行政，监督各级审判厅，调度检察事务。下设总务、刑事、民事、典狱四科。同时，将原奏之劝业司改为劝业道，并增设巡警道一缺。此外，还另设立督练处，主管新军编练。

徐世昌等所奏“东三省行省官制章程”，于光绪三十三年（1907 年）四月奉旨“如所议行”。但在东三省中，因奉天颇具规模，事务至繁，拟请左右参赞及各司司使即准设立。吉江两省事务较简，拟先不备设。奉天设置行省公署各司后，十一月，徐世昌奏改黑龙江官制，先设民政、提法、提学、度支四司。十二月奏改吉林官制，设民政、度支、交涉、提学、提法五司及劝业道。

以徐世昌为首的袁世凯集团在东三省所推行的官制改革，纠正了督抚各不相属、司院互不相扰的弊病，明确规定了各级隶属关系，创立了新的政治体制，为清末地方各省官制改革提供了新模式。

（二）整顿吏治

徐世昌督东不久，即严惩贪赃枉法之官吏。据御史张世培及赵炳麟奏称，前奉天将军赵尔巽任用的史念祖办捐滋扰民众，军机处寄谕徐世昌查明事实真相。徐世昌借此机会派人清查惩办，并开始了整顿吏治、反腐倡廉的行动。这一整顿吏治的行动主要集中在奉天、吉林两省。

在奉天省，徐世昌派奉天提法使吴钫调查核实主要腐败渎职之官员，对之进行惩治与奏劾。诸如，将岫岩垦局总办邓景麟勒令回籍，退赔赃物，永不叙用；岫岩州知州王瑞高、候选府经历萧镇、补用守备马得荃，一并即行革职，以示惩儆。另外，奉天财政局督办史念祖刚愎专擅，老而嗜利；会办叶景葵、金还，任意把持，工于牟利，钻营蒙蔽，寖成习尚；总文案任毓麟，假公济私，不恤人言；粮租所总理俞泰初贿赂公行，颇滋物议；税务所总理陈廷絜苛细搜剔，贪黩无厌；主稿周肇祥苛刻成性，擅作威福；清赋所总理孙贤济舞弊罔利，怨言繁滋；主稿屠遹骏贪鄙成性，不知自爱；收支所委员全禄克扣款项，声名狼藉；庶务所总理田征葵克扣工程，任意浮冒；盖平盐务局委员张元龙钻谋无耻；赈捐核奖处委员张鸿钧罔利营私；海城、复州、东平税务委员赵孚行止贪污、王炎性情卑鄙、曹自元浮收捐款；商埠局提调徐鼐遇事索贿，民怨甚深；营口税务委员忠骏侵蚀巨款，怨言丛滋；银元局总办王曾俊，吞蚀余利，蒙混取巧；庶务所主稿潘瀛，利欲熏心，不堪造就；新民税局委员徐芝取巧钻营，均请一并革职，勒令回籍，永不叙用，以为贪污者戒。

在吉林省，徐世昌密派吉林提法使吴焘查实，具折弹劾的不法官吏主要有："署吉林将军副都统达桂，贪婪无厌，致以贿成，纲纪荡然，惟利是视，请旨予以惩儆。烟酒木税总理丰年，侵蚀巨款，罔利营私，即行革职，永不叙用，所吞款项，并交地方官严行押追。营务处总办余濬，招权纳贿，任用私人；吉强军统领胡殿甲，骄蹇贪鄙，毫无纪律；裁判所总理赵宗镕，性颇残忍，受贿有据，均请革职，永不叙用。候补道柳大年，诬良为盗，荒谬昏庸，拟请革职，发往军台效力。候补知府于芾霖，遇事招摇，贪黩无耻，拟请革职，经手公款，仍令地方官押追，务令清缴。木植公司会办李世斌，狎比优伶，公于奔竞；筹饷局提调王鸿遇，钻营取巧，劣迹昭著；营务处提调隆魁，趋炎附势，卑鄙成性；委员王赞恩，恃符妄作，倚势凌人；委员桂全，庸鄙龌龊，贪利妄为；裁判所听审委员杜玉衡，听断乖张，贪得无厌，均请即行革职。署绥芬厅同知赵多第，行止卑鄙，不堪造就；署五常厅同知谢汝梅，阘茸无耻，难膺民社，均请以县丞归部铨选。盐捐局总办同知衔王炳骙，声名狼藉，物议沸腾，拟请革去虚衔，驱逐出境。已革凤凰厅同知刘本源，见利忘义，不洽舆情，拟请永不叙用，以示惩戒。”[1]徐世昌对以上贪官污吏均请一并革职，退出赃物，以戒贪污陋习。上任几个月，查清处理了几十件案件，切实地处理了一些贪污渎职的文武官员。从《请将史念祖等议处片》和《查明大员被参各款据实复陈折》中统计出：奉省被革官员20名，吉省16名。东三省的惩治不肖官吏之行动虽不能说是完全彻底，但足以证明袁世凯集团进据东北后确有振衰去弊、一新耳目之能力。这对东三省的吏治整顿无疑起了不可估量的作用。徐世昌对自己此项改革的成就甚为满意地说：东省吏治日见起色，从前贿缺卖差，侵吞公产视为分内者已扫除净尽。这在一定程度上惩治了腐败，成为北洋派在东三省改良政治的先声。

（三）增设郡县

其要旨在加强边疆地区的地方政权建设。东三省实施新政期间，总计增设了7府、12厅、2州、7道、10县。其中，奉天省增设了长白府、长兴州、洮昌道、临长道。吉林省增设了绥芬府、延吉府、临江府、珲春厅、东宁厅、绥远州、珲春兵备道、三姓兵备道、和成县、穆棱县、富锦县、汪清县、额穆县、桦川县、宝清县、勃利县、饶河县。黑龙江省增设了黑河府、胪滨府、佛山府、瑷珲直隶厅、呼玛直隶厅、漠河直隶厅、呼伦直隶厅、室韦直隶厅、舒都直隶厅、萝北直隶厅、乌云直隶厅、东陆直隶厅、春源直隶厅、瑷珲兵备道、呼伦兵备道、兴东兵备道、鹤岗县。在设立府、厅、州、县的同时，东三省副都统全部裁撤，结束了八旗军署的统治。这样，在东三省地方基层政权机构中就废除了旗民两重制。当然，上述工作的完成也包括了锡良的督东时期。

[1] 沈云龙：《徐世昌评传》，（台北）传记文学出版社1979年版，51～52页。

（四）实行行政司法分权

徐世昌在厘定东三省官制时，首先以行政、司法分权为要务，奏设三省提法司管理司法事务，并筹办各级审判、检察厅，定各级审判制度。设奉天高等审判厅于省城，设地方审判厅于承德，附设地方检察厅和初级审判检察厅各厅，以为司法独立之基础。奉天、吉林省城最先设立了高等、地方、初级审判厅和检察厅，后又在抚顺、新民、营口、长春、农安等地设立了相应的地方机构。为了明确讼诉、审判、检察、旁听、上诉的程序，徐世昌还先后制定了《提法司分科职掌大纲》、《各级审判厅办事规则》以及《各级检察厅办事规则》。虽然东三省的司法当时还处于过渡阶段，“仅有分立之机关，以云独立，则未也”[1]。但是，终究在一定程度上改变了中国刑事向由地方官裁判，“往往听断不慎，百弊丛滋”[2]的情况。到宣统元年（1909年），奉天已设立各级审判厅、检察厅各达17处；吉林省各级审判厅计24处；黑龙江亦设审判厅3处。

（五）成立省咨议局和府州县议会

光绪三十三年（1907年）九月，清廷谕令各省模仿西方议会形式设立咨议局，作为“采取舆论之所”，“俾其指陈通省利弊，筹计地方治安”。[3]经过一段时间的筹备，当年十一月，奉省咨议局成立，不久，更名为咨议局筹备处，由官办改为绅办。次年六月，奉省完成咨议局选举。继之，吉、黑两省也先后告竣。成立府州县议会，是清廷“预备立宪”的基础和重要内容。议员名义上由府州县各级选民选举，实际上是由地方官指定。议会根据有关章程规定，选举议长，定期开会，为地方兴利除弊。尽管徐世昌在宣统元年（1909年）五月已经离任，但这些改革的基础与他的努力是分不开的。实际上，在徐世昌督东期间，预备立宪的政体各省尚未能施行，东省就办到了不少，大凡预备立宪的政体全都布置得极为周密。徐世昌所主持的政体改革是清末地方政体改革的最成功者之一，也是清末袁世凯集团实力与能力的一次良好展现。

---

[1] 徐世昌：《东三省政略》卷十，司法，述要，吉林文史出版社1989年点校本，总1440页。
[2] 徐世昌：《开办奉天各级审判厅大概情形折》，《退耕堂政书》卷十三，第4页。
[3]《著各省速设咨议局谕》，《清末筹备立宪档案史料》（下），中华书局1979年版，第667页。

三、发展东三省经济

光绪三十三年（1907年），徐世昌受命担任东三省总督一职，当时正值日俄战争之后，日本、俄国等列强全力侵略东北，经济是其入手的一个重要方面。徐世昌在《密陈考察东三省情形折》中说：兴举百务，全资财政。俄国修筑西伯利亚铁路，用款千万；日本集南满铁路用款亦达5000万元，这并非他们的财政雄厚，而是经营有方所致。“而我则现钱匮乏，银元停铸矣，铜元限制矣，举三省万里之广，北用俄钞，南行日币，以我实货，易彼虚褚，官无抵制之法，民有信用之心，而我官商所发生之钱贴，则真伪分歧，流弊错出，意在利国，适以病民，则财政又尽坏矣！”今军政虽撤，新派领事则自韩国调任，隐以待韩者待奉。将军赵尔巽力争合办东清铁路、千台山煤矿、金州盐滩及省城警察官吏派出所等事，彼皆虚词搪拒，迄无成议。”“近日人欲开屠牛场，我以警察阻止，彼则以宪兵保护。其他日官、日商、军界、学界之往来奉天者，络绎不绝。省城日人商旅寓居者，八月间仅九百余名，现则增至二千余名。日货无一有税，华货无一不税，且再税三税。是以日货畅销，而华货愈滞。”“揆度时势，必须大加改革，于用人、行政诸大端，破除成例。以全国之人力财力注重东陲，乃可望补救挽回于万一。”[1]

由于外人肆行侵略等种种原因，以致东三省财政极为困难。徐世昌对此有着清醒的认识，他说：“方今帑藏空虚，计臣仰屋，固无大宗的款，可供经营三省之用，而东南各省偏灾时告，民不聊生，又屡经搜括，脂膏殆尽，自瞻不暇，遑论他顾？”[2]东三省财政历年入不敷出，属受协省份，全国各处应解款数，已达400余万两白银，而官俸、练饷、旗饷的支付，工程、电线、恤赏、川资、测绘、调查、外宾应酬等所需经费，又万不可减。以光绪三十四年（1908年）为例：奉天省共收入530

[1] 徐世昌：《密陈考察东三省情形折》，《退耕堂政书》卷五，第2～3、10页。
[2] 徐世昌：《密陈通筹东三省全局折》，《退耕堂政书》卷七，第13页。

多万两白银，支出780多万两；吉林省收入270多万两，支出500多万两；黑龙江省收入80多万两，支出190多万两。出入相抵，不敷甚巨。

面对这种困难形势，徐世昌采取措施，致力于发展东北经济。他首先从金融入手，以图打开局面。

（一）金融业方面

早在光绪三十年（1904年），徐世昌就曾参与清末币制改革。任东督后，徐世昌仿袁世凯在山东、直隶推行的经济政策，创办银行业，借国债4000多万两充实银行资金，并着手改革奉天官银号，吉林永衡官银钱号，黑龙江广信公司和黑龙江官银号，“成本薄弱、纸币充盈”的局面。在沈阳设大清银行，将奉天官银号改为东三省官银行，统属大清银行，并规定东三省银行经营的业务为代理省库，发行纸币，以及汇总、贷、存款、买卖粮食和生金银，发行各种债票、债券等。

东三省资源丰富，但若要将其转化为经济优势，尚需启动资金。正如徐世昌所说：“办事多则用款巨，区区就地之款，尚不足经营之用。与其省事惜费，而为人攫取，毋宁设法筹措，而冀以图存。”“故应需之款，不能不合全国之财力以相筹划。外债之借，国债之筹，巨商大贾之所招徕，欧西公司之所输入，皆应议定办法，不可后时。固非就地筹款之恒言所能了事，亦非减员司、节经费、罢工程，如内地照例支用之所为，遂能自存于两大之间也。”[1] 为了筹集资金，徐世昌“先商准度支部奏拨上海镑价盈余三百万两，以为开办之用，并奏准由东三省督抚自行筹募国债公债或向各国借款数千万，兴办要政，另请旨严催山东、两淮、江苏、临清关等处历年欠解协饷，以济急需”。

由于筹集国内资金不足用度，故徐世昌对外资十分重视。他提出：先借国债4000万两，设立三省银行，目的首先是流通财政，划一银币，再就是为各项商业筹集款项，兼为筹办林矿渔垦工艺各项实业。不仅如此，徐世昌还进一步提出开放商埠的主张。他指出：“约开商埠，实因铁路附属地皆已占去，故现拟不限租界，以商埠为开放之先声，但能受

[1] 徐世昌：《上监国摄政王条议》，《退耕堂政书》卷三十四，第5、6页。

我范围，无失主权，且借以招致西商，暗图抵制。”[1]后来，葫芦岛的开放，即与此有关。

（二）农业方面

有了一定的资金保证，徐世昌遂大力发展农工商业。徐世昌十分重视农业。东三省“其地苦寒，不知种麦”。徐世昌从国内和日本、美国调取各类麦种在奉天试验，从中挑出适应气候和产量高的在吉林、黑龙江广泛推广，结果当年即有成效。三年后，东三省遍地皆麦，除自给之外，还向境外输出。东三省人民对徐世昌此举十分感激，称他为“麦之先农”，“在公犹其小试者也”。为了推动农业的改良，徐世昌专门设立了农业试验场。徐世昌充分认识到商品农业的优势，故而力主农产品出口。“农业自然之利，向以出口禁严，民多观望，公首弛小麦粮粟出口之禁，民间获利顿丰。”[2]光绪三十四年（1908年），东三省大豆出口贸易兴盛后，三省农业有了明显的进步。不仅如此，徐世昌还从澳洲引进了良羊和拖拉机等新良种和新农具，这无疑对促进东北地区农牧业的近代化进程起了积极作用。除了以上措施外，徐世昌还提出移民屯边的计划，并付诸实施。徐世昌任东三省总督后，认为移民实边，关系到东三省的安危和中国的前途，决心“创办屯垦，以兴地利而固边圉”。[3]东北峰密山盗匪丛聚，私垦面积极广，徐世昌一方面上奏请示设立密山府以便加强管理，另一方面为开垦千里沃野，设立农垦局，招集丁壮，开垦土地，充实边疆。当然徐世昌在实行过程中遇到了相当多的困难，他打算移民，而无经费；请求免去车费，又为部议所阻；迁犯人携属而往，又准而未行。面对这种情形，他先在嫩江沿岸调拨退伍兵从事开垦，预算所需，更番推广。这种屯荒与戍边相结合的办法，可谓一举两得，效果显著。

（三）工业方面

工业为经济发展的关键，对此，徐世昌用力最著。他期望通过对工

[1] 沈云龙：《徐世昌评传》，（台北）传记文学出版社1979年版，第49、58、57页。
[2] 贺培新：《徐世昌年谱》（上），《近代史资料》总第69号，第37～38、37页。
[3] 徐世昌：《江省创办屯垦折》，《退耕堂政书》卷二十，第4页。

业的努力，以达到他所谓的“以兴实业，而挽利源”[1]的目的。他在奉天设矿政调查局、农业试验场、森林学堂、种树公所、工艺传习所、官牧场、硝皮厂、官纸局等；在吉林设矿政调查局、农林局、印刷局；在黑龙江设矿政调查局及劝工陈列所、工艺学堂，创办布匹、火柴、肥皂、玻璃等工厂。徐世昌又整顿了松、黑两江的邮航，调查了长白、珲春的林区，发现矿产非常丰富。在本溪湖允许日方与我方合办。因漠河、观音山、呼玛尔河开采矿山，用人不得力，效果甚差，徐世昌特派矿师前去检查，另拟计划开采。还于海林之杉松岗，辽河之尾明山派人试办，另外还有商民开采者和续报开采者，依奉天省的统计，有 75 区。吉林佳矿甚多，除金矿之外，复试办铜矿。黑龙江省甘河煤苗甚旺，亦有开办。凡有商人呈请开矿者，都由官方派人前去勘矿场验其资本并保护之。此外，徐世昌还鼓励东三省工矿企业以合资、股份有限公司等形式吸收国内外资金，以谋求进展。由于徐世昌的政策倾向，致使东三省工矿业发展迅速，出现了“公私交便，乃得畅销，收款盈溢”的大好局面。如营口的机器榨油厂到 1911 年已发展到 14 家，大连、奉天、安东等地的油厂的资本，均在万两以上，雇工达千余人之多。这为后来东北成为我国的工业基地奠定了基础。

（四）商业方面

随着农业、工业的发展，东三省商业也有了明显的起色。徐世昌认为：繁荣东三省商业之关键在于利用其有利条件发展对外贸易事业。而外贸所资，必须有经冬不冻之口岸。因勒得锦属之葫芦、菊花两岛，屡饬工履勘，并令招商局派轮行驶，谂为可用。东三省的对外贸易，在徐世昌经营之下速度增长很快，一般为全国进出口贸易总额增长的 10 倍。从东三省外贸出口额来看，宣统元年（1909 年）比光绪三十三年（1907 年）约增长两倍之多。这显然是与徐世昌在东时的努力分不开的。

[1] 徐世昌：《东三省政略》卷十一，奉天省，工业篇，《附奏设立工艺传习所及造砖厂官纸局折》，吉林文史出版社 1989 年点校本，总第 1579 页。

（五）交通通信方面

徐世昌在东督任上时亦颇有作为。东北铁路是日俄侵略重点所在。西伯利亚铁路横贯北满，东清铁路直达旅顺，一纵一横，扼吭付背，名义上虽为合办，实则主权在于外人。日俄战后，情况又有变更，过去俄国一统的局面，转为日、俄分掌。“宫厥之近，且筑小铁路，而抚顺、同江等处之因载煤运兵增筑铁路者，更莫之能遏矣。”凡铁路由军队经管者，遇我商旅，率如奴隶，偶失车票，则执缚浇水，极尽凌虐。[1]

面对日俄的凌侵行为，徐世昌十分不满，竭力交涉，以保护中国的路权。他说：“查东清铁路公司章程内载明，铁路必需地段，专为铁路之用。该俄商等在东清铁路界内海拉尔地方倡办自治，又在哈尔滨铁路界内设自治会，实与该项公司章程显相违背。且详阅所定规则，皆属警察权限内之事。前经本部与贵大臣议定，凡铁路界内各站，俱应有华官添设巡警保卫地方。该俄商等安得在海拉尔、哈尔滨等地方铁路界内开办地方自治，相应照会贵大臣，迅即转饬查阻，将该项自治章程撤销，仍照原议各办铁路各站警察。并望见复为荷，须至照会者。”[2]由于徐世昌交涉有力，态度坚决，俄方不得不在光绪三十四年二月初六（1908年3月8日）同意与中方议写大纲十八条，承认东清铁路界内中国主权，中外人等有平等选举权，议事会责成公举，不分中外。至此，徐世昌自觉无余憾，为之欣慰。

徐世昌一方面与俄方交涉东清铁路问题，另一方面又着手筑路，对抗日、俄。他原拟建新民经法库、辽源至齐齐哈尔的铁路，遭日人阻挠，故又改从新民西经朝阳、洮南经嫩江至齐齐哈尔的铁路，从而一举改变了哲里木盟十旗“道路不通、商旅裹足”[3]的落后状况，同时从辽源到达北达尔罕王旗沿途每50里为一站，每站旁10里安排人员垦荒，以为生计，并配置弁兵予以保护。《徐世昌年谱》上记载：“当日分段筑路

[1] 徐世昌：《密陈考察东三省情形折》，《退耕堂政书》卷五，第2页。
[2] 徐世昌：《东三省政略》卷二，铁路交涉篇，《附外务部来往照会十六件》，吉林文史出版社1989年点校本，总第495页。
[3] 徐世昌：《东三省政略》卷二，筹蒙篇，《附筹洮南驿站拟请开辟达尔汉旗道路折》，吉林文史出版社1989年点校本，总第463页。

计划，首及锦洮，次及洮齐，此路果成，则南北脉络贯通，全势斯振，惜乎末克实施也。”[1]如果徐世昌不过早调离东督，相信东三省的铁路事业还会大有进展。另外，徐世昌在东督任上时还架设电线6000余里，收回日俄电线3000余里，开辟航线9条。对东北通信事业的发展也作出了一定的贡献。

四、兴教育开民智

（一）设立教育行政机构

设立教育行政机构，是实施新式教育的基础。徐世昌认识到“学务之盛衰，视乎行政机关之完密与否”，所以各省官署无论繁简，均设提学司督办劝学所和新学堂。据统计“奉天学堂三十三年以前，凡40余所，三十四年增至2100余所。吉林学堂三十三年凡40所，三十四年增至180余所，黑龙江学堂三十二年凡30余所，三十四年增至150余所。改良私塾之数不余焉。”这说明，光绪三十三年（1907年），三省学堂才110余所，到光绪三十四年（1908年），三省所建学堂已达2430余所。连教育落后的黑龙江亦是“专业、实业、师范、普通各校灿然具备”。教育行政机构初名学务处,后改名为学务公所,为“振兴教育”、“以浚民智而立治基”而设，是“提学司使行政之所”，“一省学务之总汇”。各府厅州县设立视学官。奉天省学务公所还设立教育官练习所，选聘外国教师讲演教育学，教授管理法及教育行政学等制度。劝学所是各府厅州县设立的学务总汇之所，以地方官为监督，本地士绅充任总董。每学区设劝学员一名，负责本学区筹款兴学等事。此外，还有宣讲所，派宣讲员到各地宣讲，以“开通民智”，补充国民教育之不足。

奉天省还设立教育总会，各府厅州县设立教育会，为间接辅助教育机构。省城设立小学总查所，委派员绅逐日亲往各小学学堂切实考察，

[1] 贺培新：《徐世昌年谱》（上），《近代史资料》总第69号，第37页。

将各项管理情形及应行改良等事，随时呈报。吉林省设立了小学教育研究会，选派会长、评议员，定期召集各小学堂教职员及简易师范学生开会，研讨管理教授等法。徐世昌认为“欲教育之普及，必从改良私塾始”。他又和吉林巡抚陈昭常商定，在省城成立私塾改良会，定期召集塾师到劝学所听讲。

（二）举办学堂

东三省学堂，一般分为师范、普通、专门、实业四类。在普通类中，又有中学堂、高等小学堂、两等小学堂、初等小学堂、女子学堂之别。

奉天省创办学堂始于光绪二十八年（1902年），日俄战争期间停办。光绪三十一年（1905年），在省城设两等小学堂，以及师范简易科传习所。在省城、锦州府两处设立中学堂。这些学堂设置简陋，“或借用庙舍，或租赁民房”，“困难情形为各省所罕见”。[1] 光绪三十二年（1906年）以后，小学堂日渐增多，师范传习所也次第添设。光绪三十三年（1907年）徐世昌督东后，省城添设优级师范选科及初级完全科，辽阳、新民等处渐次成立师范简易科。还整饬小学，酌拟乡学简章，课程规制逐渐统一。实业学堂有省城格致专修科艺徒学堂，女子美术学堂，营口商业学堂，铁岭工艺传习所，同江艺徒学堂，这些学堂亦都具有一定的规模。光绪三十四年（1908年），又创设方言学堂，择中学堂程度较优学生入学，分别学习英、日、俄各国文字。后来，方言学堂改为奉天高等学堂。继又设蒙文学堂，招收蒙古王公子弟入学。此外，还有八旗农业讲习所，满蒙文讲习所，为专教旗丁而设，也属于实业专门类。

吉林省，光绪三十年（1904年），将军达桂改书院、义学为全省师范学堂，以及五关、昌邑、长白山各小学堂，改课吏局为法政馆，在省城外设立外国语学堂，普通、专门类学堂由此产生。光绪三十三年（1907年），改法政馆为政学堂，改外国语学堂为方言学堂，设立中等实业学堂暨初等农业实习学堂各一所，在吉林府劝学所内增设博物标本实习科，实业教育由此才有规模。全省初级师范学堂创立于光绪三十二年（1906

[1] 徐世昌：《东三省政略》卷九，学务，吉林文史出版社1989年点校本，总第1410、1384、1425、1389、1388、1413、1392页。

年）十月，分完全、简易两科。光绪三十四年（1908 年）十月，创办女子师范学堂，并设保姆班。

黑龙江省，光绪三十一年（1905 年），设立高等小学堂 2 所，光绪三十二年（1906 年），增加到 34 所，其中有专门学堂 3 所、师范学堂 3 所、女子学堂 2 所。到光绪三十四年（1908 年），官立学堂达 157 所，专门、实业、师范、普通 4 类都有。

（三）选派学生出国留学

光绪三十二年（1906 年），奉天选派学生 70 人赴日本学习师范及法政，从此留学人员日益增多，自费赴日本学习警监法政多达 200 余人。光绪三十三年（1907 年），又选派女子师范学堂学生 37 人去日本留学，此后自费赴日的女留学生也逐渐增加。吉林从光绪三十一年（1905 年）起，选派学生赴日赴俄留学，学习师范、法政、警监等。后来，也有女生自费留学。

（四）建立图书馆

奉天图书馆筹设于光绪三十一年（1905 年），光绪三十四年（1908 年）九月建成开馆。最初分存储书、观览各室，参照日本成法，广购各省官私刻本，及东西洋科学图书。后来，又设总理、庶务、会议、管理、书记等员，图书分为法治、文史、数理、农工商、欧美日本译书等类，并代卖图书，减价发售。光绪三十三年（1907 年），黑龙江图书馆建成，馆藏经史子集并东西各国图书译印精本。馆内设有古物保存会。此外，为了推广军学，“增进军人之智识”[1]，还设有东三省军学图书馆。

（五）创办报纸

官方报纸有《白话报》、《东方晚报》、《教育官报》、《黑龙江官报》等。这些官方报纸多以开通官民知识，鼓吹宪政并提倡实业，开拓利源为宗旨。私人办报公开发行的有《东三省日报》、《东三省民报》、《奉天商工日报》、《吉林白话日报》、《吉林自治报》、《东

[1] 徐世昌：《设立东三省军学图书馆片》，《退耕堂政书》卷二十三，第 5 页。

方晚报》、《滨江日报》等。这些报纸在唤起民众、振兴国家方面，都起到了一定的鼓动作用。

五、加强军事防务

日俄战后，东三省的形势发生了很大的变化。日俄两强，南北分据，一以关东州为基地，一以哈尔滨为中心。我拥领土之虚名，彼攘主权之实力，东三省面临着更加严重的危机。在这种情况下，北洋势力进入东三省，实际面临着能否担负起加强边疆防务的重任。对此，徐世昌等北洋领导人，苦心积虑，亟思图救，在短短的两年时间里，为此作出了种种努力。

（一）设立三省督练处

三省督练处，总辖三省兵事，“办理开练新军，振兴兵学，整顿巡防各事”，督练处设有督办、会办，总参议、总办分驻各省帮办等员。其中，督办、会办由总督、巡抚分别兼任。督抚直接控制着军队的指挥调度，从而使督练处成为统一三省的军政机关。督练处在管理全军训练和作战演习方面起到了一定的作用，使得东三省军事混杂散漫的状况有所改变。

（二）举办军事学堂

徐世昌督东后，还陆续开设和兴办了东三省讲武堂、陆军军医局、陆军小学堂以及东三省宪兵学堂。其中，设于奉天的东三省讲武堂是当时全国较有影响的讲武堂之一。这些军事学校的设置，培养了一批军事骨干，为东北军队的正规化、近代化建设打下了基础。

（三）整顿军队

为了改变东三省军队杂乱无章的状况，徐世昌还把奏调来的陆军第三镇和两个混成协加以整顿，将赵尔巽所练的协巡步队一营、炮队一营，编为奉天陆军第一标；把旧有巡防各营编为奉天第二标；对吉林原有步队一协加以整饬，使归一致。这样，共计陆军一镇三协两标，人众将及3万。不仅如此，徐世昌还重新整顿改编了各地巡防队，使之整齐划一，“步伍操练，一依新军章制”。[1]巡防队每省各分5路。奉天省每路马步9营，前后左右四路各6营；黑龙江省每路马步4营，前路增加卫队，马步3营。总计东北三省共有巡防队101营。另外，还有水师3支。营口巡防舰队，有安海、绥辽两兵舰，巡逻海面，奉天河防船队，有巡船10艘，巡视辽河；松花江水师，有木质炮舰7艘，巡视松花江。徐世昌为了严肃军纪，还设立了宪兵队。为了方便行军屯塞，熟悉形势山川道里，又设立了测绘队。徐世昌的这些军事改革，不仅改变了东三省以往军事上“名目复杂，头绪纷繁，器械即属参差，操法亦未一律，统率不一，散漫无纪”[2]的现象，而且使东北地区从此有了近代化的军队。与日俄战前相比，东北军队在数量上，尤其在质量上有了一定的进展和改进，军事力量有所加强。这显然是与徐世昌等袁世凯集团领导人的努力经营分不开的。

（四）加强边界防务

在袁世凯集团加强军事防务方针指导下，废弛多年的呼伦贝尔、瑷珲卡伦在这一时期也得以修复，从而在中俄边界重新形成防俄防御体系。

历史事实表明，日俄战后的东北防务之所以有所改观，主要得力于这一时期清廷所任用的一批有所作为的想干一番事业的人物。这批人主要是袁世凯集团的徐世昌、唐绍仪、程德全、姚福升、吴禄贞、宋小濂、傅良佐等人。徐世昌在任两载，始终以抵制日俄为方针。他充分认识到东三省地广而荒，启人觊觎的形势，认为“垦地殖民为筹边第一要义”[3]。“考虑从直隶、山东、河南等地吸收汉族移民定居该地区”[4]。注重对沿边一线的经营。另外，他主张大力发展交通、矿业、森林、渔业、商运、工艺等行业以拒绝外人之觊觎。他还主张“开放主义”[5]，借西人实力以牵制日俄两强。在他看来，广辟商埠，实行开放，广招欧美商

[1] 徐世昌：《东三省政略》卷四，军事军政篇，吉林文史出版社1989年点校本，总第636、635页。
[2] 徐世昌：《附考察奉天省情形单》，《退耕堂政书》卷五，第23页。
[3] 徐世昌：《江省变通沿边垦务章程折》，《退耕堂政书》卷二十二，第10页。
[4]《关于徐世昌和袁世凯商讨北部中国改组的日文文件》，《近代史资料》总第46号，第139页。
[5] 徐世昌：《上监国摄政王条议》，《退耕堂政书》卷三十四，第8页。

民以均其势，是挽救东北危机的重要途径。袁世凯、徐世昌还派遣时任奉天巡抚的唐绍仪访问美国，企图联美以制日俄。在徐的支持下，以联美制日俄的新齐铁路计划应运而生。在徐世昌的支持下，程德全署理黑龙江巡抚，多年来一直致力于从沙俄手中收回瑷珲的工作。光绪三十三年（1907 年），他推荐姚福升担任瑷珲副都统，二人竭尽心力，终于在同年四月迫使俄军从瑷珲、小黑河撤走。

日本侵入朝鲜之后，肆意扩大所谓“间岛”的范围，意图侵占我延边一带。徐世昌命令吴禄贞、傅良佐等人针锋相对，寸土必争，“在有关领土或人民主权的问题上，我们不应作任何让步”[1]，致使日人贪欲之心无所逞其技。光绪三十三年（1907 年）十月，北洋将领陈昭常在徐世昌的授意下甚至派兵到天保山银铜矿，驱逐了私行开采的程光第和日本人中野二郎，并设立警察分所监视日本人的动向。

沙俄侵入东北后，以铁路需要为名，通过各种方式，占地、采矿、伐木，无孔不入。在徐世昌的支持下，宋小濂经过努力交涉，终于迫使中东铁路总办霍尔瓦特在光绪三十三年（1907 年）六月在占地、采矿、伐木等问题上达成了协议，对沙俄的侵略活动起到了一定的限制作用。

以徐世昌为首的袁世凯集团在东北军事与防务上所做的这些努力，对清末军事近代化与边疆防务都产生了不可低估的影响，是袁世凯集团在东北运作的一个重要组成部分。

综上所述，清末袁世凯集团在东三省的运作可以看做是东三省走向近代化过程中迈出的关键一步。它第一次从根本上改变了东北的特殊政治体系，使之彻底从封闭的“龙地”中走了出来，跨入行省行列，进而给东北的社会进步、经济发展带来了一线生机。其次，它还在一定程度上有效地扼制了日、俄的侵略扩大。辛亥革命期间及其以后一段时期，东北时局多乖，日、俄侵略势力勾结满蒙反动王公，多次制造事端，企图分裂东北均遭失败，这与袁世凯集团在东北打下的基础有着一定的关系。同时，袁世凯集团在东北地区进行的有效改革，对于发展本地区的经济,改良本地区的社会风气均起到了重大的作用。最后,尤其重要的是,

[1]《关于徐世昌和袁世凯商讨北部中国改组的日文文件》,《近代史资料》总第 46 号，第 138 页。

袁世凯集团势力进入东三省，是该集团发展过程中的关键一步，它保证了袁世凯夺权时期东北地区的安宁，也造就了日后自称“北洋袍泽”的奉系军阀，从而对清末民初的国内政局产生了重大的影响。缘此，徐世昌本人后来曾自豪地把这段时期称之为“余之东三省时期”,世人亦称“东三省新政”为“徐世昌新政”。

第四章　立宪：变政与权争

光绪三十一年（1905 年）以后，随着新政的进一步推行，预备立宪逐渐发展成为时代的潮流，地方自治作为预备立宪之基也就被提上了国家的议事日程。光绪三十二年(1906 年)，清廷决定倡办全国地方自治，下令由奉、直两省先行试办。直隶总督袁世凯出于多方面的考虑，利用本集团的优势，积极试办天津地方自治，取得了一定的成效。天津地方自治的试办成功，为清末各省举办地方自治提供了模式与样板。

一、地方自治的样板

（一）袁世凯集团兴办天津地方自治的主要动因

1. 随着改革的不断深化，政治体制改革势在必行。自光绪二十七年十二月十日（1901 年 1 月 29 日）清廷发布新政上谕起到光绪三十一年（1905 年）止，清末新政已经在军事、警政、教育、经济等方面轰轰烈烈地开展到一定程度。随着改革的深入，发展道路上所面临的障碍愈来愈清楚地表现在制度的层面，这是清末改革过程中必然要触及的问题。随着改革的不断深化，政治体制改革也必然要提到议事日程上来。这是清末社会发展给天津办理地方自治提供的社会大背景。

2. 清廷准奉、直两省先行试办地方自治。光绪三十二年（1906 年）

六月，清廷“准政务处咨开，奏复御史顾瑗请设乡官一折，并拟由奉、直两省先行试办，先后奉旨：依议”。清廷的这种指示和态度，是天津办理地方自治的一个重要原因。

3. 与袁世凯集团领袖袁世凯的识见、个人性格及其作为有着重要的关系。袁世凯不同于其他封建官僚，他注视着历史潮流的趋势，善于利用刚刚在中国生长的新的军事、经济因素，来加强自己的实力，提高自己的威望，因而他在同侪中胜人一头，终能够攀登到权力的顶峰。袁世凯军人出身，行事当机立断，一事一旦决定下来就往往能够克服困难贯彻到底。在举办地方自治的问题上，袁世凯就认为：“周制六官之数，约五万余人，而乡遂之官多至三万七千八百有奇，分职愈繁，故与民相亲而事无不举。汉之三老、啬夫，犹存古意。自隋以后，尽废乡官，以数百里之地，寄诸牧令一人之身，遂使猾吏奸胥，因缘舞弊，治道之隳，胥由于此。比者东西立宪诸国，雄长大陆，稽其历史，则地方制度，必先乎立宪政治而兴。德之建国，发轫于州会。日本之维新，造端于府县会。选举有定法，议决有定程。人以被选为荣，斯民德日崇，类能辅官治之所不及。比隆三代，有自来矣。臣夙昔讨论及此，窃谓非行地方自治，无以补守令之阙失，通上下之悃忱。爰饬于天津设立自治局。”[1]“臣夙昔讨论及此，谓非行地方自治，无以补官阙而通民隐。爰在天津设立自治局，招集法政人员暨明达官绅，熟筹详议，订立章程；又广设自治研究所与自治学社，俾相与讲贯其中，然后调查选举、被选举权，分别初选、复选。一年以来，惨淡经营，规模略具。至本年七月十日，天津议事会始克成立……此后即由该议事会筹设董事会，按章办理，期三年之内，直隶全省地方自治办法，可以一律告成。”[2]事实也正是这样，当袁世凯及其集团的势力达到一定地步的时候，他们必然要向更高的权力之峰攀登。而要达到这样的目的，就必须站在时代潮流的前方，以争取各方面政治势力的支持。精明如袁世凯者，自然不能放过这一提高和

[1]《奏报天津试办地方自治情形折》，《袁世凯奏议》（下），天津古籍出版社 1987 年版，第 1519 ～ 1520、1520 页。
[2] 沈祖宪、吴闿生：《容庵弟子记》，来新夏：《北洋军阀》（五），上海人民出版社 1993 年版，第 86 页。

扩大自己声望及势力的机会。袁世凯惨淡经营天津地方自治，其目的和动机大概不能出乎于此。

（二）试办的基本过程

1. 派遣士绅到日本考察学习，作为举办地方自治事宜之预备工作。早在光绪三十一年（1905年）三月，袁世凯即已派士绅到日本调查地方自治法，准备在直隶开办地方自治。据甘厚慈记载，其宗旨是："此项游绅专为考察地方自治起见，先使在津研究四个月，择优资送日本游历四月，回国后各归本籍办理地方自治事宜。"[1]

2. 成立自治宣讲所，致力做好宣传准备工作。袁世凯认为，"地方自治，为我国创办之事，非先以预备，则不能实行。"预备有三：我国"教育未周，识字之民尚少，设有误会字义，流弊滋多"。因此，直隶于天津试办地方自治之初，于天津遴派曾习法政、熟谙土风的绅士为宣讲员，周历城乡，宣讲自治利益，复编印法政官话报分发津属各州县，以资传习，并将自治利益，编成白话，张贴广告，以期家喻户晓，振聋发聩，使自治意义基本晓谕民众。

3. 设立天津自治局作为筹办天津地方自治的领导机构。光绪三十二年七月初十日（1906年8月29日）开局，"以准备地方自治为宗旨"，由天津知府凌福彭、翰林院检讨金邦平领导，"所有章程，均参酌各国制度，准以本地民情风俗，先由天津府属办起。"[2]

4. 设立天津自治研究会，为开办天津地方自治进一步做好准备工作。袁世凯认为，"各国自治章程，俱有法理研究比较，责在士绅，乃设自治研究所。"[3] 自治研究所成立后，袁世凯"札饬津郡七属选送士绅之富于经验而孚于乡评者，大县八人，小县六人并招旁听生入所。研究四个月毕业后各回原籍，筹设自治学社，为定学社通则，以研究所得者传

[1]《直隶提学司卢拟定通饬各州县筹备公款续派绅士游学日本考察地方自治办法》，《北洋公牍类纂》卷一，自治一，第17页。
[2]《天津府自治局督理凌守福彭金检讨邦平禀定开办简章》，《北洋公牍类纂》卷一，自治一，第1页。
[3]《奏报天津试办地方自治情形折》，《袁世凯奏议》（下），天津古籍出版社1987年版，第1520页。

习之”[1]。袁世凯认为，“该绅等于自治理法，约略能详，俱有期望实行之心，可收因势利导之效。”此设自治研究所与自治学社之大略情况也。

5. 设立天津自治期成会。仿日本期成会，由自治局成员及公举之绅士72人、学会公举20人、商会公举10人共同组成全会，又委官员4人为谘议员，由自治局草拟自治章程，交期成会逐条讨论。

6. 正式开办地方自治。在上述准备工作完成的基础上，光绪三十三年（1907年）六月，袁世凯于天津正式开办地方自治，拟定了《直隶天津县地方自治公决草案》110条。

该《公决草案》中规定：天津县地方自治，由议事会及董事会两部分组成。凡关于自治事宜，均应订出条例，由议事会议定后，禀请本省总督批准并公布之。议事会由议员30人组成，并选举议长、副议长各1员。议事会之权限略作如下规定：①可议决本县下级自治团体之设立，本属各自治事务（包括教育、水利、实业、工程、救恤、消防、卫生、市场、警察费等）之创设、改良，地方经费、公产之动用等事宜；②稽查董事会所办事务；③对地方官所办之事可提出质问，并可上条陈；④接受并对人民所具条陈意见进行议定；⑤代人民申述困苦，并调处民事上之争议；⑥应地方官之咨询，申述其意见。凡议事会所议决之事宜，交由董事会办理。

董事会设会长，以本县知县兼任之；副会长、会员均由议事会选举出任。副会长任期4年，会员任期4年，每2年改选半数。副会长、会员均可连选连任。另设会计、书记，均不得以会员兼充；干事、干事长，承董事会之监督调度。

董事会的职权范围包括两个方面：一是办理议事会交由办理或交由管理、监督之事；二是办理地方官委派之事。董事会之日常事务，均由副会长负责掌管。

7. 选举规章制订出来以后，选举工作即紧锣密鼓地开展起来。当时天津人口总计41.8215万人，由于对地方自治不甚了解，因此产生了

[1]《天津自治局详报开局起至议事会成立止一切情形恳请据奏饬部立案文》，《北洋公牍类纂》卷一，自治一，第23页。

对选举调查表拒而不纳的现象，以致 20 万张表只散发出了 7 万张，收回 13567 张，仅达 19.38%。其中合格者 12461 人，只占总人口的 3%，符合被选举资格者 2572 人。光绪三十三年五月初六（1907 年 6 月 16 日），正式选举开始。初六至初八（16—18 日），举行城内选举，投票者达 1300 人，因人数少，自治局又加大宣传力度，展期 2 日补投，结果又增加了 400 多人。十六至十八日（26—28 日），天津四乡进行投票，参加人数达 7000 人。城乡合计为 8764 人，投票率达 70%。为此，金邦平认为结果"尚不恶"。二十四日（7 月 4 日），投票箱被带到河北学会开票，前往参观者达 2000 多人。计当选票共 5997 张，废票 427 张，初选当选人计 135 名。六月十五日（7 月 24 日），复选工作开始，当天前往 127 人，8 人未去，每人投 30 票，共计 3810 票，当选者最多 200 票，最少 13 票，共选出议员 30 名。七月初十（8 月 18 日），天津议会宣告成立，开会选在籍度支部郎中李士铭为议长，分省补用知县王邵廉为副议长，并由议长等自行筹设董事会，各按章程办理。由此，天津地方自治告一段落。袁世凯为此特将天津自治情形于光绪三十三年七月二十日（1907 年 8 月 28 日）向朝廷作了汇报。他并且认为，"既有天津为之模范，其余推行各属，当有事半功倍之望。臣已督饬自治局计划全省地方自治办法，期以三年一律告成。"[1]

（三）一点估价

对于袁世凯集团在清末新政时期开办的天津地方自治行动，我们应该一分为二地认识：

1. 就历史事实来看，袁世凯为首的袁世凯集团所举办的天津地方自治确实还有许多不足之处。如自治不过是专制制度的附庸，其兴民权是假，兴袁世凯集团赖以存在的基础——官绅之权是真。袁世凯所以对地方自治如此热心与投入，其根本点还是为了袁世凯集团自身的利益，为了扩大自己的权力基础，为了在以后的权力扩展和争斗中能够拥有更大的政治张本。

[1]《奏报天津试办地方自治情形折》，《袁世凯奏议》（下），天津古籍出版社 1987 年版，第 1520～1521、1522 页。

2. 我们也应当看到，天津地方自治的重要成果，是传统的地方和基层权力结构发生了一些质变，形成了新的地方体制。主要表现在：一方面，通过实行地方自治，改变了天津原有体制运行的方向，使其转入民主政治的轨道。另一方面，在举办地方自治的过程中，一部分接受了新式教育的绅商，开始跻身于各级政治舞台，在清末、民初急剧动荡的社会环境中，逐渐从后台走向前台，从边缘走向中心，从而演变成为近代天津社会的脊梁和政治、经济的中坚力量。

3. 清末天津地方自治客观上也有利于对西方宪政思想、制度的宣传与介绍，这对于清末直隶地区乃至全国的政治近代化当然具有十分重要的意义。天津地方自治的主要情况表现为：（1）筹办之事。"一、预备组织董事会；二、筹设下级自治团体（指乡镇而言）；三、调查本地公款公产（指向归绅士管理者）；四、普及教育；五、辅助禁烟；六、改良风俗。"（2）协议之事。"一、工程重要事件；二、卫生重要事件；三、水利重要事件。"（3）监察之事。"地方捐务（指捐务科所管之房铺车船等捐）。"[1]在清末，就全国范围而论，天津地方自治成就最大，影响深远。直隶也因此而成为全国的模范省。随着天津地方自治的试办成功，直隶各地及其他省份也纷纷仿效，天津地方自治之花遍地开放，影响及于全国。正如当时有人所指出的，"天津议事会成立之日，可以为天津贺，并可为直隶全省贺，不但为直隶一省贺，且可为我中国前途贺。自客岁预备立宪之诏下，朝野士大夫莫不万口同声曰地方自治为立宪之基础，于是各省纷纷议办自治，独天津之地方自治奉旨试办实在预备立宪诏旨之前。今果先各省而成立，则发达地方上之一切公益及增造天津人民之幸福者亦必先各省而收效，故可为天津贺。为天津贺者，为天津之人民贺也。天津之自治既先成立，亦即为全省之模范，逐渐推广，定更顺利，故为全省贺。天津既可为直隶全省之模范，亦各省所急欲仿办者，是亦即全国自治之模范也。全国之自治成而立宪之基础成矣，此所以为中国前途贺也。"[2]

[1]《天津自治局禀遵拟地方自治应办各事及权限文并批》，《北洋公牍类纂》卷一，自治一，第22页。

[2]《天津议事会成立之日卢学使代督宪袁演说文》，《北洋公牍类纂》卷一，自治一，第24页。

二、1905年的大辩争

在清末新政中，袁世凯拥有很高的地位和很大的实力，他身居直隶总督并兼八大臣之职，手握重兵北洋六镇，外而表率群伦，内而拱卫京畿。不仅分管地方，而且参政中央。此外他的亲朋知己遍布朝廷内外，如徐世昌、端方等都是高官要员，中央政府中又有庆亲王奕劻作为奥援，尤其是慈禧太后十分器重与赏识他，因此，袁世凯及其袁世凯集团的态度向背对于推动清廷施行预备立宪具有至关重要的作用。在推进清末预备立宪的事业中，袁世凯及其袁世凯集团确实起到了及其重要的作用。

光绪三十一年（1905年）六月，在张謇等国内立宪派的推动下，袁世凯联合两江总督周馥和湖广总督张之洞向清廷电奏，请实行立宪政体，以12年为期。同月，袁世凯又奏请欲图自强，宜考求各国宪法，变通施行。在袁世凯的奏请下，清廷采纳了袁的主张，决定遣使出洋考察政治之事。

经过出洋考察，光绪三十二年七月初六日（1906年8月25日），端方等考察政治大臣在与袁世凯商定后，会衔上奏了《请改定全国官制以为立宪预备折》，请求立颁明诏，先定国是，以15年或20年为实行立宪之期，并请以日本为榜样，先从改革官职始。[1]奏折具名是戴鸿慈和端方，实际上，奏稿是袁世凯的幕僚张一麐所拟，是袁世凯让端方上奏，这就是人们熟悉的编纂官制，发起于项城与端午桥的由来。

折中写道："宜略仿责任内阁之制，以求中央行政之统一也。查东西各国无不有责任内阁。责任内阁者，合首相及各部之国务大臣组织一合议制之政府，代君主而负责任者也。盖中央政府实一国行政之总枢，一切政策从兹出焉。各部漠不相谋，则政策万难统一。故各国每由君主自擢首相，由首相荐举阁臣，一切施政之方，由阁臣全体议定，然后施行，而得失功罪，则阁臣全体同负其责。所以必以阁臣负其责者，一则使之

[1]《出使各国考察政治大臣戴鸿慈等奏请改定全国官制以为立宪预备折》，《清末筹备立宪档案史料》上册，中华书局1979年版，第367～383页。

忠于职位，无敢诿卸以误国，一则虽有缺失，有阁臣任之，则天下不敢怨君主，所谓神圣不敢干犯者此也。中国内阁昔为枢要，今如闲曹，比之各国固不同矣。军机处虽有类各国之内阁，然对于上则仅备顾问，对于下则未受责成，考其职权，只略如各国之枢密顾问院耳。若夫各部尚侍，实可称一国行政长官，而各部相离，毫无联络，彼此政策平时既未尝与闻，遇事或转相矛盾。且所掌者不过薄书期会，所争者不过意见参差。其稍有实权者，或遇应办之事，应拨之款，必须相助为理，通力合筹，又因素不相谋，以致各不相顾。机关阻遏，名实俱乖，若不合议一堂，共谋大局，则虽有开诚布公之念，恐必无同心协力之时，殊不足以收实效。各国所以合各部于内阁，以阁议为一国政纲之所由出，正为此也。"[1]戴鸿慈、端方等考察政治大臣的这份上奏，揭开了清末丙午中央官制改革的帷幕。

在袁世凯和各国考察政治大臣的共同推动下，光绪三十二年七月十四日（1906年9月2日），清廷发布上谕："急为立宪之预备，饬令先行厘定官制，事关重要，必当酌古准今，上稽本朝法度之精，旁参列邦规制之善，折中至当，纤悉无遗，庶几推行尽利。著派载泽、世续、那桐、荣庆、载振、奎俊、铁良、张百熙、戴鸿慈、葛宝华、徐世昌、陆润庠、寿耆、袁世凯公同编纂。该大臣等务当共矢公忠，屏除成见，悉心妥订。并著端方、张之洞、升允、锡良、周馥、岑春煊选派司道大员来京随同参议。并著派庆亲王奕劻、孙家鼐、瞿鸿禨总司核定，候旨遵行，以昭郑重。"[2]这样，丙午中央官制改革就紧锣密鼓地进行了起来。

在清廷钦定的中央官制改革领导成员中，庆亲王奕劻身为王室宗亲，又位在朝臣之首，掌核定之权自然名正言顺。值得注意的是编制大臣中只有袁世凯一人为地方督抚，而同是封疆大吏的张之洞、端方、岑春煊等却只能"选派司道大员来京，随同参议"，从中不难看出袁氏在两宫眼中的特殊地位。陶湘（袁的政敌盛宣怀的得力亲信）在《齐东野语》

[1]《出使各国考察政治大臣戴鸿慈等奏请改定全国官制以为立宪预备折》，《清末筹备立宪档案史料》（上），中华书局1979年版，第368～369页。

[2]《派载泽等编纂官制奕劻等总司核定谕》，《清末立宪筹备档案史料》（上），中华书局1979年版，第385页。

中谈到袁世凯入京背景时说："当端、泽等将回之际，众心共有一更变之举动，深勒脑筋，报纸持议尤甚。近年来，内廷阅报，意亦游移。后来端等先后回华，莫不以变法敷陈，持论痛切，两宫动容。向来疑难之事多取决于本初，荣、铁先期发电，请本初平议。讵意本初尚新更甚，两宫更无主意。"本初指袁世凯，荣指荣庆，铁为铁良。从这段话中我们可以看出：第一，两宫对于变法问题并无定见，一开始就犹豫不定，一无主意。变法立宪、厘定官制是变革祖制的大事，一向专断的慈禧太后也不能不慎重行事。她一方面想保住满洲贵族的特权和自己的至高无上的权力地位；另一方面对革命党汹汹之势却又不能不作出让步，以冀消弭革命。为此竟然"宵旰忧勤，真至废寝忘食"。甚至流露出了"我如此为难，真不如跳湖而死"[1]的哀叹之语。第二，袁世凯由于在新政中的杰出表现，已经成为当时朝野上下举足轻重的人物，所谓"疑难之事多取决于本初"，甚至权势如荣庆、铁良者在行事前也需要先探听一下他的口气。显然，在这一次变革官制的活动中，袁世凯的行动势将会影响到清廷的决策。

胡思敬在《大盗窃国记》中说："孝钦自西巡后，不敢坚持国事，见五大臣疏踌躇莫决，急召世凯入商。"[2]

正是在这种形势下，袁世凯踌躇满志地来到了北京。陶湘在谈到袁世凯入京背景时又说："当七月初以前，京津秘使往来甚繁，本初向来大权独揽，所发莫不中的。今'立宪'二字，上既摇动，以为此种好机会，略一布置，即可成功。在津即预计到京后如何入手，如何改官制。官制改，则事权亦更，数百年之密网，一旦可以廓除。意中自许如此，手下人等莫不相许如此，枢府亦料彼必如此，领袖更随声附和，报纸又竭力怂恿，唯恐彼不如此。不过报纸之意见与彼之心迹相背耳。"[3]官制改革，实际是进行一次权力再分配，即所谓"官制改，则事权亦更"，它

[1] 陈旭麓等：《辛亥革命前后——盛宣怀档案资料选辑之一》，上海人民出版社1979年版，第28～29页。
[2] 胡思敬：《大盗窃国记》，《退庐全集》，沈云龙：《近代中国史料丛刊》，第45辑，文海出版社印行，第1353页。
[3] 陈旭麓等：《辛亥革命前后——盛宣怀档案资料选辑之一》，上海人民出版社1979年版，第28页。

为各种政治势力的发展壮大均提供了机遇和可能。各派政治力量无不力图把握和运用这一机会。袁世凯久历宦海，自然深通此道。尽管袁世凯“素来手段尚专制”，但他也深深认识到，朝中公正老臣都已谢世，朝政尽入贵胄之手,他此次得跻高位者,赖有太后之宠眷。然而慈禧春秋已迈，犹如风中之烛，一旦冰山崩，光绪独断朝政，岂肯忘怀昔日之仇。在当时，君主为与袁积怨甚深的光绪皇帝，君权的加强只能是光绪皇帝权力的加强。一旦光绪帝东山再起，袁世凯势必岌岌可危。而要保住自己，只有削弱光绪的权力；削弱光绪权力，就首先要削弱君权；而削弱君权，又正是成立责任内阁的目的。对于此事，胡思敬在《沈病国书》中就一针见血地指出：“北洋（指袁世凯）追念戊戌往事，知孝钦宴驾之后必不容于德宗，因内结奕劻，外煽新党，思借立宪之名，剥夺君权尽归内阁。乙已派五大臣出洋，丙午大更官制，皆一人之谋也。”[1]另一方面，当时朝中领袖为庆亲王奕劻。庆亲王为人庸鄙，毫无远见，而素贪财物，袁投其所好，早已将其熨帖得言听计从。因而，举奕劻为责任内阁总理，提高奕劻的地位，实际上可以扩大袁自己的权势，巩固自己的基础。这就是所谓“彼之心迹”。陶湘说：“然本初另有深意，盖欲借此以保其后来。”可谓一针见血。为此，袁世凯一改旧风，竟然“尚新更甚”，有“官可不做,法不可不改”,“当以死力相争”之语,甚至有吓唬和利诱两宫“若不及早图维，国事不堪设想”，“有如此贤主在前，乃国家之福”等语，[2]俨然慷慨激昂。而袁以死相争的，就是实行责任内阁制度。但袁世凯为自己所设计的责任内阁，既不像英国的内阁对国会负责并受其监督，也不同于日本明治维新时的内阁,起辅弼天皇执行政务的作用。他的内阁，一方面脱离了国会的监督，另一方面又侵夺了皇帝的大权。因此，它实际上是一种力图达到私人目的的独裁主义的内阁，这就是袁世凯企图揽权归己，最终达到取清廷而代之的目的和手段。

建立责任内阁，已有戴、端等人鼓吹于前，而各地报纸更是“竟力

[1] 胡思敬:《沈病国书》,《退庐全集》,沈云龙《近代中国史料丛刊》,第45辑，文海出版社印行，第1269～1270页。
[2] 陈旭麓等:《辛亥革命前后——盛宣怀档案资料选辑之一》，上海人民出版社1979年版，第28～29页。

怂恿”。依靠舆论之力，加上奕劻的支持，端方等的响应，本来就大权独揽的袁世凯在官制编制局中更是“气概如虹”，“主张最多”，而“全案皆其一手起草”，[1]当时在成立编纂官制馆时，慈禧太后特派袁世凯与载泽、大学士世续、大学士外务部会办大臣那桐、荣庆、载振、内务府大臣奎俊、铁良、理藩部尚书善耆、户部尚书张百熙、戴鸿慈、巡警部尚书、政务大臣徐世昌等14人共同编纂官制，新任闽浙总督端方亦预会，另令湖广总督张之洞、两广总督岑春煊、两江总督周馥和各部派遣代表参与会议，而以奕劻、瞿鸿禨、孙家鼐三军机为总司核定大臣。上述人员奕劻父子、徐世昌均为袁世凯的掌中人物，端方、张百熙、那桐、世续也是袁的追随者，载泽与铁良有隙，袁乃拉拢载泽以为己用。与此同时，编制馆的办事员，全为袁的僚属所占有，杨士琦与孙宝琦为提调，吴廷燮、金邦平、陆宗舆、章宗祥、张一麟为起草委员[2]，王士珍、朱寿彭等参与议论，可说是几乎清一色的袁党。这样，袁世凯就成为官制草案的实际制定者。九月稿成，庆亲王奕劻将中央各衙门官制改革缮单进呈两宫，其中行政部分定为：“行政之事则专属之内阁各部大臣。内阁有总理大臣，各部尚书，亦均为内阁政务大臣，故分之为各部，合之皆为政府，而情无隔阂，入则参阁议，出则各治部务，而事可贯通。如是则中央集权之势成，而政策统一之效著。”[3]这正是袁世凯“以死力争”的责任内阁制。而奏折尚未批下，袁世凯就已定好了阁部名单，陶湘说：“本初定议总理一人，属现在之领袖……九公与彼为副理。”[4]领袖指奕劻，九公指军机大臣瞿鸿禨。瞿鸿禨为清流党，素与庆、袁针锋相对。从内阁这三驾马车来看，庆、袁一气相通，而庆又对袁言听计从，因此实权稳操在袁世凯之手，瞿氏不过伴食而已。这是瞿鸿禨不愿也决不能答应的，于是暗思抵制之方。而此时铁良因力主中央集权，伸满抑

[1] 张国淦：《北洋军阀的起源》，《北洋军阀史料选辑》（上），中国社会科学出版社1981年版，第61页。
[2] 胡思敬：《大盗窃国记》，《退庐全集》，沈云龙：《近代中国史料丛刊》第45辑，文海出版社印行，第1354页。
[3]《庆亲王奕劻等奏厘定中央各衙门官制缮单进程折》，《清末筹备立宪档案史料》（上），中华书局1979年版，第464页。
[4] 陈旭麓等：《辛亥革命前后——盛宣怀档案资料选辑之一》，上海人民出版社1979年版，第30页。

汉主义，担心汉族官僚袁世凯的势力凌驾于满族诸亲贵之上，也千方百计地拆台。瞿、铁于是携手，结成了对抗袁世凯官制改革的联盟，并开始下手从事反对活动。

第一步，授意言官，交章弹劾。陶湘写道："此际忽有人严劾疆臣揽权，庸臣误国。慈圣于枢廷召对时将折发阅，即碰首请发政务议。慈圣谓：'此又何必？'即时收回留中。各官闻之，乘隙交劾，共几十余次。上意大回。"[1]疆臣指袁世凯无疑，而庸臣当指奕劻。时梁鼎芬入觐，劾袁、庆曰："(世凯)权谋迈众，城府阻深，能陷人又能用人，自得奕劻之助，其权威遂为我朝二百年满汉疆臣所未有。引用私党，布满要津，我皇太后、后上或未尽知。"嗣是纠弹袁世凯及庆亲王奕劻父子，连上八疏不止。御史刘汝骥则用鳌拜、明珠、年羹尧、隆科多这"四凶"以喻庆、袁，最后说："万一我皇太后、皇上信任过专，始因其小忠小信而姑许之，继乃把持朝局，紊乱朝纲，盈廷诺诺，唯总理大臣一人之意旨是向，且群以伊、周颂之，天下事尚可问乎……臣谓率天下士夫，内背朝廷，因甲于内乱者必由此也。"[2]报载："裁都察院之议起，台谏人人自危，加以枢垣各有所授意，谓上头意思，本来活动，尔等有话只管说。于是，参奏改制每日必数起，皆发交编制大臣阅看，大旨皆攻破组织内阁之说，绝无一折为改革党之助者。"第二步，挑唆内监，向慈禧请愿。传闻在讨论官制时，袁世凯曾倡议裁去太监，瞿、铁遂鼓惑李莲英等人从中作梗。"一日，太后出，太监百余人环跪哭求，谓外间均欲逐去奴才等，乞老佛爷念奴辈服侍已久，开恩赐留。太后惊诧，谓我未听见有此话，他们必须逐去尔等，是太与我过不去，此亦阻力之一大原因也。"[3]第三步，亲自出马，在太后面前诋毁袁世凯及新官制。铁良性情暴烈，自宣布立宪以来即与袁公开为敌，不特于根本上大唱反调即在枝叶事上亦各持异议。甚至有密奏袁世凯遇事跋扈，广布羽党，各省要差，皆其私人，居心叵测等语。瞿鸿禨则机诈权谋，表面上对新官

[1] 陈旭麓等:《辛亥革命前后——盛宣怀档案资料选辑之一》，上海人民出版社 1979 年版，第 29～30 页。
[2] 萧一山:《清朝通史》卷四，中华书局 1986 年版，第 2461 页。
[3]《时报》，1906 年 11 月 8 日。

制草案不加可否，背地里却向慈禧密陈，说什么责任内阁成立，一切大事均由国务会议决定。皇太后将大权旁落。以此来激怒权势欲极强的慈禧。第四步，将袁世凯的有力帮手满人官僚端方调出北京，分化袁党势力。端方自欧考察归国，志高气盛，有取代瞿鸿禨外务部尚书之心，值“宪法议起，与项城同在都城，会定官制，互相标榜”[1]。“铁良因取中旨，出端方为两江总督，以孤其势。”[2]瞿、铁的明枪暗箭，确使奕劻、袁世凯受到很大的打击，最根本的是太后从此对袁世凯起了疑心，并且否决了袁的成立责任内阁的方案。权臣无忌，为非作歹之例并非没有，而袁世凯显然不是忠臣之辈。袁世凯在中央官制改革中贪权冒进，气焰张扬，自然引起了慈禧的注意。两宫深恐袁从此把持朝政，致使太阿倒持，自己求为长安布衣而不得，乃“上意大回”，而袁世凯尚不察觉。陶湘写道：“闻七月中有日，卧雪召见时，慈圣云：‘近来，参汝等之折有如许之多，皆未发出。’照例应碰头，而卧雪以为系改官制之参折，即对称：‘此等闲话，皆不可听。’慈圣色为之变。后来领袖进去，慈谕：‘某臣如此，将何为？’适其时卧雪欲督办东三省、豫、东、直等省训练事，慈更生疑，渐用防范之策。卧雪当日闻信，惶恐无措，竭力设法周旋，不能了无痕迹矣。”[3]又“一日，太后问袁：‘官制何以久未定稿？’袁谓：‘意见纷歧，不易一致。’太后曰：‘那怕什么？你有的是兵，不会杀他们么？’”[4]猜忌之心，已溢于言表。

九月二十日(11月6日),奏折批下,结果大出庆、袁意料之外。旨云：“军机处为行政总汇，雍正年间本由内阁分设，取其近接内廷，每日入值承旨，办事较为密速，相承至今，尚无流弊，自毋庸复改。内阁军机处一切规制，著照旧行。其各部尚书均著充参预政务大臣，轮班值日，

[1] 刘体智：《异辞录》，中华书局1988年版，第198页。
[2] 胡思敬：《大盗窃国记》,《退庐全集》,沈云龙：《近代中国史料丛刊》第45辑，文海出版社印行，第1354页。
[3] 陈旭麓等：《辛亥革命前后——盛宣怀档案资料选辑之一》，上海人民出版社1979年版，第34页。
[4] 张国淦：《北洋军阀的起源》,《北洋军阀史料选辑》（上），中国社会科学出版社1981年版，第62页。

听候召对。”[1]仅备顾问的军机处与君有着直接的关系。军机不去，君权难削；而总理大臣不设，内阁也就依然有名无实。然而，上谕以“尚无流弊”、“著照旧行”，如此就将袁世凯的设计全盘推翻了。

官制改革本来是为了提高行政效率，改善中央机关的运行，并为立宪打下基础的。但袁世凯意图的过早暴露却使得改革从此超出了新政的范围，而与权力问题纠缠在了一起。尽管在革命党的威胁下清廷开始了改革，但此时对于清廷来说，最现实、最直接的威胁却是来自袁世凯的膨胀野心，及其要求设立责任内阁制度的行动。为了消除心腹之患，慈禧太后宁可抛弃改革的原来目的。实际上，越到后来，权力越取代“仿行宪政”，而成为两宫裁定官制的出发点。在权力这个问题的干扰下，改革已不能顺利进行下去。组织责任内阁是“弊极求治”的唯一方案，但既然责任内阁方案已是袁世凯力图揽权的工具，那么对权力更加敏感的慈禧太后就会一改“疑难之事多取决于本初”的传统，断然否定责任内阁，而代之以另外的方案。这样，立宪改制之举，也就只能“始而恢张，继无消息，终成敷衍”了。

既然丙午改制实际上是一次政治权力的再分配，牵涉到所有官员和集团的切身利害，自然会引起不同的反响。当时传云官职改革要合并和裁撤都察院、礼部、吏部和翰林院。这样，不少官员将会丢掉饭碗，乃群起而改之。这是一股强大的反对力量，“竟有人言戊戌将见者”[2]。“先是京朝士大夫皆以北洋权重，时有弹章。”迨编纂官制馆设立之后，“议裁吏、礼二部尤中当道之忌，自都察院以至各部或上奏、或驳议，指斥倡议立宪之人，甚至谓编纂各员谋为不轨……外间汹汹，恐酿大政变，至有身赍川资，预备届时出险者”[3]。当时京中各衙门，无上无下，尽起而反对之。北京茶寮酒肆所谩骂者皆袁氏也。官制改革斗争之尖锐复杂实在是达到了顶点，这是袁世凯所意料不到的。袁世凯设计了一个

[1]《裁定奕劻等复拟中央各衙门官制谕》，《清末筹备立宪档案史料》（上），中华书局 1979 年版，第 471 页。
[2] 陈旭麓等：《辛亥革命前后——盛宣怀档案资料选辑之一》，上海人民出版社 1979 年版，第 28 ～ 27 页。
[3] 张一麟：《心太平室集》卷八，第 39 页，中国社会科学院近代史研究所图书馆藏。

企图使内阁专政的改革方案，又企图与奕劻出而组阁，操纵国柄，“借立宪以倾政府”无疑会遭致一大批官员的反对。

但是，袁世凯的所作所为得到了国内立宪派的赞许和支持，并被引为同类。也正是从丙午改制后，国内立宪派开始对袁顿生好感，倚为柱石。经过丙午中央官制改革，国内立宪派开始把希望寄予袁世凯身上，这一点对于宣统以至于民初的政局都产生了很大的影响。在袁世凯的复出与就任内阁总理的过程中，张謇等立宪派所起的作用并不亚于徐世昌、那桐与奕劻；而在民初排孙拥袁活动中，立宪派更是发挥了他人不能替代的重要作用。

三、丁未政潮

丁未政潮是继丙午改制之后清末又一次大的政治风潮。这场风潮实际上是清末统治集团上层在官制改革中形成的对立两派交战的延续。经过官制改革的斗争，奕劻、袁世凯与瞿鸿禨已势不两立，必欲去掉对方而后快。在这场斗争中，奕、袁联合了考察政治五大臣之一、任两江总督的端方；瞿则联合了庚子护驾有功、深得慈禧宠信的岑春煊。政潮始于 1907 年 4 月，终于同年 8 月，历时 4 月余。政潮由岑春煊、瞿鸿禨等人掀起。他们联络海内外立宪派人士，密谋策划，企图借立宪之机推倒庆亲王奕劻和袁世凯。而庆、袁则利用慈禧仇视维新党人的心理，称岑、瞿发动政潮的目的是勾结维新人士，“为归政计”，促使慈禧倒向庆、袁，罢免岑、瞿。但政潮之后，慈禧对北洋亦加深了疑虑。她借政潮后出现的权力真空，对朝事进行大幅度的调整，开始放弃清王朝长期推行的满汉平衡政策，大力扶植满人皇族，从而使权力阶层中的满汉冲突更加明显、深刻、激烈，也为清末政局的发展定下了基本的构架。在此期间，朝廷朝命夕改，枢臣频繁更动，政客暗设机关，言官大加弹劾，使得朝野内外好戏连台，清末政局反复无常、前景叵测。[1]

“预备立宪”一出台，立即引起朝野人士的广泛关注，因为这意味着权力将重新分配。统治阶级中各集团派系都想借此机会扩大自己的势力，同时排斥异己。因此，继丙午改制后，不过半年就又引发了丁未政潮。具体考察政潮的原因，除了权力再分配所具有的极端敏感性之外，以下因素不容忽视，即袁世凯集团势力的急剧膨胀及朝廷扶植其他集团与之抗衡的倾向。预备立宪初始，清廷就出现政治纷争，且矛头所向直指袁世凯和奕劻，这不能不使清廷内外为之震惊。时任直隶总督兼北洋大臣的袁世凯，继承曾、李衣钵，建立了北洋军事官僚集团，在中央与奕劻“深与结纳，为其谋主。于是北洋遥制朝政”[2]。在预备立宪活动中，袁世凯表现得极为活跃，他参与中央官制改革，全力支持清廷实行责任内阁制，冀以内阁代君主，可总揽大权。虽然，袁世凯问鼎中央的尝试在丙午中央官制改革中为瞿鸿禨、载沣等人所扼，但在地方督抚的争夺上，袁世凯集团却获得了极大的成功。在地方官制改革中，由于岑春煊与袁世凯“素不和睦”，且又“与奕劻不协”，因此，光绪三十二年七月二十三日（1906 年 9 月 11 日），由袁与奕劻策划，把力图在立宪中有所发展的岑春煊远调边地云贵任总督，使其无法有为。同时用周馥接岑，使两广落入袁世凯的亲家之手。九月初二日（10 月 19 日），奕劻长子农工商部尚书载振、军机大臣徐世昌赴东三省察看，透露出北洋已把东北作为他们下一个夺取的目标。袁世凯借立宪排斥异己，发展本集团势力，自然激起了瞿鸿禨、岑春煊等人的激烈反对。

瞿鸿禨、岑春煊皆西狩途中受知于慈禧。瞿鸿禨入值军机，颇有清望。岑春煊则是地方督抚中少有的能与袁相抗衡的人物，时有“南岑北袁”之称。此二人本与庆、袁政见不合，他们都主张对袁世凯的袁世凯集团加以裁抑。适值预备立宪，袁又直接触及了二人的利益，故二人联合起

---

[1] 张践：《丁未政潮与预备立宪》，《四川师范大学学报》社科版，1994 年第 2 期；郭卫东：《论丁未政潮》，《近代史研究》，1999 年第 5 期；程为坤：《袁瞿党争及其对清末宪政改革的影响》，《清史研究通讯》，1990 年第 1 期；迟云飞：《预备立宪与清末政潮》，《北方论丛》，1995 年第 5 期。

[2] 张国淦：《北洋军阀的起源》，《北洋军阀史料选辑》（上），中国社会科学出版社 1981 年版，第 54 页。

来发动了丁未政潮。无怪岑春煊一入京，孙宝瑄就在其日记中写道："岑尚书乃一活炸弹也，无端天外飞来，遂使政界为之变动，百僚为之荡恐。过吴樾怀中所藏者远矣！"[1]由此可见，丁未政潮之发生，袁世凯集团的恶性发展以及由此导致的矛盾实有以致之。

丁未政潮由岑春煊入京参劾奕劻掀起，终以瞿鸿禨、岑春煊的开缺而结束。由于政潮发生在预备立宪的过程中，因此显示出以下值得注意的地方。

1. 丁未政潮中瞿鸿禨、岑春煊是以为立宪制造一个良好的政治环境为名对袁世凯、奕劻大加挞伐的。而两派的斗争，实际上早已以清廉与腐败为突破点而发生了。庚子以降，北洋、清流两大派别便互相攻讦，渐成水火。其中影响较大的有：光绪三十年（1904年）的奕劻、袁世凯借西征军费报销陷害岑春煊案、御史蒋式惺揭露奕劻存巨款于汇丰银行案、岑春煊揭发粤海吴道周荣曜贪污并贿赂奕劻案；光绪三十一年（1905年）的御史张元奇弹劾奕劻次子挟妓宴饮于市案、瞿鸿禨借印花税攻击袁世凯案；光绪三十二年（1906年）瞿鸿禨借慈禧在官制改革中嫌袁世凯"露跋扈痕迹"的机会，"趁此施削压手段"，使"项城抑郁半载"案。瞿、岑在巧设机关之时，绝不会忘记他们与庆、袁之间的清浊之别，因此他们便把矛头直接指向庆、袁的贪污腐败，想借此获得朝野人士的支持，以推翻袁世凯集团。早在清廷谕令几省督抚派员入京参议官制改革时，岑就趁机将亲信于式枚派进京，向瞿递交了岑处的密电号码本，使他们的联系更加密切。二人相约"团结以攻本初"[2]。其后瞿鸿禨又使汪康年在京办《京报》，京报成立未久，即以伉直敢言，撄政府要人之怒。岑还自武汉"迎折北上"，面见太后，参劾奕劻，说什么"太后固然真心改良政治，但以臣观察，奉行之人，实有欺蒙朝廷不能认真改良之据"[3]。不久，段芝贵行贿奕劻及贝子载振购歌妓杨翠喜一案败露，在瞿鸿禨的支持下，御史赵启霖、赵炳麟、江春霖纷纷上疏弹劾

[1] 孙宝瑄：《忘山庐日记》（下），上海古籍出版社1983年版，第1020页。
[2] 陈旭麓等：《辛亥革命前后——盛宣怀档案资料选辑之一》，上海人民出版社1979年版，第63、41页。
[3] 岑春煊：《乐斋谩笔》，《近代稗海》第一辑，四川人民出版社1985年版，第100～101页。

奕劻、载振父子“置时艰于不问，置大计于不顾，尤可谓无心肝”[1]。瞿、岑在参劾奕劻、袁世凯一党腐败的同时，又大力提拔立宪党人，“瞿、岑戊戌前，皆尝与康有为、梁启超款曲”。而且瞿“于辛丑间犹力举康、梁，并请解党禁”[2]。在政潮中，瞿、岑之用心在于拔除庆、袁一党，以立宪党人为奥援，廓清政治。光绪三十三年（1907 年）五月初，岑春煊抵达北京后，还多次向两宫举荐郑孝胥等立宪党人。清流派与立宪党人的这种关系自然给北洋派造成了一些口实，影响了清流派在慈禧心中的形象。在与立宪党人的往还中，清流派是冒了风险，付出了代价的。值得注意的是，瞿、岑以为只要推倒庆、袁，清廷即可政治清明、江山永固的想法是不切合实际的。其实两相比较，清廷较北洋更为反动。清廷所代表的阶级利益更为没落，这一点显而易见，因此，清流派企图廓清政治的愿望与手段实类方枘圆凿，难以契合。事实上，就当时客观局势来看，瞿、岑手中的王牌仅仅是清望与几个只会摇笔动舌的御史，而庆、袁则阵营庞大，势力雄壮，斗争胜负大可不战而明。瞿、岑阵营的猛烈攻势，加之京津各报的大事渲染，虽然使庆、袁阵营一度顿陷困境。然而，奕劻毕竟是朝廷亲贵，且为政有年，树大根深，加之袁氏手下人才济济，于是采取内外下手，“联合防堵”；内有世续、徐世昌、成勋“出力”，使“上怒，乃解”；外有在津袁党行缝，遂使调查一无所获。

2. 庆、袁一党抓住慈禧仇视戊戌维新党人的心理，以瞿、岑暗通康、梁加以反击，致使清流派败落。戊戌年间，康、梁拥光绪变法，事后有二人欲发动政变围园捕后之传言，对此慈禧痛恨不已。庆、袁知慈禧心理，故四月初六日（5 月 28 日）奕劻上朝独对时，便指出瞿、岑联合掀起政潮的目的在于“推翻大老，排斥北洋，为归政计”[3]。又将岑在戊戌年保举康、梁的三份奏章拿出，并把瞿鸿禨与汪康年的关系及汪与康、梁的关系一摆，终于使慈禧放岑出任两广总督。之后端方又授意蔡乃煌

[1] 朱寿朋：《光绪朝东华录》（五），中华书局 1958 年版，第 5660 页。
[2] 张国淦：《北洋军阀的起源》，《北洋军阀史料选辑》（上），中国社会科学院出版社 1981 年版，第 56 页。
[3] 张国淦：《北洋军阀的起源》，《北洋军阀史料选辑》（上），中国社会科学院出版社 1981 年版，第 55 ～ 56 页。

在上海的照相馆里伪造了岑与康、梁的合影，作为攻击瞿、岑的证据。更值得注意的是恽毓鼎对岑的弹章，此奏章的出笼显然与袁、庆二人有关，为袁世凯的智囊杨士琦一手运动而成。其内容可从恽毓鼎六月二十日（8月9日）的日记中窥见大概：七月初一日，九点钟到馆，未初归寓，闭户自缮封奏，劾粤督岑春煊不奉朝旨，逗留上海，勾结康有为、梁启超，麦孟华留之寓中，密谋推翻朝局，情迹可疑……康、梁自日本来，日本以排满革命之说煽惑我留学生，使其内离祖国，为渔翁取鹬蚌之计，近又迫韩皇内禅，攘其主权，狡恨实甚。余惧岑借日本以倾朝局，则中国危亡。不得不俱实告变，冀朝廷密为之备也。

从这则日记中可以看出，恽毓鼎之用心在于把岑春煊与日本及康、梁挂起钩来。日本自立宪后，国力大增，致使中国甲午惨败，甲午之后，中国一批批革命者、立宪派都一心向日本学习，日本也借此不断干涉中国政局，使慈禧太后心怀疑惧，时适预备立宪，岑与康、梁有往来，那么他与日本有联系也是可能的。更兼五月二十九日（7月20日）发生的日本强迫朝鲜国王退位事件，更使慈禧有所顾忌，致使庆、袁之阴谋得逞。

要知道，对于近代中国的统治者来说，列强的支持与否是生死攸关的大事。慈禧最害怕也是最忌讳的，便是臣子们的擅自“阴结外援”。恽毓鼎把各种关系连缀一线的点拨，大大提醒了慈禧，其高明之处在于大力渲染了康、梁的国际背景，大肆铺排了瞿、岑与康、梁立宪党人的关系，瞿鸿禨因此而下台，岑春煊自然也难逃厄运。不仅如此，岑春煊的飞扬跋扈、不听任命、闪电式的频繁出击，把政局搅得沸沸扬扬；瞿鸿禨的暗结私党，“授意言官，暗通报馆”，把慈禧关于开奕劻出军机的消息泄露出去，也都使得“慈圣亦不快”，不能不有所顾虑。陶谦在《齐东野语》中说：“西林不赴广，慈圣亦不快，盖西林为平日眷赏，今不遵命，斥之不欲，不斥又不能，此等为难亦是实况。”[1]生动地描写出了慈禧当时对岑春煊的矛盾心理。胡思敬在《国闻备乘》中对此事更是点描透

[1] 陈旭麓等：《辛亥革命前后——盛宣怀档案资料选辑之一》，上海人民出版社1979年版，第58页。

彻，他说："疆臣以去就要君，始自春煊，三百余年所未有。履霜之渐，识微者其知惧矣。"[1]袁世凯跋扈固然要加以抑制，岑、瞿一党的发展也不能不有所提防。精于驭臣之术的慈禧对此是再明白不过的。况且，袁世凯集团实力庞大还要借用，打打拉拉还不是官场上常有的事情。

在统治阶级内部激烈争斗之时，海外立宪党人也都被卷入了此次政潮。丁未年夏，梁启超与蒋智由、麦孟华等人于日本组织政闻社，发行《政论杂志》，发表宣言，主张立宪，并在宣言末段表示其对于皇室绝无干犯尊严之心。可见其立宪宗旨还在真心保皇，与袁世凯势不两立。所以政潮一起就引起了他们的关注。留在国内的徐勤、麦孟华、何天柱等人不时将政潮的动向向康、梁通报，值得注意的是他们对政潮的隐秘细节也了如指掌。如岑春煊由邮传部尚书改任粤督的消息发表不久，在日本的梁启超便获知了其行踪路线，并由此制定了与岑会晤的计划。他曾告知上海的徐佛苏："知西林南下欲往沪，要之于路有所陈说，一为全局，一为桑梓也。"并指出：岑"为今日重要人物，将来必须提携者，失此时机，机会殊难，故不得不先彼"。四月十二日（6月3日），梁由日抵沪。然而"沪道得端方电，到处访查"，使二人终未能见上一面。

岑春煊与康有为的女婿麦孟华的关系更非同一般。岑取道武汉入京的计划麦孟华就十分了解，并打算与岑一同入京，借此增加立宪派的影响，岑曾表示鼎力相助，只因消息走漏，未能成行。岑在丁未政潮中失败后，南到上海，麦孟华与他见了面，商议对策。麦孟华向他提出了缓就粤督，滞留上海，静观时局的建议。然而袁世凯指使御使陈庆桂大加参劾，攻击岑春煊"逗留沪上，将有他图"，以"麦某一人为之主谋，以应行严缉之人，而竟依为心腹云云"。终于使岑春煊开缺，岑春煊的开缺，使麦孟华痛惜万分，致书梁启超谓岑"已陷于全行失败之地位"。其继任张人骏"必无十分振作，且彼与西林颇有意气，恐其尽反西林所为也。"[2]康、梁等立宪党人在政潮失败后，对整个政局的估计十分悲观，徐勤在致康有为的信中说，"今张、袁入军机，必日以压制吾党为事，

[1] 胡思敬：《国闻备乘》卷一，上海书店出版社 1997 年版，第 15 页。
[2] 丁文江、赵丰田：《梁启超年谱长编》，上海人民出版社 1983 年版，第 404、383、415、416 页。

就现下情形而论，吾党万难于政界占一席，只有于商务、教育大为整顿，候数十年后，以待其变而已”[1]。

其实，庆、袁一党也在极力拉拢海外立宪党人。光绪三十二年（1906年），梁启超、熊希龄等人将保皇会改组成帝国立宪公会，就得到了袁世凯、端方等人的“暗中赞助”[2]。可见袁世凯集团在立宪问题上处理较为灵活。

国内立宪派，尤其是江浙立宪派，对政潮亦颇为关注。他们力主立宪，表面上又与海外立宪党人无联系，是一支合法的政治力量，所以无论是袁世凯、端方、周馥，还是瞿鸿禨、岑春煊都同张謇、郑孝胥等江浙立宪派人士有较多的联系。在官制改革时，岑春煊就在上海鼓动成立了中国第一个立宪社团——预备立宪公会，由岑的老部下郑孝胥出任会长，可见关系非同一般。

在政潮酝酿初始，岑称病逗留上海，就与张謇、郑孝胥、汤寿潜过从甚密。据刘厚生的《张謇传记》记载：“是年九月，岑春煊卸两广总督之任到上海后，请假养病旅沪甚久，据我所知，孝胥与春煊过从频数，两人预约在预备立宪会所秘密谈话亦有多次。我此时经营商业亦无暇探问其内容，但偶与孝胥谈及政局，孝胥则痛诋世凯不止一次。”[3]由此可见江浙一部分立宪派态度。

由政潮期间立宪派与双方的关系可以看出：一方面，在政治波动中两派都企图寻求立宪派的支持，以此求得发展。无论北洋派或是清流派都想扮演倡导立宪的主角，博取物望，排斥对手。另一方面，立宪派企图借朝内官员的权势走上宪政捷径。在两派互相火并之时，由于海外立宪派与袁世凯历史上的矛盾以及政见上的分歧，因此在政潮中积极支持岑、瞿，反对庆、袁。而这一策略本身却是十分不明智的。立宪派没有联合一切主张立宪的力量，推动立宪的发展，却在政潮中积极赞成二者火并，这显然是不策略和缺乏远见的。这样做的后果，使立宪力量大为

[1]《康有为与保皇会》，上海人民出版社1982年版，第377页。
[2] 丁文江、赵丰田：《梁启超年谱长编》，上海人民出版社1983年版，第372页。
[3] 刘厚生：《张謇传记》，上海书店1985年版，第148页。

削弱，成为立宪失败的重要原因。此外，政潮中海外立宪派与江浙一小部分立宪派支持岑春煊、瞿鸿禨欲推倒北洋，却根本没有从力量对比出发，实事求是地加以分析。袁世凯在内政、外交上都有很大权力，以鼓动政潮的方式，来促成袁世凯倒台，不啻书生之见，岂能成功？退一步说，即使倒袁成功，袁之后谁能支持晚清政局？且政局动荡，立宪也绝不能成。更有甚者，由于政潮中立宪派支持瞿、岑，使庆、袁与立宪派矛盾激化，海外立宪派的活动袁、庆及端方多有掣肘，“竟奏恳清主下令解散政闻社”[1]。立宪运动最后之所以失败，袁世凯等人在丁未政潮中与立宪派所结之怨乃是原因之一。这也从另一方面促使国内立宪派认识到了扶植袁世凯为首袁世凯集团的利害与重要，从而为袁党与国内立宪派在宣统末年清末民初的合作开辟了畅通无阻的道路。

光绪三十三年七月二十七日（1907 年 9 月 4 日），慈禧太后用明升暗降的手法免去了袁世凯直隶总督兼北洋大臣之职。从权力角度看，袁世凯这次上调中央权力肯定是被削弱了，但从立宪角度看，则有利于立宪运动的推行，加强了统治集团内部立宪派在中央的势力。当时的六位军机大臣，除袁世凯、张之洞外，载沣生性庸懦，鹿传霖年老志衰，他们二人虽反对立宪，但无所作为；世续乃袁的拜把兄弟，政治上随袁而行；奕劻向来无可无不可，他早已是袁之后台。这样，使得枢桓各政，多系世凯主之。《盛京时报》曾著文预言，袁入军机后，政府之前途将换一局，立宪之前途将放一光明矣。[2] 在袁世凯等人的主持下，清廷的立宪步伐大大地加快。光绪三十三年（1907 年）六 月，依照资本主义国家法制局，谕令改考察政治馆为宪政编查馆；七月，采纳端方、袁世凯的建议，派大臣赴日本、德国考察宪政，谕令编纂帝国宪法；八月，发布筹设中央资政院以为议会之预备的上谕；九月，谕令各省筹设谘议局，并先后制订了有关章程法规；光绪三十四年（1908 年）七月，编纂完成且颁布了《钦定宪法大纲》以及附属法《议院法选举法要领》《逐年筹备事宜清单》，宣布预备立宪期为 9 年，逐年按所拟清单准备，期

[1] 丁文江、赵丰田：《梁启超年谱长编》，上海人民出版社 1983 年版，第 417 页。
[2]《盛京时报》，光绪三十三年九月二十一日。

满后召开国会。这一时期主要是袁世凯入主军机时期，其立宪成绩还是巨大的，如关于《钦定宪法大纲》，即限制了皇权，确认了公民的一些基本权利，规定了三权分立的政权组织形式，它以《日本帝国宪法》为蓝本，虽然仍具有明显的封建性，但又有着明显的资本主义色彩。十月，慈禧太后、光绪皇帝先后去世，而由醇亲王载沣摄政，倒袁风潮随之而起。次年一月，袁世凯被强行开缺回籍养病，清朝统治集团内部立宪派势力大为削弱，从此清末预备立宪走上了穷途末路。宣统三年（1911年）四月皇族内阁的出笼，宣告了预备立宪的彻底失败。

四、司法改革的领头羊

司法改革是筹办立宪当中的又一个方面和环节，与官制和机构改革密切联系。光绪三十二年（1906年），清朝中央改革官制，将刑部改为法部，专任司法；将大理寺改为大理院，专掌审判，并设员修订法律，袁世凯是直接促成并参与其事的要员之一，直接参与议定了法部官制和司法程序，并对有关法律草案进行了审议，提出“厘定法律，宜与奏定官制相符，乃为允洽”的原则和若干具体建议，并请求司法改革“由直隶先行试办”。清廷最终将试点选定在“开通较早”的天津。

袁世凯及袁世凯集团认为，法律是国家“陶铸民风，转移习俗”的大事。“若徒执一成之法以穷万变之情，外不足以钤束侨氓，内不足以防闲时弊。”“伏查中律诉讼一门，附见刑律。第刑事、民事款项不分，于禁令则聿著明条，于办法则未详次序。泰西各国，特著专书，凡谳法始终，狱情本末，藉页若划一，使人易知，虽有奸伪之徒，无从上下其手。”因此，要想使行政、司法逐渐分立，使国家走上法制的正常轨道，就必须急于改革现存不合理的法律制度，“纂修法典，统一治权，诚不可缓”[1]。

[1]《遵旨复陈新纂刑事民事诉讼各法析》，《袁世凯奏议》（下），天津古籍出版社1987年版，第1420页。

袁世凯及袁世凯集团在这方面的建树主要表现在七个方面。

（一）大力提拔、举荐和重用新式法律人才

光绪二十七年（1901年）袁世凯就任直隶总督兼北洋大臣以后，广泛罗致新政人才，尤其是懂得西方法律与经济方面的人才。在收罗法律人才方面“凡新自留学东西洋归国之学生，竭意延揽”[1]。袁世凯收罗和大力保荐的法律人才主要有：

1. 金邦平，安徽徽州府黟县人，日本早稻田大学毕业，专习政治、法律、理财诸科，光绪二十九年（1903年）毕业后，袁世凯立即将之调到北洋，凡是关于公法约章的事情，均让之参订辩论，委于重用。

2. 富士英，浙江嘉兴府海盐县人，日本早稻田大学毕业，专习政治、法律、理财诸科，光绪二十九年（1903年）回国后，袁世凯认为他奋发有为，立即予以重用。

3. 黎渊，贵州遵义府人，日本东京中央大学毕业，专攻行政法、刑法、刑事诉讼法等科，光绪三十一年（1905年）九月，袁世凯将其电调回国，派委北洋法政学堂事宜并兼充袁署文案。

4. 杨度，湖南湘潭县人，留学日本，精通法律与宪政，回国后被袁世凯收为幕僚，并推荐为宪政编查馆提调。

5. 沈曾植，精通中国传统诸律，对西法也颇有讲求，袁世凯认为他会通古今、学问淹博，竭力推荐他为修律馆帮办、参议等职。

6. 张一麟，江苏吴县人，通悉律例。袁世凯任直督后，将其揽为北洋幕府，委为心腹。

7. 沈家本，浙江吴兴人，光绪九年（1883年）进士，精通中国传统法律。袁世凯认为他久在秋曹，刑名精熟；伍廷芳，广东新会人，毕业于英国伦敦林肯法律学院，取得英国律师资格，后回香港做律师，并受聘为香港法官兼立法局议员。袁世凯认为他练习洋务，西律专家，因此，联合当时重臣张之洞、刘坤一向清廷推荐他们开设修律馆，保荐该二人为修订法律大臣。

[1] 许指严：《新华秘记》，《近代稗海》第3辑，四川人民出版社1985年版，第306页。

8. 何启，广东南海人，留学英国，通晓西律，在香港当律师并任香港议政局议员。袁世凯认为他才学在伍廷芳以上，曾拟约其来北洋，并打算向清廷推荐他参加修订法律的工作，后由于张之洞的反对而作罢。

事实证明，袁世凯延揽法律人才是从当时北洋新政及社会需要出发的，反映了袁遴选人才的现实性。当然，袁世凯重用和延揽的法律人才还远不止上述这些人物。这些新式法律人才在袁世凯的重用或推荐下，在推进清末法律近代化方面都起到了不同程度的作用。进入民国后，他们也大都成为法律界独当一面的人物。

（二）建议清廷设立修律馆

袁世凯认为，改定律例，事綦繁重，既非一手一足之烈，亦非一朝一夕之为，唯有开设修律馆，广储精通法律方面的人才，持以毅力，艰苦恒久，逐渐更张，才能期于至善。[1]在袁世凯为首的袁世凯集团倡导下，中国近代“新刑律之编订，由此起矣”[2]。

（三）主张按照西方法典，民刑分开

袁世凯及袁世凯集团认为，“各国诉讼，民刑二事，办法迥乎不同。盖民事只钱债细故，立法不妨从宽，刑事系社会安危，推鞫不可不慎。日本刑事案件，多由检事提起公诉，以免冤狱而省拖累，采取此制，可期庶狱之敉平，而旧日之藉端讹诈，及骫法私和等事，亦即不禁自绝。至起诉之后，所有搜查证据，逮捕人犯，必非一、二承审官所能为力。是以特设预审一官，以为承转机关。盖既经预审，则案中节目，必已成竹在胸，然后移送公判，众证确凿，供招较易。此慎重刑事之实在情形也。”[3]

（四）主张司法独立

袁世凯及袁世凯集团认为，司法独立，万国通例。吾国地方官兼司

[1]《会保熟悉中西律例人员沈家本等听候简用折》，《袁世凯奏议》（上），天津古籍出版社 1987 年版，第 475～476 页。
[2] 沈祖宪、吴闿生：《容庵弟子记》；来新夏：《北洋军阀》（五），上海人民出版社 1993 年版，第 55 页。
[3]《奏报天津地方试办审判情形折》，《袁世凯奏议》（下），天津古籍出版社 1987 年版，第 1493 页。

听断，救过不遑，近今新政繁兴，诸需整顿，亟宜将司法一事，分员而治，各专责成，以渐合立宪各国制度。

（五）在司法审判制度上，主张建立检察官制度

袁世凯等人详细考订了欧美、日本的陪审员制度。他认为，日本不用陪审制，特设检事以搜查证据，纠正谳词，主持公诉，与判事同为法律专家，而职务互相对待，较为妥善。"陪审员为英美主义，泰西学者颇有微词。一因陪审员不通法律，若问官一一听从，易生歧误。二因陪审员议论各殊，易生犹预。三因问官若据陪审员所断有罪无罪定案，无异以赦免之权，付诸陪审员。有此三弊，故日本不用陪审制度而用检察制度，似应据奏定法部官制，一律改用检察官。"[1]

（六）建立新的司法机构

1907 年 3 月，袁世凯及袁世凯集团成立了天津府高等审判分厅、天津县地方审判厅、府县合设检事（检察）局、天津城乡分设乡谳处四所。天津成为全国改革司法的实验地。同时，将原衙门的捕役改为司法警察。袁世凯将民事、刑事案件移交审判厅审理，所有钱债户婚田土案件概归审判厅讯理。巡警对于民刑案件，只有制禁、捕拿之权了。[2] 新的审判制度的建立、完善与发展，是对旧的行政、司法合一制度的历史性革命。

（七）配合司法制度改革，设立法政专门学堂和研究所

光绪三十一年（1905 年）袁世凯及袁世凯集团在天津建立学习发审公所［后改名为谳法研究所，光绪三十三年（1907 年）再改名为审判研究所，直接附属于直隶高等审判分厅］。光绪三十二年（1906 年）在保定设立法政学堂及其附设的仵作（法医）学堂。光绪三十三年（1907 年）在天津设立政法专门学堂、看守学堂、司法警察学堂。这些学堂的设立对完善清末直隶地区的司法制度具有重大意义。

[1]《遵旨复陈新纂刑事民事诉讼各法析》，《袁世凯奏议》（下），天津古籍出版社 1987 年版，第 1424 页。

[2]《南段巡警局会同天津府县详拟定局厅划分权限及试办违警罪目文并批》，《北洋公牍类纂》卷九，警察三，第 1 页。

五、狱政的改良

狱政改良是指监狱制度的改革与监狱本身的改造，是清末法制改革过程中的一项重要内容。清末法律方面的著名专家沈家本认为："刑罚与监狱相为表里，近世各国刑法，除罚金外，自由刑居其强半。所谓自由刑者，如惩役、禁锢之类，拘置监狱，缚束自由，俾不得与世交际。盖犯罪之人歉于教化者为多，严刑厉法可惩肃于既往，难望湔祓于将来，故藉监狱之地，施教诲之方，亦即明刑弼教之本义也。""伏查泰西立宪诸国，监狱与司法、立法鼎峙而三，纵有完备之法典与明允之法官，无适当之监狱，以执行刑罚，则迁善感化，犹托空言。以故各国莫不从事于改良监狱，并设立万国监狱协会，分年于各都府开会，派遣委员各将其国改良监狱事件，提出互相讨论，几视为国际之竞争事业。"[1]

袁世凯及袁世凯集团认为："中国监狱亟宜改良，其罪犯习艺一节，现在正需兴办。"[2]"民之为盗，或迫于饥寒，或起于游惰。当其初犯，不过鼠窃狗偷，罪止枷杖，乃释放之后，饥寒如故，游惰如故，因而偷窃亦如故。故驯至心胆渐肆，善气梏亡，由偷窃而途抢、强劫无不为矣。当其身罹重辟，欲救之而无方，何若及其初犯，教以工艺，俾可启其悔悟之心，异时有业营生，或能勉为善良之辈，似亦教养之一端也。"[3]改良狱政，"总期化顽迁善，涤其旧染之污。即将来各犯省释之后，既有一技专长，亦可藉资糊口，自谋生业，不至再流为匪，且可稍释各犯囹圄之苦，并安各犯逃逸之心，兼可少得余利，藉赡其身家。似亦体恤罪囚教育普及之一端也"[4]。

袁世凯任直隶总督期间，大力整顿监狱，改良狱政，主要采取了以

[1]《修订法律大臣沈家本奏实行改良监狱宜注意四事折》，《清末筹备立宪档案史料》下册，中华书局1979年版，第831页。
[2]《天津府凌守福彭考察日本监狱情形节略》，《北洋公牍类纂》卷五，吏治三，第8页。
[3]《定州设立习艺自新所呈送试办章程禀并批附清折》，《北洋公牍类纂》卷五，吏治三，第36页。
[4]《元氏县创设监狱学堂教授监犯拟具章程呈请各宪立案禀》，《北洋公牍类纂》卷五，吏治三，第39页。

下几项措施。

（一）派员前往日本学习狱政改良的先进经验

先后派天津知府凌福彭等人多次前往日本考察监狱情形，以资学习取法日本狱政改良的先进经验。“每处皆将现行章程及建造图式”收集整理，而将日本监狱管理情况“凡所设施皆已亲验而目睹。约其要领有四：曰沿革，曰法度，曰建筑，曰经费”[1]。

（二）改良现有监狱环境，改善犯人恶劣的生活处境

1. 整围墙。加固监狱之地四周围墙，“坚固结实，庶足以示威仪而严防范。”

2. 开天窗。“狱中犯多屋窄，秽气薰蒸，天窗少则空气不通，最易致病。”

3. 改木笼。笼屋多系底矮黑暗区，犯人不能舒展，容易得病。改革之法是将“木笼加高并添设窗户以透风日”。

4. 给医药，并在监狱加添医官。

5. 设中厕。“每日打扫以期洁净。”

6. 疏地沟。以利污物及时排泄。

7. 修道路。便于行走。

8. 加添服装。以资犯人根据时节及时更换。

9. 勤梳洗。让犯人保持干净卫生。

10. 置木盆。“每监装备大木盆十个，大铁锅两口，饬令禁卒逐日烧水轮流洗沐以去垢污。”[2]

（三）设置罪犯习艺所

1906年，袁世凯分别在保定和天津建立了罪犯习艺所，专令犯事受罪已定监禁年限及在押各犯入焉，以学习工艺，业成得以谋生，藉予自新为宗旨。[3] 使罪犯习艺有三大益处：（1）不必另建场所，可以减少开支，只需雇以教习，将被押之人在所中传授即可；（2）可以为犯人

[1]《天津府凌守福彭考察日本监狱情形节略》，《北洋公牍类纂》卷五，吏治三，第6页。
[2]《保定府等酌议改良省垣三监狱办法禀》，《北洋公牍类纂》卷五，吏治三，第1～2页。
[3]《署沧州设立罪犯习艺所试办章程清折》，《北洋公牍类纂》卷五，吏治三，第38页。

积累日后谋生糊口的资本，把罪犯平时工作所得的报酬，除日用开支外，所有盈余代其收存，等他们刑满释放时，即可带出作为贸易的资本；(3) 让罪犯参加劳动，比起长久羁押而言，可以减低其疾病的发生率。此后，直隶其他各地也都相继成立了罪犯习艺所。

（四）设置游民习艺所

光绪三十二年（1906年），袁世凯在天津成立了游民习艺所，本所之设，专以习艺为宗旨。随后，保定等地也相继成立了游民习艺所。保定习艺所主要收纳流氓乞丐，除老弱残疾不能习艺另送善堂收养外，其余悉令入所学习工艺，以恤穷民而兴实业。游民习艺所对收容的游惰懒民“因材施教，分习专科”[1]，使其学习纺织、缝纫、木工、种植等工艺。这种做法有利于把社会上的不安定的因素化为积极因素，这对于清末直隶地区的法制建设与社会治安均起到了一定的积极作用。

（五）建立监狱学堂和看守学堂

在设立罪犯习艺所和游民习艺所的同时，袁世凯及袁世凯集团还在直隶地区建立了一系列监狱学堂和看守学堂，以严肃纪律，整饬容止，养成看守严正公守之习惯为宗旨。使看守对罪犯“导以善行，化其从前之凶顽，教以手工，资其将来之生计为宗旨，以识字习艺为方针”。[2]

在袁世凯及袁世凯集团的努力下，清末直隶地区的狱政改良与建设，办得轰轰烈烈，天津、保定习艺所开风气之先，许多方面的做法已经与我们今天相差无几，成为全国各省的模范与榜样。

[1]《天津游民习艺所试办章程》，《北洋公牍类纂》卷五，吏治三，第27页。
[2]《元氏县创设监狱学堂教授监犯拟具章程呈请各宪立案禀》，《北洋公牍类纂》卷五，吏治三，第39页。

第五章　换位：权威和秩序的重建

完全可以说，新政时期是袁世凯集团高度发展并开始左右朝政的时期。1901 年，袁世凯升任直隶总督兼北洋大臣，位列疆吏之首。他以清末新政为契机，彻底接受消化了李鸿章遗留下来的政治、军事与经济力量，延揽国内外大批有用人才，重用回国留学生，将一些新鲜血液注入到本集团的肌体之中，广泛示好封疆大吏与接近朝中权贵，大大扩展了自己的军事官僚集团的势力。在新政中，袁世凯集团将军事、经济、教育、洋务、巡警等事业办得轰轰烈烈，有声有色。大批人才蜂拥至北洋门下，一时至于直隶成为中国的模范省，“各行省咸派员考察，藉为取法之资”，[1]“论维新者，莫不奉天津为圭臬焉”。[2] 袁世凯集团在此期间高度发展，其集团班底基本上渐趋稳定下来，积累了雄厚的人才、政治、军事与经济资本，并且开始左右朝政。所有这一切，皆为该集团从地方走向中央积累了经验，打下了基础。这是清末中央与地方权力此消彼长的关键。

[1] 甘厚慈：《北洋公牍类纂续编》序，北洋官报兼印刷局代绛雪斋书局印，宣统二年夏初版，第 1 页。

[2] 沈祖宪、吴闿生：《容庵弟子记》卷三，来新夏：《北洋军阀》（五），上海人民出版社 1993 年版，第 59 页。

一、天下瞩目的强势集团

清末新政是在庚子事变的危机条件下出现的，出发点是为了挽救清王朝的统治危机，达到国家富强自救的目的。在新政浪潮中，丙午、丁未、戊申三年成了官制及法制大调整时期。此时此刻的袁世凯及袁世凯集团，在很多场合和时候，能窥测时潮的趋向，切合时宜地注重兵农工商方面的实务。袁世凯身为军人，却甚懂政治，有较为丰富的行政经验和实干作风，僚属中也不乏受过西式教育的秘书、顾问及具体操作人。尽管袁世凯本质上是地道的旧派人物，但和顽固派相比，他有时又似乎相当维新。正因为如此，袁世凯集团才会不失时机地借势壮大，并赢得了国内立宪派人士、朝野旧式官僚及其西方列强的好感，积累了雄厚的政治资本。在新政这一过程中，袁世凯利用担任直隶总督兼八大臣这些重要职务之便，以直隶为基地，积累了丰富的政治、经济、军事与外交经验，发展和壮大了自己的势力。在积累了一定程度的治理国家的经验与能力的同时，也开始了向中央问鼎的更大权力野心的转变。

（一）振兴经济的措施使袁世凯及袁世凯集团赢得了广大工商业者的拥护和支持

新政期间，袁世凯在直隶省率先推行比较完整的振兴经济的措施。他认为富国裕民之道，在“农、工、商务三者”。[1]针对八国联军入侵以后直省各地民生凋敝的状况，他认为“宜亟兴商务，以保利权而厚民生。”“官视商为鱼肉，商畏官如虎狼，局所虽多，徒滋纷扰。”[2]将兴商视为刻不容缓的头等大事。袁世凯认识到中国商业之所以不振是因为：“良商畏避官吏几如虎狼，自保弗暇，奚暇远谋。”[3] “如欲切实整顿，

[1]《创设东省商务局拟定试办章程折》，《袁世凯奏议》（上），天津古籍出版社1987年版，第342页。
[2]《遵旨敬抒管见上备甄择折》，《袁世凯奏议》（上），天津古籍出版社1987年版，第275页。
[3]《创设东省商务局拟定试办章程折》，《袁世凯奏议》（上），天津古籍出版社1987年版，第343页。

必须办理商务者扫除在官习气，使官商一体，情意相通，并在各商萃聚之处，设立商会，分举董事，经纪其间，遇事联络声势，通力合作，以与洋商相角逐。有害则官为除之，有利则官为倡之。其有抑制凌轹者官为保护之，其有财力不逮者官为助成之。办理商务人员，又须常历各口，随时接见诸商，讨论中外商务情形，访询利病，相机兴革。又须与出洋人员，互通声息，协筹合谋，始可日有起色。”[1]为此他屡次申明所属官吏应力任保商之责，消除官场隔膜，上下齐心努力，促进商业发展，并以“滋民扰商”为由撤去十几个地方官吏的官职。光绪二十八年（1902年）七月天津商务局设立，继之又分立商会努力做到：“官与商可呼吸相通，商与商可臂指相使。有弊则易以革，有利则易以兴，有限于财力权力者，则为之扶掖以助成之，有受人抑制凌轹者，则为之纠察而保护之。”[2]这样，直隶就形成一个适合商家发展的宽松环境，官商之间有了融洽的关系，商业振兴也就有了希望。

与此同时，袁世凯及袁世凯集团对直隶省的工业、农业和教育的发展也不遗余力。袁世凯认识到：“欧、美、日本以商战立国，而于农业、工艺精益求精。”[3]袁认为中国应先发展与国计民生有关的纺织业，进而扩展到其他轻工业部门，然后再扩展及重工业和交通运输业。随之直隶率先创办工艺局、考工场和劝工陈列馆研究制定商品制造之法。经过苦心经营，到1907年直隶成为“新政舆兴之地”，“有如旭日之东升，为全国所瞻式”。直隶尤其是天津的工商业得到较全国为先的发展，出现了官商合办企业以振兴地方经济的热潮。袁世凯富于灵活性的经济政策大大刺激了直隶全省工商业的发展，与此同时，资本主义近代化生产产生的巨大效益和高额利润反过来又吸引着他。他任命自己的亲信周学熙为商务总办，创办一些实力较强的近代化企业，如著名的启新洋灰公司是以官款垫付，分批偿还，周学熙负责经营。这些企业从生产到利润分配都萌生愈来愈明显的资本主义倾向，构成后来袁世凯集团强大实力

---

[1]《遵旨敬抒管见上备甄择折》，《袁世凯奏议》（上），天津古籍出版社1987年版，第275页。

[2]《创设东省商务局拟定试办章程折》，《袁世凯奏议》（上），天津古籍出版社1987年版，第343页。

[3]《直隶筹办农工诸政情形折》，《袁世凯奏议》（中），天津古籍出版社1987年版，第852页。

的经济支柱。

值得注意的是，袁世凯督直期间在维护资产阶级和民族权益方面做过很多的努力。开平煤矿在义和团运动期间被英商以欺骗手段夺取，光绪二十八年（1902 年）初他任命周学熙等人积极筹款，准备设法收回。后来他亲自“诘查数月，辩论多次，几乎舌敝唇焦”，最后代表清廷申明无论如何“亦断不能作为英国公司”[1]，并要求清廷对主持出卖的张翼“严加查办”。同时，他还交涉成功“山海关内外铁路，外人同时交还中国管理”。京汉铁路权问题也是在袁世凯的支持下，邮传部断然声明，无论评断至如何地位，均不得因此丝毫阻碍一千九百零九年正月一号（1909 年 1 月 22 日）中国收回该路路权。向帝国主义国家表明了以往中国政府从未有过的强硬态度。更值得一提的是他首倡建筑京张铁路并保奏詹天佑主持设计与建筑。这样，中国人自建的第一条铁路遂成于京张群山峻岭之间。在处理这些涉外事件中，袁世凯还注意保护正在发展中的民族经济，也因此赢得了广大工商业者的衷心拥护。

（二）改革政治的主张和措施赢得了国内立宪派的信任和拥护

直隶“新政”取得瞩目经济成就的同时，袁世凯极力推行的地方自治也颇有成效。早在清廷宣布预备立宪之前，他就设立“宪法研究所”来进行法理研究，派天津知府凌福彭、留学生金帮平等拟定自治章程，在全国各督抚中首先创办自治局。袁还要求司法衙署“设官分治”，实行司法独立，培养熟谙法律的人才。更有意义的是，天津创办的地方自治，还进行了中国有史以来的第一次普选，凡有资格的居民均可参加选举议员，这次老百姓参政的尝试较之经济发达的上海初办自治时尚不敢试行普选相比，显然更为激进。这些政治改革的尝试得到了国内立宪派的大力支持，袁世凯从中争取了雄厚的政治资本。

袁世凯在直隶势力扶摇直上之时，清王朝却面临着来自两方面的挑战：以孙中山为首的革命党人多次发动武装起义，企图推翻清廷建立民国；国内立宪派集团随着自己经济势力的壮大也不再甘心像往日那样生

[1]《英商依据私约侵占开平矿务请饬外务部声明规复折》，《袁世凯奏议》（中），天津古籍出版社 1987 年版，第 742 页。

活下去，希望通过比较稳定的手段在清廷内部进行有利于资本主义发展的变革，进而从中获取渴望已久的权力。他们鉴于袁世凯集团在新政中的非凡政绩及其在当时国内政坛上的地位，在立宪浪潮一开始就迫不及待地吁请袁世凯出山，认为他是代表民族资产阶级利益的最合适的干将。张謇在光绪三十年（1904 年）致袁世凯的一封信中把袁世凯与明治维新时期的重臣伊藤博文、板垣等人相提并论，忙不迭声地呼唤他出马。张謇是清末资产阶级工商业中最有影响的人物，他和许多民族工商业者一样，希望袁世凯能代理他们推动比较激进的改革。

光绪三十一（1905 年）初，张謇急切地告诉袁世凯："公但执牛耳一呼，各省殆无不响应者。安上全下，不朽盛业，公独无意乎？及时不图，他日他人，构此伟业，公不自惜乎？"[1]既劝且诱。他如此这般费尽口舌，正反映了当时一般工商资产阶级的心态。既想夺权，但又苦于势单力薄，于是只好依靠袁世凯这样有进步倾向的地方实力派来实现自己的愿望。

此时袁世凯审时度势，也感到权力转换的时机已到，他一方面对资产阶级工商业者的拥戴表示接受，另一方面着手问鼎中央政府的权力机构。袁世凯奏请简派权贵赴欧美各大国考察政治，以为立宪的张本。清廷也接受了他的建议，派出以载泽为首的五大臣出游。随后他看到立宪潮流愈来愈高涨，有一发不可收之势，认准这是清廷未来政治发展的基本趋势，可以借此博取各方政治力量更广泛的拥护，同时自身的利益也毫不受损，因此，他要求立宪的决心就更加坚定。但预备立宪的方针确立并不是他的全部目的，他是为了以此为幌子去向清廷索要更多的权益。

光绪三十二年（1906 年），袁世凯及袁世凯集团主张设立责任内阁，向清廷的君主专制政体发起了攻势。这次改制虽然失败，但袁世凯的责任内阁方案却是代表了立宪派的改革纲领。改制之初，立宪派报纸就竭力怂恿袁世凯进军责任内阁，而改制失败后，国内立宪派首领张謇立即致书袁世凯云："自七月十三日朝廷宣布立宪之诏流闻海内外，公之功烈，昭然如揭日月而行。而十三日以前，与十三日以后，公之苦心毅力，如水之归壑，万折而必东。下走独心喻之。亿万年宗社之福，四百兆人

[1]《为抵制美货事致袁直督函》，《张謇全集》第 1 卷，第 89 ～ 90 页。

民之命，系公是赖。小小波折，乃事理所应有。以公忠贞不贰之心，因应无方之智，知必有屈信尽利者。伟哉足以伯仲大久保矣！"[1]将袁比作大久保利通，未免誉之过甚。但从中我们可以看出，袁世凯的所作所为确实得到了国内立宪派的赞许，并被引为同类。也正是从这次改制以后，国内立宪派开始对袁顿生好感，倚为柱石。这一点对于宣统年间以至于民国初年的政局都产生了很大的影响。在袁世凯的复出与就任内阁总理的过程中，张謇等立宪派所起的作用并不亚于徐世昌、那桐；而在民初排孙拥袁的活动中，国内立宪派更是发挥了重要的作用。责任内阁之争所引发的以袁世凯集团为代表的地方实力派与中央满亲贵族的争夺权力的斗争，从此贯穿了清末最后几年，而且愈演愈激烈，最终加剧了清末政局的急剧动荡，导致了清王朝的迅速灭亡。

（三）以编练北洋新军为机缘，袁世凯确立了他在清末民初国内军事政坛上的权威地位

前面提到，新政期间，袁世凯利用清廷急于练兵图强的心理，将全国练兵大权抓到自己的手中。清廷视为"执干戈以卫社稷"的镇压人民的军事机器，被袁世凯从中纵横捭阖，将之逐渐训练成忠于他个人的、相对独立的政治、军事力量。北洋六镇的练成及为袁世凯集团所私有一事表明，袁世凯作为清末军事权威的地位已经不容置疑地固定了下来。

"清末编练陆军，对内动机原起于欲集权中央。"从当时的设施来看，特设练兵处于中央，以亲王总司其事，由练兵处厘定军制，划一全国编制，一扫咸同以来督抚自专兵柄，各省自为风气之弊。其后甚至将道光以来前绿营兵政分寄督抚的旧制亦行废除，而将各镇兵政直接隶属于中央，督抚不得过问。这对于权威已经严重下降的清廷来说也不失为一次企图重建中央集权之举。但是，清廷这次雷厉风行集权之举，却是采纳了袁世凯集团首领袁世凯的建议而发的。"清廷采纳袁世凯中央集权的献议，故断然改编新军以收全国的兵权。"

光绪三十年九月十三日（1904 年 10 月 21 日），《时报》在《论朝

[1]《为运动立宪致袁直督函》，《张謇全集》第 1 卷，第 102 ～ 103 页。

局将有变动》一篇社论中阐释其事说："夫练兵一事，其主动之力，似不在政府，而在政府以外之人。而此人者，其权势魄力转足以驱使政府。又所建之策，极契上意，故悍然以令天下而不疑。所谋之事，与主谋之人，皆俨然与政府不相属矣。与政府不相属，而其所谋之事又必假政府之手，以令天下，则政府之失位可想而知。其事既终不能与政府相离，而关系之巨，头绪之繁，又终不能不与谙此道者谋，递演递推，因果相生，而朝局之波澜必起矣。"又说："而此时有能办事者出，其声望，其才调，其徒党，皆远出政府上，而其办事之宗旨，又最为朝廷之所乐闻，则其契合之深，倚任之切，驾政府而上，夫何徒言。此权力消长之机，所以至今而盖露也。"这说明，清末编练陆军三十六镇一事，清廷厉行中央集权政策是一个主要原因，但最大的得益人却是袁世凯。刘锦藻所说的清廷"行之不善，竟召大祸"，[1]即是针对此事而言的。要说明这个问题，就不能不对清末练兵全局作一全盘的观察。事实上，练兵一事倡议于袁世凯而决定于慈禧太后。袁世凯声望、才识、魄力都足以胜此任。其人因戊戌政变时效忠于慈禧，庚子之变、两宫流亡之时对朝廷的良好表现，又为慈禧所深信；而其所陈练兵宗旨更是号准了慈禧的心脉。故慈禧遂决策委任袁世凯以练兵的事权。但慈禧对袁世凯并不是一无防范的，其练兵处的设立，特以庆亲王奕劻为总理，而以袁世凯为会办、铁良为襄办。这是仿光绪中期创建海军设海军衙门以醇亲王奕譞为总理，李鸿章为会办的前例。不过事例虽同，而实质内容则不同。庆亲王奕劻非奕譞可比，对练兵事一无所知，在袁世凯贿赂和巴结下，任袁意为之；铁良初出茅庐，人微言轻。于是练兵处事权，实际上就落在袁世凯一人之手。袁世凯在北洋亲自选将练兵，京师练兵处则广布心腹：练兵处提调的徐世昌就是袁世凯的好友，系他所奏保；军政司正使刘永庆，军令司正使段祺瑞，军学司正使王士珍都是袁世凯的部将，全由他奏派。尚秉和在《德威上将军正定王公行状》一文中记其事说："时练兵处训练大臣皆王公及宰相兼领，其编定营制，厘订饷章，及军屯要扼，皆公及冯、段诸公主之，王大臣画诺而已。"故练兵处虽是中央特设统筹全国练兵的中枢，

[1] 罗尔纲：《晚清兵志·陆军志》，中华书局 1997 年版，第 219、196、220 页。

实则和袁世凯私人机关无异。当练兵处成立时，御史王乃徵就上疏奏请收回成命，其中有说：

古今中外不闻举国兵柄利权挈而授于一人之理。今练兵之事，旨派庆亲王为总理，袁世凯为会办，兼有铁良襄办矣。顾庆亲王分尊事见，素不典兵，何从识武将一人？何能议军政一事？铁良之才，素无表现，愈益可想。然则大权在握者，固唯独袁世凯耳！观旨派提调三司，如徐世昌等皆该督荐举，素日为其心腹，将来济济师旅感挟纩之恩而指挥唯命者，岂复知有他人？又况督责天下之饷需，欲户部不得过问；举劾天下之将弁，欲兵部不得持权，既历史所未有，亦五洲所不闻。枝重有拨本之嫌，尾大成不掉之势，此其立召祸乱者五也。凡此五者，事至易明，理至易辨。昔宋臣欧阳修著有《为君难论》，引秦苻坚听慕容垂之言而代晋，清泰帝听薛文遇之言而移晋祚，谓两君皆力扼群议，专信一人，以致亡国。臣恐今日之事，正有类此。

再，臣闻袁世凯之请派饷练兵也，所谓司马氏之心，路人皆知，岂果奋忠谋以维国势哉……臣观国家二百余年，虽事变不一，从无强臣逼僭之嫌。何则？制驭有法，恩不至竭而生其慢，位不至极而长其骄耳！今该督年甫四十，曾无勋绩足录，而宠任之隆，已为曾国藩、李鸿章所未有满溢之戒。该督既不自知逾分之嫌，朝廷独不加虑乎？夫禁兵卫士自来必用旗籍，今宫廷之前皆列该督练军，是其爪牙布于肘腋也。京卿重秩必于勋旧有功，今杨士琦授参议，徐世昌擢阁学，皆奔走于该督而由所荐举，是其腹心置于朝列也。自来枢要重臣或由廷推或膺特简，而那桐之授外部，荣庆之入军机，人言藉藉，谓由该督托庆亲王保荐，是其党援置于枢要也。臣愚尤所不解者，从前大学士荣禄当国，该督所谄事而固结者，知有荣禄一人而已，其余枢臣尚皆仰该督鼻息。今春荣禄薨逝，闻该督皇皇失势不可终日。是时有天津罢市之事，朝命罢去印花税，不准借端科敛、巧立名目，该督愈益悚惧。何意数月之久，而庆亲王之倚信反有十倍于荣禄者。此次该督练兵筹饷之奏，闻兼拟进谕旨，庆亲王即袖之以入。枢臣如王文韶、鹿传霖等人闻虽退有后言，而皆随同画诺。所有旨派提调三司，既由该督荐举，归所统辖，而皆尊以副都统之衔。又闻创立名目，有四科二十余股之称，至于官弁、饷需、军械、征调、度支，欲举吏、户、兵、工四部之权，一人总摄。群情骇异，谓疑于帝制，自为倚信，至斯可谓古无今有。臣窃私心揣测，诚知圣明轸念时艰，固将倚一重臣，以资柱石，而庆亲王之倚信不疑，亦必有冥冥然契合于无间。臣敢谓朝廷待之以赤心，而该督不报之以战栗哉！特是观人者，必究其本原；谋国者，必虑其深远。如该督之不惬于舆论，不信于朝臣，岂皆悠谬不足凭？而北洋两年一切举措若何，人人耳目周知，得失不难立辨。顾复欲假美名以济其私，握重权以便于己，一封朝奏，诏旨立颁，岂忠奸可以不辨、微渐可以不防乎？夫自古元恶大憝，非必先事即著，亦岂必初心所甘？恩极位极，权宠逾溢，而羽翼之攀附，国势之凌夷，复有所积渐而致之、相逼而成之耳！以今日国家兵赋大政悉听一人，专恣如此，即使忠纯如曾国藩、胡林翼、左宗棠，臣抑以为未可，况该督之断断非其人也。[1]

王乃徵可谓有先见之明，但清廷利用袁世凯练兵的计划尚未完成，故奏上慈禧置之不理。于是，练兵处从开始就归袁世凯掌握。袁世凯乃得假中央的权威以行个人掌握兵权之实，征全国的财力，以养北洋六镇的兵。这样，咸同以后督抚专政不过造成国家权力结构内轻外重的局面，而袁世凯则据练兵处挟中央以令各省，兵权饷权都操于一人之手，兵将皆为心腹，即禁旅也为其爪牙。至此，清廷中央集权的果实实际上全部落入了以袁世凯为核心的袁世凯集团的手中。清廷的兵柄尽入袁世凯集团之囊中，这是袁世凯集团最终坐大并且能够利用辛亥革命之机倾覆清室的一个主要原因。

此后，清廷与袁世凯集团在军政权力方面不断发生斗争，这最终导致了袁世凯集团的离心与反叛，是导致清末政局严重动荡，辛亥革命发生、清朝灭亡的一个重要原因。

（四）垄断了新政后期的国家外交权力，赢得了列强的信任与支持

在外交方面，袁世凯是很注重取得列强支持的。新政时期，国家外

[1] 张国淦：《北洋军阀的起源》，杜春和：《北洋军阀史料选辑》（上），中国社会科学出版社1981年版，第41～43页。

交权力落入袁世凯集团之手，这是清末中央与地方权力消长的一个重要原因。

鸦片战争后，中国与英美法等国条约中明文规定：各国国书应由中国办理外国事务之钦差或总督代奏；尚有不平之事，该领事等官径赴总理五口大臣处控诉。列强在与南北洋大臣的外交接触中，已深深感到这些握有实权的疆吏督抚对于清廷对外政策的影响。相比之下，主持国家外交事务的各国总理衙门，则遇事往往流于无人负责相互推诿的状态，反不及与南北洋大臣直接交涉显得便利。故外国公使遇事往往到地方找南北洋大臣交办，马嘉理案件时，英国公使威妥玛就直接到天津直隶总督衙门找李鸿章进行交涉。《中英烟台条约》的会谈签订也是赫德致函李鸿章指名要求他前往的。所以八国联军占领北京后就公然照会，要求清廷将“体制不崇、职责不专，遇事拖延”的总署改为外交部，列于六部之首，并迫使清廷在《和议大纲》第十二条中规定：“总理各国事务衙门必须革故更新，及诸国钦差大臣觐见中国帝王礼亦应一体更改。其如何变通之处，由诸国酌定，中国照允施行。”其意图昭然若揭。列强的目的主要是想将清廷进一步纳入近代殖民化政府的外交轨道上，以便于它们对中国进行更好的侵略。同时，由于清廷的腐败与虚弱，清廷在政治、经济、军事、文化方面遭受列强侵略与控制的同时又不得不在对内统治和镇压人民等方面依赖洋人的支持，因此对外关系便成为近代清廷施政的主导核心。这样，南北洋大臣掌有外交权力，就无异于分割与侵蚀了中央权力，使他们在经济和军事方面可以直接投靠列强这一“太上皇”，从而巩固与发展自身的权力地位，遂造成中央与地方内轻外重、尾大不掉的局面。从湘军、淮军、北洋军的演变发展历史，就充分说明了这一点。

第二次鸦片战争后，几乎所有重大对外妥协卖国条约都为李鸿章包揽了，就因为他是列强所关注的对象。外人曾言，虽然李鸿章有他的许多弱点，但在谈判上他是对我们有利的，他是最能为我们服务的，我们应当尽我们一切的努力重新树起他的威望。甲午战争中日谈判时，日本侮辱驱逐中国全权议和大臣张荫桓、邵友濂，而指名要李鸿章再往议和，就在于日本认为张、邵“不足担任出卖主权的责任”。鉴于袁世凯的才干和在山东时期对列强的友好表现，李鸿章死后，为了能使袁世凯接替李鸿章以后的直隶总督兼北洋大臣的职缺，列强事先大造舆论和进行频繁的外交活动，最终把袁世凯扶上了这一对列强在中国事务中有着重大影响的、权势显赫的职位。

义和团运动粉碎了帝国主义妄图瓜分中国的美梦，美国提出的“门户开放”政策取得了列强的公认。庚子事变后，为保证在华利益，帝国主义列强大都企盼袁世凯能做他们利益的赞助人，并在不同程度上给袁以支持。这其中以日本最为突出。原来，在镇压义和团以后，日本与英国结成联盟，在列强中逐渐取得了侵华的优势，尤其是日俄战后，它在东亚的霸权地位开始确立，便以“保全主义”为幌子，以遂其蚕食，进而鲸吞中国的野心。它不仅极力把侵略势力渗入中国的政治、经济、军事和文化等社会生活的领域内，而且把北洋地区（包括东北和华北）视为侵占中国的前沿基地，表现出极大的“兴趣”。20世纪初，日本在华顾问教习人数迅速增长，而且在直隶也一直多于其他省份。“1901年，中国聘用的26名日本人中，有13人是在直隶省工作。1904年，在218名日本人中，直隶省占85人。至1908年4月，在550人中，有174人在直隶省工作。”[1]这些都与袁世凯在这一时期对日本的需要有极大的关系。袁世凯扩编北洋军，和他举办的各项新政一样，主要依靠日本势力。光绪二十八年（1902年）日本参谋次长田村怡与造专程到保定拜访袁世凯，接洽所谓“中日军事合作”。同年九月初七（10月8日），日本参谋总长大山岩对前来中国的军官发出特别训示，要这些人努力工作，在上层以实力培植侵日势力，并说这是日本对华政策的百年大计，最有希望的事业。不仅如此，光绪二十八年（1902年）四月，袁世凯还托日本驻华公使聘请日本警视厅警官三浦喜传为警务顾问，“参照东西成法”，在直隶创办巡警。“北洋巡警学堂”以山浦为总教习，和泉正藏、中岛比多吉、河崎武、小川胜猪、葛上德五郎、天野健藏等日本警官为教习。这些事实都说明，袁世凯集团在初期发展过程中和日本帝国主义的关系

[1]［日］山根幸夫著，周启乾、郭蕴静译：《袁世凯与日本人》，《天津文史资料》第37辑，第79页。

是非常密切的，它带有明显的半殖民地性质。

袁世凯在直隶总督和北洋大臣任内最重要的外交活动，就是在日俄战争中主持“中立”和主持签订《中日会议东三省事宜》条约的谈判。早在光绪二十九年（1903 年）夏天，袁世凯就与日本前驻华公使青木和日本驻天津领事伊集院吉，就日俄关于争夺东北地区的战争问题，进行了秘密接洽。日俄战争前夕，袁世凯又上奏朝廷，说明“战端难免”，要求清廷“就我现在情形而论，不得不谨守局外”[1]。事实上，袁的所谓“中立”，不过是表面的现象，实际上是倒向日本。袁世凯在光绪三十年十二月初三（1904 年 1 月 19 日）在给清廷的上奏中就暴露出了这一点。袁认为，“近日情形，日本已许我守局外，各国亦无异言。惟俄人阴鸷性成，未必肯许。纵使迫于各国公议，不得不许，而战在我境，处处得有借口，乘机挑衅，恐所不免”[2]。据坂西回忆，“日俄战争当中乃是日华亲善达到最高峰的时期，其间，坂西为了使日军的军事行动得到方便，而仰仗袁的合作”[3]。

光绪三十一年（1905 年），沙俄战败，与日本签订和约，公然将其在东北南部的特权，包括旅顺、大连租借地，南满铁路及其一切支线并附属财产与煤矿等，私自让给日本。事后，清廷与日本政府根据《朴茨茅斯条约》有关问题，在北京进行谈判，“清廷以袁世凯为全权大臣，与日本全权大臣小村寿太郎订约”，订立了《中日会议东三省事宜条约》及有关附约。为了换取日本从东北撤兵，竟然承认了沙俄让给日本的各项侵略权益。风闻战前袁世凯密遣大员与日本军事长官订有密约，以事平后中日善后事宜互让为条件，“小村回国时日本人民屡有骚动，而吾国外交史上于是役尚为平安过渡，则言者所传不为无因也。”[4]

光绪三十三年（1907年）秋，袁世凯入京担任军机大臣兼外务部尚书，在与外国列强的交涉中，鉴于他的前任由于“因循延宕，积为外人

[1]《密陈遵照传谕统筹布置防守情形折》，《袁世凯奏议》（中），天津古籍出版社 1987 年版，第 875 页。
[2]《密陈局外应担责任片》，《袁世凯奏议》（中），天津古籍出版社 1987 年版，第 877 ～ 878 页。
[3]［日］山根幸夫著，周启乾、郭蕴静译：《袁世凯与日本人》，《天津文史资料》第 37 辑，第 85 页。
[4] 张一麟：《古红梅阁笔记》，上海书店出版社 1998 年版，第 46 页。

所厌”，他“乃以爽快出之，故使馆人大感佩”。日俄战争后，由于日本在我国东北侵略步伐加大，与美、俄矛盾日益尖锐。袁世凯一改过去亲日态度，决定联美德制日。他在外务部所进行的一项重要工作，就是企图订立中美德协定以对抗英日俄法对中国的侵略。袁世凯在新政期间的外交活动，赢得了列强的好感与信任，为列强在辛亥革命时期支持他夺取政权奠定了基础。

毋庸讳言，清亡前夕，袁世凯在当时人们心目中已经具有颇高的威望。他与列强驻华使节、立宪派人士、清朝文武官员都有着紧密的联系，得到他们的信任与拥护。同时，他也得到广大社会人士，包括革命党领袖孙中山、黄兴等人一定程度的拥护与信任，可以说，声誉赫赫，人心相向。特别是他控制着中国最精锐、最强大的北洋陆军，还有由他一手培植的具有雄厚实力的北洋官僚集团，他们掌握着军事、经济、内政、外交的关键部门，唯袁氏之命是从。袁已完全成为中国在军事方面公认的权威。正是上述原因，造成他在清末政坛上的举足轻重的地位。

光绪三十四年十二月（1909年1月），摄政王载沣将袁世凯削职回籍。袁被罢官后的时期，恰恰是清廷日益腐朽、陷于灭亡边缘的年代。这时袁的声望不仅不衰，反而形象更加高大，成为中外各方面政治力量最为关注的人物。当时，袁在朝的党羽更是政无大小“必报”，唯袁马首是瞻。总理大臣奕劻、协理大臣那桐、徐世昌曾经联名辞职，推荐袁世凯出山执掌大权。他的党羽和许多大臣异口同声地说，只有袁出山，才能重整朝纲、挽救清王朝濒临灭亡的厄运。列强也纷纷要求清廷起用袁世凯。“谓中国至今日，奈何尚不用袁世凯？”[1]一个落魄赋闲的官僚竟有这么大的影响，不惟有清以来二百多年所未见，就是在清季以前的历史上恐怕也是极为罕见的。袁世凯削官为民，但仍有猛虎在山之势，这是满族贵族集团始料不及的，究其原因，其中的一大关键恐怕还是军事政治外交权威和半私军性质的军事社会关系从中作怪。由于社会权势的转移，致使专制王权与文官政制衰败，新的权威中心向拥兵自重的“强人”转移，袁世凯成为“时代的宠儿”也就在所难免。到辛亥革

[1] 黄远庸：《袁总统此后巡回之径路》，《远生遗著》卷一，上海商务印书馆 1920 年版，第 40 页。

命前夕，袁世凯已经成为当时时局的政治重心，各派都在极力地争夺。袁世凯的政治军事权威地位已经使当时社会普遍形成了“非袁莫属”的心理状态。随着时局的日益糜烂，这种心理和影响也随之更加弥漫起来。这就为袁世凯集团趁辛亥革命之机实现从地方走向中央奠定了坚实的基础。

二、清廷的危机

与袁世凯集团在新政中的影响力急剧上升相反，清廷“合法性”权威却在新政中受到了史无前例的挑战，各种矛盾冲突、交织，清廷的权威资源在这场冲突中已经流失、消耗殆尽，主要表现在：

（一）政治结构迅速瓦解

20世纪初的中国，处在这样一种奇特、新旧文明尖锐对立的氛围之中：一方面现代物质文明日益加快的经济社会现代化进程，已经渗透到社会生活的各个领域，强烈冲击着人们的传统思想观念；另一方面，制度层面的传统政治结构却基本上原封不动地存在于现实生活之中。这种令人沮丧的政治现实，与人们心目中受西方模式影响的政治理想，形成了强烈的反差。并且随着新政的广度和深度的增加，这种心理反差越来越强烈。民众与知识分子自下而上的政治参与压力急剧膨胀并超越了现存专制政治体制的承受限度，从而形成了对现存专制权力集团的巨大冲击力。

在20世纪初，现代物质文明向中国社会普遍渗透的众多迹象中最值得注意的是现代交通和通信事业的兴起。对于任何一个社会来说，这些现代交通和通信手段，总是人们的思想观念领先于经济社会发生现代变革的必要条件。有关统计显示，进入20世纪之后，中国的现代交通事业迅速发展，到宣统三年（1911年），境内已修建铁路21条，总长度达9719公里。这些铁路集中分布在人口密集、经济比较繁荣的华东、东北和华北地区，从而把以往“形同列国”的各省紧紧连在一起，同时也给予广大民众的日常生活密切相关的交通事业，带来了一场革命性的变化！

与火车通行具有同等意义的另一项发展是现代邮电事业的移植。光绪三十二年（1906年），清廷正式成立“邮传部”，统管邮政、电信和交通事业。有线电报线迅速达12万余里，局处560余个，遍及全国各地。在各大中城市乃至县城，电话也从无到有，渗入市民生活。

现代通信、交通手段的引进，极大地冲击了传统生活方式。在20世纪之前，人们靠原始的以人力、畜力或风力为动力来源的交通手段，很难跨出一县或一省的疆界，绝大多数人从生到死都固定在一个很小的地域范围内。由此所产生的只能是狭隘的本土观念和家族观念。火车、轮船的通行，改变了陈旧的交通方式。“日行千里”、“朝发夕至”再也不是诗人们的想象，而成了活生生的现实。电报、电话的引进，也使人们对外部世界的了解，由过去的闭塞、隔膜，一下子变得灵通、便捷了。在经济和社会现代化相对落后的条件下，现代交通、通信事业的超前发展，对于传播知识、更新观念、加速社会流动起到关键的作用。正是借助于这些崭新的交通、通信手段，20世纪初叶的社会动员过程达到了前所未有的程度。也仅仅到了这个时候，民族意识才有可能在全国各地和社会各阶层普遍觉醒起来。

随着现代文明的广泛渗透，社会各阶层普遍产生了对现实的不满和改革的要求。并且现代物质文明越发展，各阶层民众的变革要求相应地越强烈，变革的期望值也不断升高，可以从各政治团体为政治动员所制订的目标上反映出来。就激进派而言，在19世纪末，其目标尚不是很明确，所采取的行动亦很有限。孙中山的“兴中会”，虽然在内部使用的入会誓词里，写进了“驱除鞑虏，恢复中国，创立合众政府”的字句，但在对外使用的《章程》中，则未敢明确提出武装反清的口号，只是含糊地宣称“是会之设，专为振兴中华，维持国体起见”。兴中会成立的当年，孙中山亦曾做过武装反清的试探，但起义没有举发就失败了。进入20世纪后，随着新的政治动员高潮的到来，国内形势大变，孙中山敏锐地感到武装反清的大好时机已经到来，因此，他充满信心地向全世界宣布："全国革命的前夕，现已成熟"，强调"中国现今正处在一次伟大的民族运动的前夕，只要星星之火就能在政治上造成燎原之势"。[1] 随后，孙中山便组织成立了"中国同盟会"，在章程里明确宣布该会"以驱除鞑虏、恢复中华、创立民国、平均地权"为宗旨。接着又制订了《革命方略》，作为各地举行起义的指导文件。激进派的反清起义，从此在南方各省轰轰烈烈地展开了。这些连绵不断的武装反清活动，对传统政治结构起到了有力的冲击作用。

就改良派方面而言，一个特别值得注意的人物是张謇。这是因为在20世纪初叶的国内政坛上，他是一位对传统政治结构的现代转变（建立立宪制）起过真正的重大促进作用的人物。而其他一些有名人士，如梁启超、康有为等人，当时一直在国外从事舆论宣传活动，其影响在国内并不大。张謇作为东南各省众望所归的士绅领袖，起初对立宪的期望并不是很急切。光绪三十一年（1905 年）抵制美货运动兴起之后，他方才意识到条件已渐趋成熟，对立宪的热情和信心因此大增。经过反复奔走、劝说，终于在六月，促成直督袁世凯、江督周馥、鄂督张之洞（三位在全国最具影响力的地方总督，跟张謇均有私人关系）联衔上奏，请定 12 年后实行宪政。光绪三十二年（1906 年）十一月，张謇进一步与上海名流人物倡议成立了国内最早、最大的政治团体"预备立宪公会"。不过，此时的张謇仍然主张"得尺则尺，得寸则寸"的缓进方针。此后，随着时局的变化和国内各阶层立宪要求的日益高涨，张謇改变了原来的缓进策略，先是在光绪三十四年（1908 年）初代表"预备立宪公会"，要求清廷"以二年为限"召开国会，接着又连续发动了三次轰轰烈烈的请愿运动，请愿的规模一场比一场大，要求一次比一次急切。在政治动员的高潮中，人们对政治改革的期望值在迅速上升。

在一个急剧变化的现代社会中，政治结构能不能从传统形态向现代形态适时地转换，从而满足民众日益增长的政治期望，首先取决于这一结构自身调适能力。然而，不幸的是，清末中国的政治结构对于迅速上

[1]《中国问题的真解决》，《孙中山全集》第一卷，中华书局 1981 年版，第 255 页。

升的改革要求不可能作出积极的、成功的反应。在进行内部结构的现代调适方面，事实证明清廷是无能的和失败的。到了20世纪初，在全社会动员浪潮的冲击面前，清末政治结构所能作出的反应只能是这样的：中央政府由于大权旁落。已失去了主动调适的能力。只有当颇具威胁性的各省督抚提出变革建议之后，中央才会作出被动的反应。一旦中央企图改变这种权力关系，重新回到高度集中化的旧体制之后，它对日益高涨的政治动员所作出的反应便是具有自我毁灭性的——光绪三十三年（1907年）清廷实施的旨在集权于中央的官制改革，使它失去了那些过去虽然一直跟它分庭抗礼，但同时毕竟对它起到支撑作用的最具实力的总督们的支持；宣统三年（1911年）四月"皇族内阁"的成立，又进一步使国内为数众多的稳健派对它失去了信任和希望。这种普遍的失望转过来形成一种刺激，致使他们产生更强烈的改革愿望。这样，一方面是不断上升的政治变革期望，一方面是传统政治结构更加衰弱、腐败的现实。两者相互冲突、相互激荡的结果，只能导致政权"合法性危机"的日益加重，促成越来越多的稳健派转向非常规变革方式。长期以来的非集中化趋势，跟近期出现的政治期望与政治现实之间的严重冲突，已经使清王朝随时都有倾覆的可能。宣统三年（1911年）武昌首义后，之所以出现各省纷纷"独立"、督抚观而不战、传统政治结构顷刻土崩瓦解的局面，其根本原因就在于此。

（二）权力断层现象日益严重

清末10年，从庚子事变到宣统元年（1909年）这一段时期，上层统治阶层内部出现新老交替的断层，从而严重地影响了清末政权的权威运作的效能。传统政治中心的权威与治理能力由于某种原因而急剧流失，从而使中央政权迅速丧失了对时局和社会矛盾的控制能力。

这种政治断层现象早在庚子事变以后不久就开始出现。李鸿章死于光绪二十七年（1901年），刘坤一死于光绪二十八年（1902年），荣禄死于光绪二十九年（1903年），王文韶于光绪二十九年（1903年）退休以后也于光绪三十四年（1908年）逝世，影响最大的要算得慈禧与光绪的先后谢世。光绪三十四年十月二十一日（1908年11月14日），37岁的光绪皇帝久病之后，在孤寂中含恨死于瀛台。第二天，慈禧太后在过了她的74岁生日之后的第13天，也随之去世。这意味着由慈禧统治长达半个世纪的时代的结束。晚清几个具有重要影响力和凝聚力的重臣与慈禧的先后死亡对清末权力结构产生的影响是巨大的，它标志着清廷权力真空的形成。当时的外国观察家就认识到："光绪皇帝和掌握大权的慈禧太后的突然逝世有加速人们久已期待的内部崩溃的危险……国内各方的力量正在集结；间歇发生对政府的攻击，可能会推翻帝国，使它分崩离析。一般人认为执政太后的去世意味着失去自太平叛乱以来维持这个解体国家的一个强手。国内外敌视强大中央集权现代政府的力量正打算利用年轻而没有经验的新摄政王代替他的幼子——中国新登极的天子来行使职权。他们这样做也帮助煽起那一场巨火，它的烈焰正在步步摧毁过去几个世纪以来由满、汉、蒙古统治者辛苦经营，但是现在正在塌下来的巨厦。"[1]不仅如此，继光绪和慈禧去世、袁被罢黜以后，当时在朝残存的尚能起到一定缓冲作用的汉族大员张之洞也死于1909年。

李鸿章、刘坤一、张之洞都是在同治中兴时代进入统治阶级上层的中兴重臣，他们为清王朝效忠的数十年中，积聚了雄厚的政治权威资源。他们对这一王朝的价值在于：一方面，他们深得最高统治者慈禧太后的信任，忠心耿耿，久经历练，与满族统治者建立了相当牢固的政治合作关系；另一方面，他们又在汉族士绅中享有很高的威信，由于他们的存在，使这个以满族为统治民族的王朝至少在汉族地主士绅阶级中尚享有相当的权威合法性。

另外，像荣禄、端方这样一些满族官僚，长期以来与汉族士绅阶层有着相当密切的关系，他们与刘、李、张一样是维系汉族士绅与满族统治者之间关系的重要纽带。

随着同光时期建立起来的较为牢固的满汉合体的老一代官僚的相继去世，调和这两者之间矛盾的人物越来越少。这批人物离开政治舞台以后，清王朝的统治阶层中失去了一批可以对各种社会势力进行平衡的，

[1]［美］李约翰著，孙瑞芹、陈泽宪译：《清帝逊位与列强》，中华书局1982年版，第15～16页。

并可以在日益尖锐的满汉矛盾方面起缓冲作用的中心人物。

继张之洞于宣统元年（1909年）逝世之后，甚至连孙家鼐、鹿传霖、戴鸿慈这样一些稍有经验的慈禧旧臣也在短时期内相继去世。不久以后，就连端方这样的相对开明的改革派满族官僚也以“微罪”去职，尤其是载沣当政不到两个月，就罢黜了袁世凯，这在当时国内外均引起了极大的轰动。当时就有不少外国观察家们指出，慈禧之死与袁世凯退出政治舞台，使中国出现了政治权力上的真空状态。当时英国驻中国公使就认为袁世凯是“中国唯一的强有力的人”。袁世凯的罢官使朝廷当时失去了中心人物，令人发生一种空虚之感。摄政王载沣没有时代所需要的魄力与才干。伊藤博文也在袁世凯去位以后评论道：随着“袁世凯已去，北京政府中没有一个性格坚强，并有知识和才能的人”[1]。这一切都表明，清廷在充满危机和困顿的时期，却没有突出的领袖人物足以应付随时可能发生的困难。构成载沣当政时期的权力核心的，是一些少壮派的满族权贵，例如载振、载涛、载洵，等等。这些人由于长期生活在王府中，生活经历贫乏而简单，与汉族士绅接触机会不多，难以建立比较密切的关系，尤其重要的是，他们的政治经验极为不足。徐致靖早在清亡以前20年就从中看到了清王朝必然败亡的命运。他根据自己在朝廷中任职达40年“识近属亲贵殆遍”的经验，认识到由于中国未来执掌大权者均属于这样一类人，而“察其器识，无一足当军国之重者，吾是以知皇灵之不永也”[2]。

（三）民族主义的盛行与满汉民族矛盾空前暴露

在清末革命风潮中，资产阶级革命派叫得最响、最富鼓动力的口号就是“排满”。“革命”二字，在20世纪初之所以能够广为国人所接受，很大程度上就是沾上了“反满”宣传的神光。在中国，在经历西方挑战之后，民族主义的向心力没有凝聚起来以前，排满主义却已经成为瓦解政府权威的巨大力量。

排满论的一个基本观点是，落后的满族之所以能统治4亿汉族人达

[1]［美］李约翰著，孙瑞芹、陈泽宪译：《清帝逊位与列强》，中华书局1982年版，第386页。
[2] 李剑农：《戊戌以后三十年中国政治史》，中华书局1965年版，第90页。

二百多年之久，只能靠那些愚弄錮塞人心的成法，满族统治的特权地位决定了统治者不可能实行与他们的利益相对立的改革。在主张排满论的人们看来，清廷之所以不断强调“祖宗之法不可变”，其实乃是出于维护满族统治权这一极为自私卑下的政治目的。因为只有满人的“祖法”才能保持其民族等级的特权制度，任何涉及这种“祖法”的变革则意味着削弱其特权。

作为排满思想的最重要代表人物，章太炎对清政权的攻击最具代表性。章太炎的排满主义带有很强的情绪化的倾向。他甚至认为，百日维新乃是出于光绪皇帝“挟外人之势”向慈禧夺权的自私目的。用章太炎的话来说，光绪“知非变法，无以交通外人得其欢心，非交通外人得其欢心，无以挟持重势而排沮太后之权力”。章氏甚至公然宣称，“载湉小丑，未辨菽麦。”[1]章太炎的这一看法显然是不公正的，事实上，正是这位被章氏唾骂的光绪皇帝，在变法期间对满员时时加以面斥，其严厉态度却很少施与汉人官吏。

章太炎的排满主义具有最为激进的性质。他直截了当地认为，单凭满族人非我族类这一点，清王朝就不具有统治中国的资格，汉族人根本就不必考虑这一政权的政绩是好是坏。只有排满才能改革，才能救亡，排满是消除变革的障碍，排满为救亡所必须。这种观点在今天看来，也许不尽符合事实。但在当时，却是符合中国许多知识分子所坚信的激进的救国富民的思想逻辑的。激进的排满心态从根本上否定了清廷存在的合法性，这种思想认识的迅速普及与广泛存在，使清廷在清末危机中已经完全陷入孤立。

[1] 章炳麟：《驳康有为书》，张枬等：《辛亥革命前十年时论选集》第一卷（下），三联书店 1963 年版，第 756 页。

三、从地方走向中央

宣统三年八月十九日（1911年10月10日），武昌新军起义发生。他们举起了革命的义旗，攻进总督衙门光复武汉三镇，成立了湖北军政府。其后，湖南、陕西、江西、云南、上海、浙江、江苏、贵州、广西、安徽、福建、广东、山东、四川等省相继响应，清王朝的统治处于土崩瓦解的状态。

为了镇压起义，清廷以惊人的速度作了一次徒然的努力。由陆军大臣荫昌亲自率领的第一军迅速南下，军咨使冯国璋率第二军为策应，海军统制萨镇冰督率巡洋、长江两舰队急调武汉，企图“定乱”于俄顷之际。但是，革命如燎原之势迅速蔓延到其他省份，清军大有顾此失彼、力不从心之感；尤为严峻的是，清廷苦心孤诣编练的新军一镇接着一镇地倒向革命。在已编练成军的14个镇、18个混成协和另有未成协的4个标中，竟有7个镇、10个混成协和3个标相继反正和解散、败散。而手中仅存的北洋六镇又不能真正控制住。正如荫昌所说：“我一个人马也没有，让我到湖北去督师，我倒是用拳去打呀，还是用脚踢呀？”[1]堂堂的陆军大臣竟然抱怨一个人马也没有，岂非咄咄怪事哉？原来，北洋六镇的将领们多是袁的心腹，袁世凯虽然去职，但其影响仍在，别人指挥不动。在万般无奈的情况下，载沣被迫重新起用待价而沽的军界铁腕袁世凯。这是由于各省光复后，清朝大势已去，但形势发展方向仍很难预料。因为当时社会的混乱局面是有目共睹的，帝国主义列强也更加虎视眈眈。面对南北对峙局面，由谁来从头收拾呢？是将革命向前推进，迅速结束清朝的反动统治；还是尽快地将南方的革命烈火扑灭，恢复原来的专制统治呢？清廷、南方革命政权中的重要人物都多少做了一点尝试，但都很难成功。环顾海内，此时似乎只有袁世凯才是收拾时局最佳人选。

---

[1] 冯耿光：《荫昌督师南下与南北议和》，《辛亥革命回忆录》第六册，中华书局1963年版，第351页。

此时的袁世凯重兵在握，他所一手培植和始终暗中控制的北洋军队是无人可以匹敌的，因为它本身就是清廷的依靠力量，而南方政权军队又大多是临时组织而未训练的新兵，战斗力相对不强。可以这样说，当时只有袁世凯具有“翻手为云，覆手为雨”的力量。他也因此成为南北双方争相利用的抢手货。南方许其以临时大总统职位促其早日“反正”，结束清王朝的专制统治；清廷则不得不屡次为其加官晋爵，以致使自己的命运完全捏在袁的手中，为其彻底出卖自己创造了最为充分的条件。这个千载难逢，或者说是古今中外历史上绝无仅有的“机遇”出现在袁世凯的面前，何去何从任由自便。

拥兵自重，并不等于处理任何事情时都能游刃有余。能使自己成为南北方争相拉拢的人物也不是从一开始就确定了的。为此，袁世凯为了达到目的，还是很费了一番苦心的。

清王朝把命运托付给袁世凯，希望依靠这位北洋新军头面人物能把起义镇压下去，但这种打算未免过于天真。如果说在光绪和慈禧太后去世之前，袁世凯还能听命于清朝的话，现在，能将袁世凯与清廷联系起来的因素已经基本上不复存在了。只不过袁作为清朝的一个老臣，面对清朝统治者的“孤儿寡母”，不好撕破脸皮自己起来推翻清王朝罢了。更重要的是，当时的历史条件已经为袁取清廷而代之提供了一个极好的机会。当时的袁世凯虽在河南的一个小小的乡村养病，但几年的宦海生涯和他的老练精干，使他对当时的政局洞若观火。

武昌起义的次日，适逢袁世凯的生日，他的党羽赵秉钧、张锡銮、倪嗣冲、段芝贵、袁乃宽、王锡彤、杨度等人咸集洹上村，为袁祝寿。正当寿宴进行之际，武昌起义的消息传来，举座皆惊。袁世凯意识到“此乱非洪杨可比”，决心应时而出，待机行事。莫理循说：“我们这些‘知道内情’的人当时就晓得袁世凯即将表示赞成共和。”[1]但问题极为复杂，还有曲折。袁世凯心中有底，并不等于要立即表态。当时，倪嗣冲、段芝贵劝袁乘机而起，称王称帝，黄袍加身。其亲信幕僚张一麟也说乘此天下大乱，民无所归之际，登基称王。袁克定也赞同此举。袁世凯毕

[1] [澳] 骆惠敏编，刘桂梁等译：《清末民初政情内幕》（下），知识出版社 1986 年版，第 250 页。

竟老练，眼光要远大一些。但问题太大，他反复思忖，认为此招风险太大，时机尚不成熟。他认为：（1）自己世受清室恩遇，从孤儿寡妇手中取得天下，肯定要为后世所诟病；（2）清廷旧臣尚多，如张人骏、赵尔巽、李经羲、升允等人均具有相当势力；（3）北洋旧部握军权者，如姜桂题、冯国璋等，尚未灌输此种思想；（4）北洋军力未达到长江以南，即令称帝，亦是北洋半壁，南方尚须用兵；（5）南方民气发达程度，尚看不透。人心向背，尚未可知。据徐世昌后来回忆说，由于上述五方面的考虑，袁世凯没有急于称帝，而倾向“表面维持清室”，等待形势发展，再行计较。[1]

袁世凯确有勃勃野心，也很有谋略和手腕，但他的成功，并非像后来人们所想象的那样轻而易举。

他对自己的清朝主子忠心不足，异心有加。武昌起义爆发，冯国璋随同荫昌南下路过彰德拜见袁，袁吩咐他不必急于作战进军，而应“慢慢走，等等看。”

八月二十三日（10月14日），清廷任命袁世凯为湖广总督，兼办剿匪事宜，他并不马上答应，反而提出六项要求，分别取悦于立宪人物、革命党、南方旧官僚，更主要是为自己争取更大的权力。

清廷于九月初六（10月27日）又任命他为钦差大臣、部分答应了他的条件，他仍不出来。

又经过一番讨价还价，初九（30日），清廷答应了袁世凯要求的全部条件，袁世凯总算答应出山南下了。出山后，他的“战略意图”非常明确：既要利用革命政权，也要利用清廷，最后把权势集中到自己手中。这就是其心腹助手赵秉钧后来所透露的：“项城本具雄心，又善利用时机。但虽重兵在握，却力避曹孟德欺人之名，故一面挟北方势力与南方接洽，一方面挟南方势力，以胁制北方。”[2]但要达到这个目的也不容易，分寸并不太好把握。如果很快就把革命党镇压下去，清廷还是有力量铲除他的，也许就像武昌起义没有发生过一样；过早地结束清政权，不要

[1] 张国淦：《洪宪遗闻》，《北洋述闻》，上海书店出版社1998年版，第73～74页。
[2] 爱新觉罗•溥仪：《我的前半生》，中华书局1977年版，第41～42页。

说从南方捞不到什么好处，或许革命党人还要把他当成新的革命对象。因此，在没有确实弄清两方面意图、没有掌握全部主动权之前，他作了一系列尝试。最突出的就是武汉战争。岑春煊在《乐斋漫笔》一书中写道："是时袁世凯出任组阁，发起和议，南北代表，群集于沪上。实则世凯手握强兵，直压武汉，外挟民意，以制朝廷，使双方皆受其指挥，而坐收渔人之利，计诚狡矣！"[1]此言信然。

九月十一日（11月1日），袁南下督师当日，冯国璋攻占了汉口。袁世凯立即命令停止前进，派自己的亲信分别试探黎元洪和黄兴的态度，想以此触动革命党人开出价码。在武汉军政府拒绝了袁的君主立宪主张后，袁看到还需要进一步威胁革命党，便命令冯国璋于十月初七（11月27日）攻占了汉阳，威胁武昌。此时，黄兴出走，黎元洪避而不出。但袁世凯又"手下留情"了，再次提出议和。这时帝国主义发挥了特殊的"作用"。一出由列强导演、由袁世凯出面、立宪派推波助澜的"南北议和"的"文明戏"就此开场。

同样，在北方，对于袁来说，宗社党和北洋军中的革命党同样可怕，同样使他有腹背受敌的感觉，同样牵制他使他不敢四面出击，北南并举。袁世凯应付这种内外交困局面的方法，用他自己的话来形容十分贴切："诸君知拔木之有术乎！专用猛力，木不可拔。即拔，木必断折。惟用左右摇撼之一法，摇撼不已，待至根土松动，不必用大力，一拔即起。况清室有类几百年大树，岂易拔者！"[2]他一定认为：清廷是否立宪或者退位，只能视袁个人政治上的需要而定，而不能由革命党、立宪派或是宗社党人来决定。他必须以北方唯一真正的实力派自居，这是他能够按照自己的需要左右政局发展的根本条件。如果听任异己力量（无论是革命的或是保皇的）在北方滋长壮大，他就有被逐出政治舞台的危险。时势迫使他采取的方略只能是"先北后南，远交近攻"，即先倾全力扑灭北方军队中的革命力量，以杜塞宗社党责备他畏葸不前的攻讦，向舆论界表明他对清室的"忠诚"，洗刷他那"活曹操"的恶名；同时，

[1] 岑春煊：《乐斋漫笔》，《近代稗海》（一），四川人民出版社 1985 年版，第 107 页。
[2] 白蕉：《袁世凯与中华民国》，《近代稗海》（三），四川人民出版社 1985 年版，第 8 页。

佯装一团和气坐下来与南方革命党和立宪派谈判，将敌对势力尽可能化为和亲势力，再以此为资本向清室邀功，进而以“逼宫”的手段达到他梦寐以求的政治目的。

在战略方针已经决定的情况下，袁世凯开始出山收拾时局。其实，袁之志在得天下，不出，名不正难争权势，难以组织袁氏战线，遑论争天下呢？在这种情况下，袁决意东山再起，重登国家政治舞台。

第一步，袁利用当时清王朝处在四面楚歌的形势，首先夺取湖北前线的军政大权。他迫使清廷接连下了四道上谕：（1）调荫昌“回京供职”；（2）授袁世凯为钦差大臣，“所有赴援之海陆军并长江水师，即此次所派各项军队，均归该大臣节制调遣”，并保证“此次湖北军务，军咨府、陆军部不为遥制，以一事权”；（3）拨出内帑银100万两为湖北军费；（4）第一军交冯国璋统率，第二军由段祺瑞接任总统。同时，他以钦差大臣、湖广总督的名义调兵遣将，发号施令。先奏派王士珍督办湖北军务，令他添募新兵1.25万名，编为湖北巡防营驻守京汉铁路沿线，以巩固北洋军的后路。继而奏派倪嗣冲为河南布政使，令其在豫东一带招募数营，进占皖北颍州，保证北洋军侧翼的安全。接着，在湖北孝感以北之花园设立司令部，以陆锦为参谋长，段祺瑞等主管司令部的各项工作。这样，湖北前线的军权便完全转移到袁党的手中。

第二步，稳住直隶，控制北京。袁世凯的意图不是单纯地对付湖北的起义军，而是要趁机攫权，为此，他采取了下列措施：

（1）密令北京的心腹梁士诒等“着手为政治运动”，指出“南方军事，尚易结束，北京政治，头绪棼如，正赖燕孙居中策划一切，请与唐少川预为布置”。随之，梁士诒、唐绍仪、徐世昌、赵秉钧、杨士琦、袁克定、杨度等人在北京开始为袁世凯攫取更大的权力，而紧张地进行幕后活动。

（2）派赵秉钧入京勾通奕劻，调姜桂题所部毅军进驻北京城内，把守九门要冲。由梁士诒与赵秉钧合谋，借助毅军的势力，由赵代满人桂春署民政大臣，强制遣散旗籍巡警而以汉人代之。从而控制了北京的局势。

（3）面对京畿附近北洋第六镇统制吴禄贞与第二十镇统制张绍曾的

“反叛”现象，派部下周符麟潜赴石家庄刺杀吴禄贞，以李纯继为第六镇统制；通过徐世昌授意心腹潘矩楹逼迫张绍曾离开第二十镇，由潘代理第二十镇统制，从而又把京畿军权重新控制到自己的手中。与此同时，袁世凯又命令曹锟、王怀庆率部镇压了通州革命党人的起义。至此，直隶清军中的革命力量均为袁所镇压，袁的后方得以巩固稳定。

第三步，就任内阁总理大臣，把清廷的权力完全控制到自己的手中。袁世凯出山当天，汉口即被攻下，载沣在自己控制局势发展无望的情况下，解散皇族内阁，授袁世凯为内阁总理大臣。在梁士诒、唐绍仪、段祺瑞、张锡銮、赵秉钧合力斡旋，分途布置下，袁世凯入京就职。[1]袁世凯组阁，立即把自己的党羽和朋友充入内阁，如外务大臣梁敦彦、副大臣胡惟德，民政大臣赵秉钧，陆军大臣王士珍、副大臣田文烈，度支大臣严修，海军大臣萨镇冰，司法大臣沈家本，学部副大臣杨度，邮传部大臣唐绍仪（先后由杨士琦、梁士诒署理）等人都是明证。为了掌握中央军权，他组阁后，首先罢免军咨府大臣载涛和毓朗，而由自己的朋友荫昌与徐世昌接替。其次，迫使载沣交出“监国摄政王”的大印，退回藩邸。同时，调冯国璋入京，接任禁卫军总统。不久，又用准备出征的名义把禁卫军调出城外，而派段芝贵另编拱卫军，驻扎城里。这样，袁就接收了清廷统治下的全部权力，玩弄皇太后与幼皇上“孤儿寡母”于股掌之上。

第四步，主宰南北谈判，取得全国权力。袁世凯在取得责任内阁总理大臣，完成了攫取清廷大权之后，便开始了他的第四步骤，即取得全国的权力。他的策略是在依靠人心所归和雄厚的军事地位的基础上，拉拢立宪派和列强做其帮手，以倡言君主立宪向革命党施加压力进行讨价还价的谈判，反过来，又以革命党要求共和逼迫清室逊位，即“以北方兵力威胁南方，又以南方民气恫吓北庭”[2]。

（1）向南军伸出橄榄枝，先后派自己的部下蔡廷干、刘承恩、唐绍

[1]《三水梁燕孙先生年谱》（上），1939年铅印本，第100、110页。
[2] 张国淦：《孙中山与袁世凯的斗争》，《北洋军阀史料选辑》（上），中国社会科学出版社1981年版，第140页。

仪、杨士琦到汉口与上海分别与南军和谈，以摸清南军意图，威胁利诱，迫其就范。

（2）派遣心腹阮忠枢通告各地自己的党羽："目前要义，当在保持地方秩序，固结军人团体，联合各界感情，增长北方实力，最为当务之急。"巩固北洋团体，推向新的权力高峰，这是袁世凯及其党羽朝夕盼望的大事。十二月袁命令曹锟、卢永祥率第三镇进占山西，从革命党手中夺回娘子关、太原，委张锡銮为山西巡抚。命令齐耀琳为河南巡抚，镇压当地革命党。授意自己亲家山东巡抚孙宝琦取消独立，并令第五镇镇压当地革命力量。倪嗣冲、赵倜、周符麟则分别向皖北、陕西进军，作出遏制革命军的架势。派张镇芳署理直隶总督，严密控制直隶。密派段芝贵、张锡銮前赴东北三省，说服东三省总督赵尔巽拥袁共和。袁的这一手意在万一革命党人不履行诺言，不屈服自己，他拥有华北就可以自行组织政府，与南方抗衡。

（3）左右开弓，左打右拉。利用北洋军的实力、列强与立宪派的支持、革命党的弱点及自己的资望，迫使革命党人同意让出政府，袁则同意宣布赞成共和，并逼清帝退位，南北双方达成协议。1912年1月3日，在梁士诒的"策划"下，驻俄公使陆征祥和其他驻外使节，根据袁的示意，纷纷电请清帝退位。26日，北洋军段祺瑞、姜桂题、张勋、何宗莲等48名将领联衔通电，要求清廷明降谕旨，宣示中外，定共和政体，以现在内阁及国务大臣等，暂时代表政府。同日，宗社党领袖良弼遇刺，不久身亡，其他反对共和的满族亲贵纷纷作鸟兽散。2月12日，清帝颁布逊位诏书，统治了关内268年的清王朝正式结束。袁世凯逼宫成功。

在上述措施完成后，2月13日，袁世凯声明赞成共和，孙中山向南京临时参议院提出辞呈；2月15日，临时参议院一致选举袁世凯为临时大总统；3月10日，袁世凯在北京宣布就任临时大总统；4月1日，孙中山正式解职；4月5日，参议院宣布迁都北京，至此袁世凯实现了他对各方政治力量的完全胜利，取革命成果与清代268年的天下而私有。

“一个军事的独裁者继承了旧的皇朝”，[1]袁世凯集团从地方正式入驻中央。又过两年，袁世凯又在“二次革命”过程中瓦解了南方各省的反对力量，北洋势力也从此由华北进入长江流域，由原来的直隶一隅最终遍及了全国各地。从新疆，经陕、甘、四川、两湖、江西到福建以北地区都被北洋势力所控制，即使是国民党的根据地广东也有袁的心腹爪牙龙济光等势力的存在。袁世凯集团势力达到顶峰之时，本可就此统一全国，造福中华，可惜袁世凯想做皇帝，又形成众叛亲离的现象，袁氏的绝对权威最终并未能建立起来。袁氏死后，袁世凯集团遂成分崩割据的局面，在内耗与混战中仅苟延残喘10余年之久，1927年后为国民党新军阀所代替，从此退出了中国的政治舞台。

四、遗祸民初

袁世凯集团在新政时期的迅速崛起，形成了民国时期军阀政治的最大资源。袁世凯集团所以能够利用辛亥革命之机，实现从地方走向中央的目的，关键还在于其在新政时期对清廷的国家机器——军队的渗透和夺取。在清末新政中，袁世凯及袁世凯集团权倾朝野，从而成为清末民初中国权力结构中的主要因素。在辛亥革命中，袁世凯集团认为非袁莫属，革命党人认为非袁莫属，立宪派认为非袁莫属，各国列强也认为非袁莫属，甚至清廷统治集团内部的一些当权人物也认为非袁莫属。总之，袁世凯已经成为国内外各派政治力量都竞相拥戴、众望所归的人物。袁世凯“不折一矢而定天下”，在清末民初政坛上出尽了风头，可以说是翻手为云，覆手为雨，极尽权威之能事。这种情况表明，在皇权坍塌以后，军事寡头已经操持了国家政治舞台上的主动权。当皇权政治隐退之后，军事权威的替代便成了国家和政局走向的顺理成章的事情，军阀政治出现了。民国成立，军焰熏天。军事权威和军人权势空前显赫。在北

[1] [美]保罗·S·芮恩施著，李抱宏、盛震溯译：《一个美国外交官使华记》，商务印书馆1982年版，第12页。

洋政府组织结构中，军事部门的分量重得出奇。除陆军部外，还有海军部、参谋部，若再加上准军事性的内务部，则军事部门占了整个政府机构的1/3强。陆军部为第一大部，拥有无上的权力，冠冕各部。担任陆军总长者基本上都是袁世凯集团的军事实力人物。兵权在握的军事首领通常不把文官政府放在眼中。袁世凯集团从社会政治的一角，一跃而进入国家的政治中枢，彻底改变了以文制武的政治传统。“由于中央政府一级的高级职位，军人取代了科考之辈，所以在县一级，一个营、团长现在可以欺侮地方官员。各级文官必须服从于其穿军服的上司。这种权力的转让影响到做出政治决策的形式。说理往往让位于压制。”[1]“从整个国家的角度来看，军人在政治上首要的领导地位已经奠下了基础。军人不再是绅士阶级的附庸，不再是驯服的政治斗争的工具，而变成了政治斗争的主角。”[2]所有这一切均表明，在袁世凯这一军事权威主导下的秩序重建，导致了民国初年“军事化”泛滥。袁世凯死后，袁世凯集团失去了能够操纵局势和驾驭各种力量的权威人物。其继承人皖系、直系、奉系三派军阀你争我斗，把中国带入了更加深重的灾难之中。军阀时期开始了。在北洋军阀之后，以蒋介石为首的国民党新军阀崛起，在内战的道路上走得更远。所有这一切，皆不能不追溯到清末新政时期袁世凯对北洋六镇的编练与对国家军权的攫取。可以说，清末新政时期袁世凯集团的迅速崛起，对清末民初政局的走向产生了决定性的影响。不过，有关这一问题的深入探讨，则已不是本书范围内的事情了。

[1] [加]陈志让著，傅志明、鲜于浩译：《乱世奸雄袁世凯》，湖南人民出版社1988年版，第241页。
[2] [加]陈志让著：《军绅政权——近代中国的军阀时期》，三联书店1980年版，第20页。

附 录

主要参考文献

1.《北洋公牍类纂》，甘厚慈辑，京城益森印刷有限公司光绪丁未（1907年）初版。

2.《北洋公牍类纂续编》，甘厚慈辑，北洋官报兼印刷局代降雪斋书局印，清宣统二年（1910年）初版。

3.《容庵弟子记》，沈祖宪、吴闿生编，民国二年（1913年）铅印本。

4.《徐世昌全传》，上海竞智图书馆编辑发行，1922年版。

5.《中国五十年来军事变迁史》，蒋方震著，申报馆1923年版。

6.《段祺瑞秘史》，濑江浊物编，信史编辑社1923年版。

7.《张季子九录》，张孝若编，中华书局1931年版。

8.《宣统政纪》，辽海书社1934年石印本。

9.《北洋派之起源及其崩溃》，吴虬著，海天出版社1937年版。

10.《合肥执政年谱初稿》，吴廷燮编，民国二七年（1938年）铅印本。

11.《养寿园奏议辑要》，项城袁氏宗祠刻，1938年铅印本。

12.《山水梁燕孙先生年谱》（2册），凤冈及门弟子编，1939年初版铅印本。

13.《叶遐庵先生年谱》，1946年铅印本。

14.《心太平室集》，张一麐著，1947年印行。

15.《天津政俗沿革记》，王守恂著，1948年刻本。

16.《中国近代史》，范文澜著，人民出版社1955年版。

17.《辛亥革命》，中国史学会编，上海人民出版社1957年版。

18.《中国近代工业史资料》第 1 辑，孙毓棠编，科学出版社 1957 年版。

19.《中国近代工业史资料》第 2 辑，汪敬虞编，科学出版社 1957 年版。

20.《光绪朝东华录》，朱寿朋编，中华书局 1958 年版。

21.《世载堂杂忆》，刘禹生撰，中华书局 1960 年版。

22.《辛亥革命前后的中国政治》，黎澍著，人民出版社 1961 年版。

23.《中国近代货币史资料》，中国人民银行总行参事室编，中华书局 1964 年版。

24.《清代督抚制度》，傅宗懋著，台北国立政治大学研究所 1963 年版。

25.《戊戌以后三十年中国政治史》，李剑农撰，中华书局 1965 年版。

26.《新建陆军》，刘凤翰著，台北中央研究院近代史研究所编发行，1967 年版。

27.《袁世凯奏折专辑》（全 8 册），台北国立故宫博物馆印行，1970 年版。

28.《曹汝霖一生之回忆》，曹汝霖著，台湾传记文学出版社 1970 年版。

29.《中国近代军阀研究》，[日] 波多野善达，东京河出书房新社 1973 年版。

30.《清史稿》，赵尔巽编纂，中华书局 1976 年标点本。

31.《清末新军编练沿革》，中国社会科学院近代史所民国史组编，中华书局 1978 年版。

32.《武卫军》，刘凤翰著，台北中央研究院近代史研究所编印发行，1978 年版。

33.《辛亥革命前后——盛宣怀档案资料选辑之一》，陈旭麓等主编，上海人民出版社 1979 年版。

34.《清末筹备立宪档案史料》，故宫博物院明清档案部编，中华书局 1979 年版。

35.《1895—1912 年中国军事力量的兴起》，[美] 拉尔夫 · 尔 · 鲍威尔著，陈泽宪、陈霞飞译，中国社会科学出版社 1979 年版。

36.《袁世凯传》，李宗一著，中华书局 1980 年版。

37.《孙中山全集》，中华书局 1981 年版。

38.《中国近代教育史资料》，舒新成编，人民教育出版社 1981 年版。

39.《北洋军阀史料选辑》，杜春和、林斌生、丘权政编，中国社会科学出版社 1981 年版。

40.《辛亥革命史》，章开沅、林增平主编，人民出版社 1981 年版。

41.《中华民国史》第一编，李新主编，中华书局 1981 年版。

42.《清帝逊位与列强》，[美] 李约翰著，孙瑞芹、陈泽宪译，中华书局 1982 年版。

43.《一个美国外交官使华记》，[美] 保罗 ·S. 芮恩斯著，李抱宏、盛震溯译，商务印书馆 1982 年版。

44.《军阀政治》(《中国现代史论集》第五辑)，张玉法主编，(台湾)联经出版事业公司 1983 年版。

45.《顾维钧回忆录》(第 1、2 卷)，中华书局 1983 年版。

46.《北洋军阀史稿》，来新夏主编，湖北人民出版社 1983 年版。

47.《忘山庐日记》，孙宝瑄著，上海古籍出版社 1983 年版。

48.《八十三天皇帝梦》，吴长翼编，文史资料出版社 1983 年版。

49.《梁启超年谱长编》，丁文江、赵丰田编，上海人民出版社 1983 年版。

50.《花随人圣庵摭忆》，黄浚著，上海古籍出版社 1983 年版。

51.《十九世纪后半期的中国财政与经济》，彭泽益著，人民出版社

1983年版。

52.《清代档案史料丛编》第10辑、第11辑，中国第一历史档案馆编，中华书局1984年版。

53.《清末民初云烟录》，申君撰，四川人民出版社1984年版。

54.《清代科举制度研究》，王德昭著，中华书局1984年版。

55.《清末民初我国警察制度现代化的历程（1901—1928）》，王家俭著，[台北]商务印书馆1984年版。

56.《袁世凯传记资料》，朱传誉主编，（台湾）天一出版社1979—1985年出版。

57.《梦蕉亭杂记》，陈夔龙著，北京古籍出版社1985年版。

58.《张謇传记》，刘厚生著，上海书店影印1985年版。

59.《近代稗海》，章伯锋、荣孟源主编，四川人民出版社1985年版。

60.《剑桥中国晚清史（1800—1911）》（下），[美]费正清编，中国社会科学院历史研究编译室译，中国社会科学出版社1985年版。

61.《庚子西狩丛谈》，刘永口述、刘治襄记，岳麓书社1985年版。

62.《荣禄存札》，杜春和、耿来金、张秀清编，齐鲁书社1986年版。

63.《荣庆日记》，西北大学出版社1986年版。

64.《清末民初政情内幕》（上），[澳]骆惠敏编，刘桂梁等译，知识出版社1986年版。

65.《二十世纪的天津概况》，天津地方志编修委员会总编室编，1986年油印本。

66.《津门杂记》，张焘撰，丁绵孙等校，天津古籍出版社1986年版。

67.《剑桥晚清中国史》，费正清编，中国社会科学出版社1985年版。

68.《清代通史》（共5册），萧一山，中华书局1986年版。

69.《清史列传》，国史馆编，中华书局1987年版。

70.《清实录》咸丰朝，中华书局1987年版。

71.《清实录》同治朝，中华书局 1987 年版。

72.《清实录》光绪朝，中华书局 1987 年版。

73.《清代碑传全集》，上海古籍出版社 1987 年版。

74.《袁世凯奏议》,廖一中、罗真容整理,天津古籍出版社 1987 年版.

75.《北洋军阀》，来新夏主编，上海人民出版社 1988—1993 年版。

76.《中国近代政治制度史》，林代昭等著，重庆出版社 1988 年版。

77.《异辞录》，刘体智主编，中华书局 1988 年版。

78.《冯国璋年谱》，公孙訇编，河北人民出版社 1989 年版。

79.《唐绍仪研究论文集》，广东人民出版社 1989 年版。

80.《东三省政略》，徐世昌等编纂，吉林文史出版社 1989 年版。

81.《天津商会档案史料汇编（1903—1911）》第 1 辑，天津市档案馆编，天津人民出版社 1989 年版。

82.《中国的现代化》，[美] 吉尔伯特 · 罗兹曼主编，上海人民出版社 1989 年版。

83.《袁世凯天津档案史料选编》，天津市档案馆编，天津古籍出版社1990年版。

84.《北洋军阀天津档案史料选编》，天津市档案馆编，天津古籍出版社1990年版。

85.《北洋军阀》，章伯锋、李宗一主编，武汉出版社 1990 年版。

86.《天津—— 一个城市的崛起》，天津人民出版社 1990 年版。

87.《周学熙》，郝庆元著，天津人民出版社 1991 年版。

88.《中华民国史档案资料汇编》第 1 辑，中国第二历史档案馆编，江苏古籍出版社 1991 年版。

89.《辛亥革命史稿》，金冲及、胡绳武著，上海人民出版社 1980—1991 年版。

90.《梁士诒史料集》，中国文史出版社 1991 年版。

91.《折断了的杠杆——清末新政与明治维新比较研究》，赵军著，湖南出版社 1992 年版。

92.《二十世纪中国政治改革风潮——清末立宪运动史》，侯宜杰著，人民出版社 1993 年版。

93.《清末宪政史》，韦庆远、高放、刘文远著，中国人民大学 1993 年版。

94.《北洋军阀》，来新夏主编，上海人民出版社 1993 年版。

95.《清代全史》第 7 卷，龙盛运主编，辽宁人民出版社 1993 年版。

96.《清末汉族大官僚为政思想研究》，辽宁教育出版社 1993 年版。

97.《近代天津城市史》，罗澍伟主编，中国社会科学出版社 1993 年版。

98.《晚清官僚派别派系研究》，苗长青著，辽宁大学出版社 1993 年版。

99.《北洋皖系人物》，安徽人民出版社 1993 年版。

100.《冯国璋全传》，田胜武、田艳华编著，中州古籍出版社 1993 年版。

101.《郑孝胥日记》，中华书局 1993 年版。

102.《军事近代化与中国革命》，[澳]冯兆基著，郭太风译，上海人民出版社 1994 年版。

103.《清末新政史》，张连起著，黑龙江人民出版社 1994 年版。

104.《袁世凯与北洋军阀》，万仁元主编，商务印书馆香港公司 1994 年版。

105.《淮军史》，樊百川著，四川人民出版社 1994 年版。

106.《中国现代化的历史进程》，胡福明主编，安徽人民出版社 1994 年版。

107.《政治制度与近代中国》，谢俊美著，上海人民出版社 1995 年版。

108.《中国现代化史》(第1卷，1800—1949)，许纪霖、陈达凯主编，上海三联书店1995年版。

109.《光绪朝朱批奏折》，中国第一历史档案馆编，中华书局1995年版。

110.《光绪宣统两朝上谕档》，中国第一历史档案馆编，广西师范大学出版社1996年版。

111.《晚清经济政策与改革措施》，朱英著，华中师范大学出版社1996年版。

112.《中国近代军事教育史》，王吉尧著，解放军出版社1996年版。

113.《国闻备乘》，胡思敬著，上海书店出版社1997年版。

114.《晚清政治革命新论》，郭世佑著，湖南人民出版社1997年版。

115.《北洋灵魂——徐世昌》，郭剑林著，兰州大学出版社1997年版。

116.《清末现代企业与官商关系》，[美]陈锦江著，王笛、张箭译，中国社会科学出版社1997年版。

117.《一代枭雄——袁世凯》，廖一中著，北京图书馆出版社1997年版。

118.《周学熙传记资料汇编》，周小鹃编，甘肃文化出版社1997年版。

119.《近代中国宪政史》，殷啸虎著，上海人民出版社1997年版。

120.《戊戌维新与清末新政》，王晓秋、尚小明主编，北京大学出版社1998年版。

121.《新政革命与日本——中国，1989—1912》，[美]任达著，江苏人民出版社1998年中译本。

122.《一次失控的近代化改革——关于清末新政的理性思考》，吴春梅著，安徽大学出版社1998年版。

123.《光宣小记》，金梁著，上海书店出版社1998年版。

124.《北洋述闻》，张国淦著，上海书店出版社1998年版。

125.《政海轶闻》，陶菊隐著，上海书店出版社 1998 年版。

126.《花随人聖盦摭忆》黄浚著，上海书店出版社 1998 年版。

127.《袁世凯未刊书信稿》(上、中、下)，中华全国图书馆文献缩微复制中心 1998 年编印。

128.《晚清社会变迁中的军人集团》，熊志勇著，天津人民出版社 1998 年版。

129.《唐绍仪与清末民国政府》，张焕宗著，河北人民出版社 1998 年版。

130.《危机中的变革——清末现代化进程中的激进与保守》，萧功秦著，三联书店 1999 年版。

131.《清末实录》，北京古籍出版社 1999 年版。

132.《袁世凯与中国近代化》，张华腾、苏全有著，青海人民出版社 1999 年版。

133.《晚清兵志》，罗尔纲著，(3、4 卷) 中华书局 1997 年版；(5、6 卷) 中华书局 1999 年版。

134.《中国近代警察史》(上、下)，韩延龙、苏亦工等著，社会科学文献出版社 2000 年版。

135.《帝国的回忆——纽约时报晚清观察记》，郑曦原编，三联书店 2001 年版。

136.《晚清财政与社会变迁》,周育民著,上海人民出版社 2000 年版。

137.《晚清直隶总督与辖区经济开发》，董丛林等主编，当代中国出版社 2002 年版。

138.《清末直隶新政研究》,董丛林等著,河北人民出版社 2002 年版。

139.《晚清督抚政治》，刘伟著，湖北教育出版社 2003 年版。

140.《一个日本记者笔下的袁世凯》，[日]佐藤铁治郎著，孔祥吉等整理，天津古籍出版社 2005 年版。

141.《骆宝善评点袁世凯函牍》，岳麓书社 2005 年版。

142.《北江先生集》(线装本)，吴闿生著，中国社会科学院近代史所图书馆藏版。

143.《李文忠公荣哀录》(线装本)，中国社会科学院近代史所图书馆藏。

144.《变法奏议丛钞》(线装本)，刘坤一等著，中国社会科学院近代史所图书馆藏。

145.《叶遐庵先生年谱》(线装本)，杜镇远编，中国社会科学院近代史所图书馆藏。

146.《赵柏岩集》，赵炳麟著，沈云龙主编，《近代中国史料丛刊》第 31 集。

147.《退庐全集》，胡思敬著，沈云龙主编，《近代中国史料丛刊》第 45 集。

148.《盛宣怀未刊信稿》，沈云龙主编，《近代中国史料丛刊》续编第 13 集。

149.《东方杂志》、《政治官报》、《中国日报》、《时报》、《申报》、《国风报》、《民报》、《新民丛报》、《江苏》、《浙江潮》、《清议报》、《大公报》、《北洋官报》、《天津商报》、直隶《教育杂志》、《盛京时报》、《近代史资料》、《天津文史资料》、《河北文史资料》、《辽宁文史资料》、《近代史研究》。

150. 中国社会科学院近代史所图书馆藏未刊档案和稿本:《袁世凯在辛亥年与各方来电》，甲 147，一册。《袁世凯、张謇等信稿》，甲 147—1，一函一册。《袁世凯存函电杂件》，甲 147—2，一函一册。《袁世凯家书》，甲 147—5，一函二册。《袁世凯诗稿》，甲 147—7，一函一册。《铁良存稿》，甲 363，一函四册。《徐世昌致严修函札》，甲 154，一册。《汪荣宝存札》，甲 56，一函五册。《瞿鸿禨档案》，甲 375，五函四册。《严范孙朋僚函札》，甲 59，一册。《荣禄存札》，甲 123 ，1 ~ 6，共六函。《谕折汇存》，乙 F33，一册。《山东试办大学堂暂行章程折稿》，乙 E22，一册。《直隶巡警道办事细则》，乙 F21，一册。